dtv
premium

Manfred Flügge

Heinrich Schliemanns Weg nach Troia

Die Geschichte eines Mythomanen

Deutscher Taschenbuch Verlag

Originalausgabe
November 2001
Deutscher Taschenbuch Verlag GmbH & Co. KG, München
www.dtv.de

Umschlagkonzept: Balk & Brumshagen
Umschlaggestaltung unter Verwendung einer
Fotografie von © AKG, Berlin
Satz und Gestaltung: Fotosatz Reinhard Amann, Aichstetten
Gesetzt aus der Bembo 10,5/11,25' (QuarkXPress)
Druck und Bindung: Kösel, Kempten
Gedruckt auf säurefreiem, chlorfrei gebleichtem Papier
Printed in Germany · ISBN 3-423-24292-2

Für meinen Bruder Jürgen,
der mir zuerst von Odysseus erzählt hat

»Das wahre Leben eines Menschen ist eine äußerst vage,
schlecht definierbare Materie …
Welche Wahrheit kann über einen Menschen ausgesagt werden?«
Hugo von Hofmannsthal

»Was hätte man vom Leben,
wenn man nicht einmal lügen dürfte.«
Iwan Gontscharow, Die Fregatte Pallas

»Wir aber wissen nichts, wir lauschen nur der Erzählung.«
Ilias 2, 486

Inhaltsverzeichnis

Leben und Legende

Ich fühle seine Schmerzen, ich höre seine stummen Schreie, ich sehe, wie er die Hände auf beide Ohren presst, als wolle er seinen Kopf festhalten. Ein Gefühl kocht in ihm hoch und er weiß nicht, ob es Angst ist oder Zorn. Den Filter aus Taubheit, der ihn schon lange von der Welt trennt, durchdringt ein Rauschen und Ziepen, das aus dem Innern seines Kopfes quillt. Kraft zum Aufbäumen hat er keine mehr. Er ist dabei, einen Kampf zu verlieren.

Ein alter Mann schleppt sich durch die Straßen von Neapel, die an diesem Weihnachtstag des Jahres 1890 laut und voll sind wie immer. Seine Kleidung sieht nicht sehr gepflegt aus, sein Körper ist dürr und ausgemergelt. Er trägt einen Verband, um das linke Ohr zu schützen, eine schmalrandige Brille mit kleinen Gläsern ist an das knochige Gesicht geklemmt. Mit seinen langen Armen und den krummen dünnen Beinen wirkt der kaum 1,60 Meter Große wie ein verschrobener Sonderling, dessen früheres Leben sich niemand vorstellen kann, ein Herumtreiber, dem man nicht ansieht, dass er zu den reichsten Männern Europas gehört, dass er sich jeden Traum erfüllen kann, dass er weltberühmt ist. In diesem Augenblick ist er nur ein leidender, schmächtiger Mensch von 68 Jahren, der kein Wort mehr hervorbringt (und der einmal fünfzehn Sprachen beherrscht hat).

Die Welt kommt ihm abhanden und er der Welt. Die Welt ist nur noch eine ferne Sage und sein Leben auch. Er wundert sich selbst, um welche Einzelheiten er sich gekümmert hat, Scheidungsrecht in Indiana, Eisenbahnbau auf Kuba, Goldfunde in Australien, Teesitten in Japan, Hünengräber in Mecklenburg.

Bettelnde Jungen umkreisen ihn oder sind es schon Todesengel? Unpassende Bilder aus seiner Kindheit und Jugend quälen ihn,

Bilder von erlittenen Erniedrigungen. Ein Gesicht steigt vor ihm auf und ein Name, der wehtut wie ein Messerschnitt und dem er nicht ausweichen kann. Warum erschreckt ihn diese Maske aus Neid und Schwefel? Sieben böse Jahre hat ihm dieser Wicht beschert, sieben Jahre schon verfolgt er ihn. Die Meute von Kläffern und Kritikern, die ihm immer wieder zugesetzt hat, warum will sie nicht verstummen, auch nach 20 Jahren nicht? Alle seine Feinde fließen jetzt zusammen in diesem feisten Gesicht, diesem Dummbatz von einem deutschen Hauptmann. Die Namen Schliemann und Troia wird man in Zukunft stets zusammen nennen. Soll nun auch der Name dieses verblendeten Neiders für alle Zeiten erinnert werden, der sich an seinen Rock geheftet hat? Wird man jetzt beim Namen Heinrich Schliemann auch immer an den Namen Bötticher denken, Ernst mit Vornamen, wie sein eigener unwürdiger, unernster Vater? Ist denn Platz für solche Gestalten im Schatten der Ewigkeit?

Es ärgert ihn, es demütigt ihn, dass er diese Figur nicht wegschieben kann, dass sie ihn Tag und Nacht verfolgt, bis in seine teuflischen Schmerzen hinein. Warum kann er nicht von ihm los? An welches schlechte Gewissen rührt er? Welche Wunden reißt jener wieder auf, von denen er nichts ahnen kann? Ist dieser unbefugte Pensionär eine teuflische Karikatur, ein zynischer Zerrspiegel? Ein Hanswurst ist er, eine dumme Bohnenstange mit diesem schiefen Mund, dieser Rotzbürste auf der Oberlippe, diesem blödsinnigen Ausdruck eines mondfahlen Gesichtes, diesem Stumpfen und Schielenden seines ganzen Wesens, soll an diesem Hanswurst sein großes Lebensprojekt zuschanden werden? Wer kommt ihm gleich? Wessen Leben, von allen seinen Gegnern, aber auch von seinen Freunden und Helfern, kann sich entfernt nur mit dem seinen vergleichen? Dieser Laffe ist es nicht wert, dass man sich mit ihm befasst, aber er verleidet einem alles, er ist das Löffelchen Teer, das ein großes Fass Honig verdirbt.

Ich habe Troia ausgegraben, sagt er sich, einen ganzen versunkenen Kontinent der Geschichte wieder zugänglich gemacht, und dieser Hund will allen weismachen, es wäre nur eine Totenstadt, ein Friedhof, eine Anhäufung von Krügen mit Asche von bedeutungslosen Toten. Nun soll diese große Stadt unsterblichen

Ruhmes nur ein elender, namenloser Begräbnisplatz sein? Das erhabene Troia nur das Luftschloss eines Privatmannes mit einem besonderen Spleen? Troianischer Humbug?

Der Schmerz und die Wut sind so groß, weil er selbst längst Zweifel hegt, weil er einen Konflikt mit seinem Assistenten bekam, der ihm aufgrund jüngster Funde eine neue Deutung nahe legen will, eine neue Datierung, die es unmöglich macht, seinen wertvollsten Fund, den großen Goldschatz, Homers König Priamos zuzuschreiben. Aber das kann er nicht zugeben, nicht jetzt, wo es diesen dreisten Feind gibt, dem er zwei Reisen nach Troia bezahlt hat, wie er immer für alles bezahlt hat, und der doch seine Kampagne fortsetzt. Aber warum lässt es ihm keine Ruhe, schon so lange, wenn es nur einen gibt, der ihm nicht glaubt, der ihm öffentlich widerspricht? Und warum trifft ihn der Zweifel dieses Unwürdigen so tief?

Es gibt keinen Schatz des Priamos. Das will dieser Hauptmann beweisen. Das will ihm auch sein Assistent beibringen, ganz vorsichtig, denn er weiß, wie empfindlich er ist. Ist er einer Chimäre nachgelaufen? »Wenn ich Troia nicht finde, bin ich ein Narr.« Das hat er selbst geschrieben, als er zu graben anfing. Ist er zuletzt doch nur ein Narr? Hat er am Ende nicht das geleistet, was seinen Ruhm begründete, hat er doch nicht Homers Troia gefunden? Ist am Ende alles rätselhafter als zuvor, der Schatz, die Stadt und sein eigenes Leben? Hat er denn alles falsch gedeutet und wird es vielleicht einmal heißen: Wer hat Troia zerstört? Schliemann ... der es erst gefunden hat!

Die letzte Reise

Wo sind wir hier? In einem Roman? Einem Wunschbild? In einem Traum des Biografen? Mir drängt sich dieses Bild auf, diese Vorstellung, dass Heinrich Schliemann im Gefühl völligen Scheiterns stirbt, dem Bewusstsein, dass er doch nicht zu Ende gebracht hat, was sein »großer Lebenszweck« war. Und dass alle seine Erzählungen ins Wanken geraten, dass die Zweifel an Troia auch Zweifel an dem Legendenschatz wecken, zu dem er sein Leben gemacht hat.

Ich kann mir seine letzten Stunden vorstellen. Er hat einen Anfall erlitten, aber er ist noch bei Bewusstsein. Er sieht, was mit ihm geschieht, oder er ahnt es. Er ist nicht mehr Herr seiner selbst. In diesem Augenblick hätte man ihn hypnotisieren müssen, in den langen Stunden des Dahindämmerns, so, wie es Edgar Allen Poe in einer Geschichte ausgemalt hat, einen Sterbenden hypnotisieren, damit er endlich die Wahrheit erzählt. Aber die Wahrheit werden wir nicht wissen, die Wahrheit dieses Menschen, der hinter einem Mythos, einer Dichtung die historische Wirklichkeit greifbar gemacht und dabei sein eigenes Leben ins Zwielicht der Legende gerückt hat.

Was gäbe man dafür, seine ganze sonderbare Geschichte in die Erzählung der Stunden jenes einen Tages zu packen, an dem Heinrich Schliemann beinahe verschollen wäre, unerkannt verscharrt, verloren im mythischen Dunkel dieser Stadt, in der die Geschichte der modernen Ausgräberei begonnen hat.

Heinrich Schliemann auf seiner letzten Reise – hektisch wie alle seine Geschwindreisen durch Europa. Nur die Heimkehr nahm eine andere Form an als gedacht. Anfang November war er von Athen nach Halle gereist, zu einer Ohrenoperation. Was ihn zäh gemacht und abgehärtet hat, die jahrelange Gewohnheit, fast täglich zu baden oder zu schwimmen, in den Flüssen, Seen oder Meeren fast aller Kontinente, das hatte ihm ein langwieriges Ohrenleiden eingebracht, Knochenwucherungen, und nun wieder eine Operation nötig gemacht, an deren Folgen er zugrunde ging, weil er nach viel zu kurzer Ruhephase gleich weiter zu seinem Verleger Eduard Brockhaus in Leipzig gereist war. Danach machte er noch einen kurzen Besuch in Berlin bei Rudolf Virchow in der Schellingstraße, der ihn nach einem ausgiebigen Sonntagsfrühstück an jenem 15. Dezember ins Museum für Völkerkunde begleitete. Noch einmal sah er die von ihm in Troia im Laufe dreier Grabungskampagnen geborgenen Schätze, die in zwei Sälen ausgestellt waren. Zwischendurch schrieb er Briefe an Frau und Kinder in Athen, an Briefpartner in aller

Welt. Die übliche Geschäftigkeit, ohne die er nicht sein konnte. Am 17. November fuhr er mit der Eisenbahn nach Paris, wo ihm mehrere Mietshäuser gehörten und er eine ständige Wohnung hatte. Dort fand er sechs Briefe von seiner Frau Sophia aus Athen vor.

Er bekam wieder starke Schmerzen, hatte seine Ohren nicht genug geschützt. Aber die ganze Reise war ein riskanter Unsinn. Er konnte und wollte sich nicht schonen. Er musste einfach reisen, dieser Trieb war stärker als alle Überlegung. Er hatte noch Pläne, wollte im nächsten Jahr Neues beginnen. Von Paris ging es weiter nach Neapel, im Zug las er die Märchen aus ›Tausendundeine Nacht‹, im arabischen Original. An den schützenden Verband dachte er nicht.

Was hätte Schliemann nicht alles notiert über Neapel, wenn er noch eines seiner vielen Reisetagebücher geschrieben hätte, überbordend an Details. Ankunft am Bahnhof, der Stazione Centrale, wo Hotel-Omnibusse warteten und Droschken, Einspänner und Zweispänner. Er ließ sich zum Grand Hôtel bringen, etwas abseits der Innenstadt, an der Piazza Umberto I., in schöner freier Lage nahe am Meer. Die Schweizer Besitzer, Hauser & Döpfner, waren längst gute Vertraute geworden. Das Hotel war ein fünfstöckiges Gebäude mit zwei hohen Eingängen, auf einem rasenbedeckten Rondell errichtet, nur durch eine Straße vom Meer getrennt. Es gab deutsche und schweizerische Bedienung, ein feines Restaurant, 160 Zimmer.

Schliemann wollte nach Pompei, wo man vor kurzem neue Entdeckungen gemacht hatte. Mit dem Direktor des Museums und Leiter der Ausgrabungen, Giuseppe Fiorelli, stand er seit vielen Jahren in brieflicher Verbindung.

Neapel, zu dieser Zeit mit weit über 500 000 Einwohnern die größte Stadt Italiens, war aus der Sicht von Reisenden aus dem Norden schon eine Etappe auf dem Weg in den Orient, eine Stadt wie ein lebendiger Körper, voller Kraft und Blut und Schmutz, der Empfindungen auslöste, die zwischen Ekel und kannibalischen Gelüsten schwankten, mit hohen Häusern und engen Straßen und Gassen, in denen sich das ewige Blutwunder der grenzenlosen Vitalität Neapels ereignete, einer Stadt, die in Berichten und Gedichten verklärt und viel bunter gemacht wurde, als sie auf das unbefangene Auge wirkte.

Das geräuschvolle Straßenleben, buntes Gewühl, Horden von Zeitungsverkäufern, *giornalisti* genannt, um Groschen bettelnde Kinder: »Date mi bajoccho!«, das Wagenrasseln, Peitschenknallen und Schreien der Kutscher, die Ausrufe der Verkäufer, die Zudringlichkeit von Führern und Händlern, betäubte den Spaziergänger. Vor den Kirchen und auf Hausdächern waren unzählige Krippen aufgestellt.

Die Lage der Stadt ist wunderbar, über fünf Kilometer am Golf sich hinziehend und zum Landesinnern terrassenförmig ansteigend. Meilenlange Reihen von Häusern am flachen Ufer der Bucht des Golfes, Vorgebirge, Inseln, Felswände, dahinter das offene Meer. Der Vesuv mit seiner einfachen Form, scharfen Konturen, der Rauchsäule und seinen stets wechselnden Farben.

In der Stadt Geschäfte und Restaurants in der Galleria Umberto, das Teatro San Carlo, eines der größten Opernhäuser des Landes, das Aquarium, das ein Deutscher gegründet hat. Und sie besitzt eine unvergleichliche Schatzkammer, das Nationalmuseum, das seit 1790 die königliche Sammlung zeigt, eine der großartigsten Sammlungen der Welt, bestückt vor allem mit den Bildwerken aus den Funden in Pompei und Herkulaneum. Pompei – dieser magische Name überstrahlt beinahe noch den von Neapel, als wäre dieser Ort dessen Essenz, Glanz und Schrecken, Schönheit und Bedrohung in maßloser Übertreibung und sonderbarer Vermischung.

Überblickt man die Stadt und die Bucht, hat man das Gefühl, das größte Rundgemälde der Welt zu betrachten, aber ein belebtes Gemälde, alles ist hier Bewegung, flutende Menschenmenge, friedliches Durcheinander. Oder soll man sagen ein riesiges Amphitheater? Wer Ausstattungsdetails für das Paradies suchte, hier könnte er sie finden: lebendige Natur, Macht der Farben, Zauber des Lichts, Schönheit der Form, zauberhafte Orte wie Capri, Ischia, Sorrent; und über allem das Blau von Neapel, in dem sich Erde, Meer und Himmel vermischen, eine Rhapsodie in Blau, reihum ein lachendes, schlafendes, weiches, leidenschaftliches, schwarzes und leicht weißes Blau, alle Nuancen dieser Farbe. Schliemanns Farbe.

Die Schmerzen im linken Ohr wurden stärker. Schliemann suchte Dr. Cozzolini auf, einen Arzt, den er schon bei früheren Besuchen konsultiert hat. Schon in Kalifornien 1851 hatte er sich von einem italienischen Arzt behandeln lassen, schon sein erster Besuch in Neapel 1868 hatte ihn zu einem Arzt geführt. Cozzolini gab ihm eine Spritze, die seine Schmerzen für eine Weile linderte. Am nächsten Tag wollte er in Begleitung des Arztes nach Pompei.

Den Ausflug würde man gern miterleben. Von den Wänden lachen die farbenfrohen Bilder des Lebens, der Ausschweifungen und des Alltags, aus Mythos und Geschichte. Die Zeugnisse des frivolen Treibens einer Epoche werden, sind nur genügend Jahrhunderte vergangen, zum Gegenstand der erhabensten Wissenschaft.

Die Bahnlinie nach Pompei führt am Meer entlang. Man sieht unterwegs Olivenwälder, Weingärten und Lavafelder, hat immer neue Blicke auf den Vesuv und aufs Meer. Am Ort der ersten Ausgrabungen findet man »In jedem Gemach die gediegne Ruhe der Vorzeit«, so sagte es ein deutscher Dichter. Und: »Nur ein flüchtger Moment dünkt die Geschichte mir nun.«

Am Abend, es war der 24. Dezember, dinierte Schliemann mit Cozzolini. Schliemann erzählte von seinem interessanten Besuch in der deutschen Station für Meeresbiologie, den er am Tage gemacht hat.

Am nächsten Morgen, dem Weihnachtstag, trank Schliemann an der Bar einen Kaffee. Um zehn Uhr verließ er das Hotel. Er begann seinen letzten Gang auf dieser Erde. Jeden dieser Schritte müsste man beschreiben, die letzten Schritte eines Weltreisenden ohnegleichen, und das in einer Zeit, in der sich die Dampfschifffahrt noch entwickelte, die Eisenbahnnetze erst überall ausgebaut wurden. Warum war er überhaupt nach draußen gegangen? Wollte er nur eine weitere Spritze haben? Oder war es nur der Drang, etwas zu unternehmen, die Unfähigkeit, ruhig in einem Hotelzimmer zu sitzen, sich zu schonen?

Er verbrauchte seine letzten Kräfte auf der Via Roma, der belebtesten Straße der Stadt, mit zahllosen Läden, die meisten von Markisen oder Vorzelten überschattet. Er gelangte zwischen den fünfstöckigen Häusern mit Balkonen und Eisengittern auf das Halbrund des Largo della Carità. Vor der Statue des liberalen Politikers Carlo Poerio, die sich auf einer runden Insel in der Platzmitte erhob, brach er zusammen.

Nach einer Weile schlug er seine Augen wieder auf, sah die Menschen, die ihn umstanden, konnte aber nicht mehr sprechen. Man hob ihn auf einen kleinen Obstkarren und zog ihn zum nächsten Hospital. Man suchte nach Papieren oder nach Geld, beides schien er nicht bei sich zu haben. Dass er in das Futter seines Mantels Goldstücke eingenäht hatte, merkte niemand. Das Hospital weigerte sich, den mittellosen Unbekannten aufzunehmen, er wurde zu einer Polizeiwache zurückgeschafft. Man suchte noch einmal alle seine Taschen durch und fand einen Zettel mit der Adresse von Dr. Cozzolini, Via Paolo Emilio Embrani, einer Gasse neben der großen Via Toledo. Der eilte sogleich herbei und ließ den Patienten wieder ins Krankenhaus bringen. Man holte auch einen deutschen Arzt, der in Neapel lebte, Dr. von Schoen. Er schaute sich das linke Ohr an, schlug eine neue Operation vor. Schliemann konnte nichts mehr sagen, er war völlig den Ärzten ausgeliefert.

Man flößte ihm Suppe ein. So dämmerte er in den nächsten Tag hinüber. Am 26. Dezember vormittags hielten die Doktoren Schoen und Cozzolini mit mehreren Assistenten eine Besprechung ab, wie weiter mit dem Patienten zu verfahren sei. Ausführlich gingen sie durch, was sie von der Krankengeschichte und von der letzten Operation wussten. Sie sagten gewiss kluge Dinge über seinen Fall, und sie erwogen schwerste Eingriffe, weil die allein nur noch helfen konnten, eine Schädelöffnung zum Beispiel. Ihre chirurgische Fantasie arbeitete lange an den vorstellbaren Hilfsmaßnahmen. Währenddessen lag Schliemann im Nebenzimmer. Sein Leben erlosch wie eine kleine Kerze. Noch am Nachmittag traf das fatale Telegramm in seinem Haus in Athen ein.

Schliemanns Leiche wurde zum Friedhof der Fremden gebracht, dem Cimitero degli Inglesi, an der Piazza Santa Maria della Fede, dort einbalsamiert und wenige Tage später mit dem Schiff nach Athen überführt. Bei großen Trauerfeiern in Berlin und in Athen sowie in Zeitungsartikeln in ganz Europa wurde ein Leben gewürdigt, das in seinen Wendungen und seinen Höhepunkten den Bereich des Fantastischen gestreift hat.

Märchen eines Lebens

Es war einmal ein kleiner Junge, der lebte im letzten Dorf der Welt. Sein Vater, der Dorfpfarrer, war ein gebildeter und beredter Mann, der ihm und seinen Schwestern viele Geschichten erzählen konnte. Auch war das Dorf voller verwunschener Plätze, mit denen sich allerlei Sagen verbanden, Gräber und Hügel, Bäume und Seen, Gutshäuser und geheime Gänge unter der Erde. So wurde die Fantasie des Jungen angeregt, denn er beschäftigte sich gern mit Geschichten von vergrabenen Schätzen und Spuren aus fernen Zeiten. Er hatte sich mit einem Schwesternpaar aus einem Nachbardorf angefreundet, das seinen Erzählungen gespannt lauschte. Eine von ihnen wurde seine liebste Freundin.

An einem Weihnachtsabend schenkte ihm der Vater ein bebildertes Buch, eine Weltgeschichte für Kinder. Darin war auch die Rede von einer Stadt namens Troia, die vor langen Zeiten existiert hatte, dann aber in einem großen Krieg zerstört worden war. Ein schöner Kupferstich auf dem Deckblatt des Buches zeigte einen kräftigen jungen Mann, der seinen alten Vater auf den Schultern aus der brennenden Stadt trug. Man ahnte, wie mächtig die Mauern der bedeutenden und reichen Stadt gewesen sein mussten, und so konnte es der Junge nicht glauben, dass keine Spur mehr davon übrig sein sollte, wie der Vater behauptete. Eines Tages werde ich diesen Ort finden und die Mauern »aufgraben«, sagte der Junge, und dann wird man schon sehen. Der Vater lachte und sagte: So soll es sein.

Troia lag so weit weg, wie es sich die Dorfkinder gar nicht vorstellen konnten, aber der Junge erzählte seinen kleinen Freundinnen oft davon. Viele Jahre sollten vergehen, einen großen Umweg musste er machen, doch seinen Traum vergaß er nie und auch nie seine kleine Braut, für die er alles unternehmen wollte.

Eine Serie von Schicksalsschlägen suchte die Familie heim. Die Mutter starb und bald darauf verlor der Vater die gut bezahlte Stelle als Pfarrer. Der Junge wurde zu einem Onkel gegeben und kam dann für vier Jahre auf die Schule. Aber das Schulgeld war zu hoch, er würde nie studieren können, und so musste er eine Lehrstelle im Kramladen einer kleinen Stadt annehmen. Das waren harte, trostlose Jahre, kein Leben für ihn. Und als eines Abends ein betrunkener Müller altgriechische Verse aufsagte, rührte das den Jungen zu Tränen, denn es erinnerte ihn an seinen unerfüllbaren Traum von Troia.

Er wanderte schließlich aus, wie so viele junge Leute seiner Heimat. Das Schiff, das ihn nach Südamerika bringen sollte, strandete vor der holländischen Küste. So kam er nach Amsterdam, wo er sich als Bürobote verdingte. Schule, Lehrzeit, Bürozeit – jedes Mal etwa vier harte Jahre, als sei sein Leben in Kapitel eingeteilt wie eine gute Geschichte.

In Amsterdam erlebte er Menschen aus fremden Ländern und den Reichtum aus dem Fernhandel. Er lernte sehr viel. Bald schon konnte er Geschäftsbriefe in schönster Handschrift verfertigen. Grundzüge der Buchführung hatte er sich schon zuvor angeeignet. Nun entdeckte er, wie wichtig es war, Sprachen zu beherrschen. Er entwickelte eine eigene Methode, mit der er sich selbst das Russische beibrachte. Das gefiel dem neuen Arbeitgeber, der ihn nach Sankt Petersburg schickte. Es folgten vier sensationelle Jahre. In kurzer Zeit entwickelte er sich dort zu einem erfolgreichen Händler, der bald auf eigene Rechnung arbeitete. Sein Geschäft machte er im Import von Waren nach Russland, vor allem mit dem Farbstoff Indigo, über den er schon in Amsterdam alles gelernt hatte.

Er wurde reich. Er etablierte sich. Er fühlte sich in Russland wie zu Hause. Da erfuhr er, dass sein jüngerer Bruder nach Amerika ausgewandert und in Kalifornien, wo er sich als Goldgräber versucht hatte, ums Leben gekommen war. Nun reiste auch der einstige Dorfjunge in die Neue Welt, denn niemals scheute er große Strapazen, er blieb aber nur zwei Jahre in Sacramento, wo ihm auch das Glück hold war, dann setzte er seine erfolgreiche Laufbahn als Importeur in Russland fort. Sein Vermögen wuchs ins Unermessliche. Aber immer häufiger dachte er daran, sich zur Ruhe zu setzen, sein Geld sicher anzulegen und seinen privaten Neigungen nachzugehen: Sprachen lernen, Reisen, Schreiben – und Troia suchen.

Nach dem Ende des Krimkriegs, der ihn noch reicher gemacht hatte, unternahm er weite Reisen. Aber erst nach vielen Jahren als Kaufmann gab er schließlich seine Geschäfte auf, kaufte Häuser in Paris, wo er auch ein Studium begann. Er unternahm eine veritable Weltreise sowie eine archäologische Erkundung in Griechenland und in Kleinasien, schrieb zwei Bücher darüber in französischer Sprache. In diesem zweiten Buch sprach er auch von Troia.

Endlich war es so weit. Der Traum des Dorfbuben sollte sich erfüllen. Zwar war nicht die einstige Gespielin in der Heimat seine Frau geworden, sondern eine junge Griechin aus Athen. Aber sonst kam alles wie erträumt, ja noch viel schöner: Er fand Troia, er grub die Stätte aus und fand einen unglaublichen Goldschatz, schrieb zahlreiche Bücher darüber, und wenn er auch viele Neider und Feinde ertragen musste, so wurde er doch ein gefeierter und geehrter Mann. Mit großen Staatsmännern und mit bedeutenden Wissenschaftlern stand er in Verbindung. Seine Schätze wurden in Berlin in einem neu erbauten Museum ausgestellt.

Sein Name sollte ein leuchtendes Symbol bleiben. Sein Leben, seine Leistung als Archäologe, seine Methode des Sprachenlernens, all das würde man für lange Zeit weitererzählen, eine Geschichte voller wunderbarer oder ergreifender Szenen, von seiner Kindheit auf dem Dorf bis zu seinem Tod in Neapel.

Kein Roman

Zuletzt kann man sich das Leben von Heinrich Schliemann nur noch so vorstellen, wie er es erzählt haben wollte. Er hat darauf hingelebt, ein erzählenswertes Leben zu schaffen. Doch über Schliemann kann man keinen Roman schreiben. Man kann keinen Satz erfinden, in dem eine Gestalt namens Heinrich Schliemann *ich* sagen würde. Die Fiktion müsste darin bestehen, seine Erfindungen und seine Erlebnisse zu unterlaufen. Überbieten kann sie niemand.

Noch sein Tod in Neapel war eine romanreife Szene. Und tatsächlich war ein Romancier anwesend. Henryk Sienkiewicz, der spätere Autor von ›Quo vadis?‹ und selbst ein großer Reisender, hatte auf dem Weg nach Afrika in Neapel Zwischenstation gemacht und angeblich mit angesehen, wie man den leidenden alten Mann von der Straße auflas und ihn endlich als den berühmten Archäologen Schliemann identifizierte. In einem Roman hätte man keinen besseren Ort für diese letzte Szene finden können als Neapel und keinen besseren Zeitpunkt als Weihnachten, ein Datum, das in Schliemanns Lebenserzählung eine so große Rolle spielte.

Wir wissen fast alles über Heinrich Schliemann, sein Leben liegt vor uns wie ein offenes Buch, ein Buch, das er selbst geschrieben hat. Wir haben so viele Briefe, Tagebücher, Reisebücher, vieles davon wurde immer wieder veröffentlicht und oft genug nacherzählt. So wurde sein Name ein Mythos, ein Wert, ein Maßstab, ein Name mit Glanz und Klang. Jedes Lexikon der Welt erwähnt ihn, in Jugendbüchern, Romanen, Essays tritt er auf. Aber alles Erzählte ist nur das Echo einer Legende, die er selbst schuf und verbreitete, ein Gewebe aus großen und kleinen Lügen, die man zu gern geglaubt, aber auch bewusst konserviert hat.

Literarisch wurde er immer unter Wert behandelt, weil man sich mit dem Ausmalen seiner Legende begnügte, was stets zur unfreiwilligen Parodie geraten musste. Und doch ist er eine eminent literarische Gestalt, eine lebende Romanfigur. Aber die Episoden für seinen Roman entwarf er selbst.

März 1851. San Francisco steht in Flammen. Wer kann, rettet sich auf den kleinen Hügel, den Telegraph Hill (heute steht dort der Coit Tower). Heinrich Schliemann beschreibt sehr lebendig, wie er dorthin gelangte und brennende Holzhäuser, explodierende Waffenlager und den fauchenden Wind beobachtete, der alle Löschversuche vergeblich sein ließ. Doch er war gar nicht anwesend ... Schliemann lügt. Wie (anderswo) gedruckt. Aber gekonnt. Man glaubt es. Er hat einen Bericht aus der Zeitung benutzt (man hat den Artikel gefunden) und ihn in der Ichform nacherzählt. So schulte er seine Englischkenntnisse und träumte sich in Erlebnisse hinein, und aus Schreibübungen wurden Abschnitte seiner idealen Biografie, etwa wenn er einen Besuch beim amerikanischen Präsidenten schilderte. Daran stimmte nur sein Drang, in Kontakt mit führenden politischen Persönlichkeiten und wissenschaftlichen Autoritäten zu kommen, mit Helden seiner Zeit (was später auch gelang).

Solche Episoden gibt es zuhauf bei ihm. Was können wir überhaupt glauben von Schliemanns Berichten? Suchen wir uns aus, was in unser Bild passt? Er hat nicht immer und nicht in allen Dingen gelogen, sondern seine Erlebnisse um anschauliche oder dramatische Anekdoten bereichert. Das macht ein Urteil sehr schwierig. Er tat es in kleinen Dingen, aber auch in den großen Themen seines Lebens.

Im Leben von Heinrich Schliemann gibt es Zonen der Ungewissheit. Zweierlei Vergangenheit, zweierlei Legenden, die seine und die von Troia. Und beides ist seltsam verknüpft. Das ist der Kern des Rätsels Schliemann.

Es gibt eine homerische Frage, die Frage nach der Geschichtlichkeit des Dichters der homerischen Epen, und damit verbunden die Frage nach der historischen Realität des Troianischen Krieges, der Identifizierung des Ortes Troia bzw. Ilion (gab es Troia wirklich und wenn ja, wo lag es?).

Aber es gibt auch eine Schliemann-Frage. Sie betrifft das Bild, das er von seinem Leben gab, die Art und Weise, wie er seine Lebensgeschichte in seine archäologischen Forschungen einbezog und diese aus jener begründete (wie kam Schliemann dazu, Ausgrabungen in Troia zu machen?).

Diese seltsame Verquickung zweier Mythen, eines quasihistorischen und eines lebensgeschichtlichen, macht das Besondere an Schliemann aus. Nur wenn es gelingt, diesen Bezug zu erklären, erhalten wir ein plausibles Bild von Heinrich Schliemann als historischer Gestalt, einem Mann, der eine historische Wahrheit suchte und selbst keine Wahrheit kannte.

Die Frage lautet nicht, warum wollte Heinrich Schliemann Troia ausgraben, sondern: Warum hat Schliemann aus dem Troia-Traum seinen Lebensmythos gemacht? Warum hat er im Licht dieser Legende und doch auch wahren Geschichte zugleich das

Märchen seines Lebens umgedeutet und überhöht, das doch erstaunlich genug war? Warum hat er so oft Dinge hinzuerfunden, Zusammenhänge verschleiert oder anekdotisch verbrämt (darunter auch den zentralen Fund in Troia, den von ihm so genannten Schatz des Priamos)?

Dieser Zug, den ich seine Mythomanie nenne, macht den Kern seiner Persönlichkeit aus, hat ihn über alle vorläufigen Stationen hinausgetrieben, hat ihn zum Weltreisenden, zum Autor und schließlich zum Ausgräber gemacht, der seine idealisierte Lebensgeschichte mit einem Mythenschatz krönte.

Sein Selbstbild war ein Teil seiner Lebensleistung. Es war ihm wichtig, als was er gesehen wurde. Die Wahrheit und die Einheit dieses Mannes versteht nur, wer die Bedeutung und die Methoden seines Fabulierens erkennt, wer sieht, dass ihn seine Mythomanie nach Troia geführt und auch als Ausgräber nie verlassen hat. Sie bedingte die Fragestellung, mit der er an Troia heranging, sie führte dazu, dass er das eigentliche Troia doch verfehlt hat, als die Befunde mit seinem privaten Mythos kollidierten. Diesem Paradox des Mythomanen sind wir hier auf der Spur, mit erzählerischen und essayistischen Mitteln, aber auch mit Methoden der Textdeutung, da es sich um das Verstehen einer geschriebenen Legende handelt. Wir können sein Leben nicht nacherzählen, wir können ihm nur zuschauen beim allmählichen Verfertigen und Ausgestalten seiner Lebensmythen. Ein Märchen war sein Leben allemal, ein Märchen von jemandem, der aus engsten Verhältnissen in die weite Welt kam, der in die Fremde musste, um er selbst zu werden.

Heinrich Schliemanns dunkle Jahre

Die Schande von Ankershagen

Sophia war Schliemanns weiblicher Schicksalsname. Auch seine Mutter führte diesen Vornamen. Ihr Rufname war aber Luise.

Von der Mutter besitzen wir kein Bild. Es heißt, Luise Therese Sophie Bürger (geboren am 19. Mai 1793) sei nicht ohne Bildung gewesen, habe Klavier gespielt und Wert auf schöne Kleidung und feine Umgangsformen gelegt. Ihr Vater, Joachim Friedrich Bürger, war Schulrektor und später auch Bürgermeister im mecklenburgischen Ort Sternberg, zwischen Güstrow und Schwerin gelegen. Konrektor an der Schule ihres Vaters war Ernst Schliemann. Gegen den Willen des Vaters hat sie den 13 Jahre Älteren geheiratet. Einer ihrer Mitschüler, J. F. Wendt, sollte später eine wichtige Rolle im Leben ihres berühmtesten Sohnes spielen. Ihr Eheleben war ein langes Leiden.

Zeit für sich wird sie kaum gehabt haben. Neun Geburten hatte sie zu überstehen, nur sechs Kinder überlebten, zwei Monate nach der neunten Geburt starb sie selbst, am 22. März 1831, nach 19 Jahren Ehe, im Alter von 38 Jahren, an »hitzigem Nervenfieber«, wie es in der Sterbeurkunde heißt. »Gott lohne die Frühvollendete mit dem Genusse der reinsten und ungestörtesten Seligkeit«, schrieb ihr Mann eigenhändig hinzu und ließ auch einen Nachruf in die Zeitung rücken. Schöne Worte machen konnte er sehr gut, der treulose Pfarrer.

Ernst Schliemann kennen wir von einem Foto. Breit und behäbig sitzt er da, man ahnt seinen schweren, mächtigen Körper, die rechte Hand hat er wie ein Feldherr unter den Mantelsaum geschoben, der linke Ellbogen ruht auf einem Tisch, von dessen

Kante eine kräftige, gierige Hand herabhängt. Man sieht ein breites, flaches Gesicht, eine hohe Stirn, tiefe Grinsefalten neben der mächtigen Nase, einen leichten Backenbart. Den stärksten Eindruck erzeugen die sehr offenen, beinahe schamlosen Augen, aus denen er uns belustigt anschaut, feist, höhnisch, unbekümmert.

Ernst Johann Adolph Schliemann, geboren 1780 in Gresse bei Hagenow, stammte aus einer alteingesessenen mecklenburgischen Familie aus dem Wismarer Umland, die Jahrhunderte zuvor aus Schleswig eingewandert war. Unter den Vorfahren gab es Kaufleute, Lehrer, Pastoren. Ernst hatte in Altona das Gymnasium besucht und war dann dort Lehrer geworden, hatte zusätzlich Theologie in Halle studiert. Dann wurde er Konrektor im Städtchen Sternberg, lernte (vielleicht als seine Schülerin) die Tochter seines Vorgesetzten kennen, die er 1813 heiratete. 1814 zog das Paar fort, Ernst hat sich zum Pfarrer in Neubukow wählen lassen, einem kleinen Ort mit 1800 Einwohnern, auf halben Wege zwischen Rostock und Wismar. Noch im selben Jahr kam das erste Kind zur Welt, es wurde auf den Namen Heinrich getauft.

Das Pfarrhaus von Neubukow lag mitten auf dem Gottesacker, direkt an die Kirche angebaut, ein nicht sehr solider Ziegelbau. Dort kamen in rascher Folge weitere Kinder zur Welt, Elise (1816–1890), Dorothea (1818–1912) und Wilhelmine (1819–1883). Das fünfte Kind des Pfarrers wurde am Sonntag, dem 6. Januar 1822 geboren und sechs Tage nach seiner Geburt auf die Namen Johann Ludwig Heinrich Julius getauft, vom eigenen Vater, der auch den Rufnamen Heinrich festlegte, obwohl sein Ältester schon diesen Namen trug, doch war das sechsjährige Kind seit längerer Zeit schwer krank und starb im März 1822. Jetzt war der zweite Heinrich der älteste Junge und Stammhalter und immer auch eine lebende Erinnerung an einen Verschwundenen, der schon seinen Namen getragen hatte.

Ebenfalls im März 1822 starb der Pfarrer von Ankershagen, ein gewisser Heinrich von Rusdorf, der seit 22 Jahren im Amt gewesen war und einen üblen Ruf hinterließ, vor allem weil er zur Trunksucht neigte. Schon einige seiner Vorgänger waren in dieser Hinsicht unangenehm aufgefallen.

Der Pfarrer von Ankershagen betreute die 1000 Einwohner des

Ortes und mehrere Nachbargemeinden. Gewählt wurde er von den männlichen Gemeindegliedern, bestätigt werden mussten alle Entscheidungen durch den Großherzog Friedrich Franz I. in Schwerin. Die Stelle im Dorf Ankershagen war gut bezahlt, versprach ein geräumiges Haus sowie die Versorgung mit Naturalien. Äcker, Wiesen und ein fischreicher See gehörten dazu, das meiste Land wurde verpachtet, was jährliche Einnahmen von 1200 Reichstalern garantierte.

Als 1823 das vakante Amt ausgeschrieben wurde, bewarb sich auch Ernst Schliemann. Das sechste Kind war unterwegs, die Schulden wuchsen ihm über den Kopf. Seine Ehe war zerrüttet und sein Ruf in Neubukow nicht der Beste. Ankershagen lag weit genug entfernt, dass man dort nichts von ihm wusste. Er war ein Trinker, ein Verschwender, in ewiger Geldnot, war schon gescheitert als Lehrer in Altona, hatte sich auf die kleine Pfarrstelle in Neubukow gerettet, versank aber immer tiefer in Schulden. Retten konnte ihn nur eine lukrativere Stelle. Er scheute kein Mittel, sie zu bekommen.

Am 11. Mai 1823 hielten drei Kandidaten ihre Probepredigt. Der Pfarrer Ernst Schliemann war kein Prediger, sondern ein Hypnotiseur mit Worten. Er hatte Rhetorik studiert und konnte die Prinzipien der Redekunst herunterbeten, schrieb sie seinen Kindern mit Kreide auf eine Tür im Pfarrhaus, von der sie lange Jahre niemand abwischte. Aber Ernst Schliemann vertraute nicht allein auf den Eindruck seiner Worte. Er ließ den ungeliebten Schwiegervater zu seinen Gunsten intervenieren. Außerdem hatte er dem Revierförster Müller 200 Reichstaler zukommen lassen, damit dieser die wahlberechtigten Gemeindemitglieder gut bewirte und sie geneigt stimme. Von 153 Mitgliedern stimmten 150 für ihn. Ein Triumph. Die Ankershagener konnten sich nicht beschweren. Sie hatten es gewollt.

Ankershagen lag fernab der Küste im mittleren Mecklenburg und wurde von einem Gutshaus beherrscht. Dort hatte zwischen 1769 und 1772 jener Mann als Hauslehrer gewirkt, dessen Name in Deutschland für immer mit Homer verknüpft sein sollte, der erste Übersetzer der ›Ilias‹ und der ›Odyssee‹, Johann Heinrich Voß (1751–1826). Nach den bösen Versen zu urteilen, die er später schrieb, war die Zeit in diesem Ort, wo er besonders unter dem »hochadligen Geschmeiß« zu leiden hatte, die unglücklichste in seinem Leben.

Im Sommer 1823 zogen die Schliemanns mit zwei Planwagen nach Ankershagen. Der richtige Ort für die Kindheit des Helden war gefunden. Das Dorf besaß eine der ältesten und größten Kirchen des Landes, einen Feldsteinbau aus dem späten 13. Jahrhundert, der Übergangszeit von der Romanik zur Gotik. Wenn man die enge Treppe bis zum Glockenstuhl emporkletterte, konnte man vom Kirchturm weit in die Landschaft hinausschauen, denn die Kirche und der sie umgebende Friedhof lagen auf einem kleinen Hügel am nördlichen Ortsende. Das breite zweistöckige Pfarrhaus, ein Fachwerkgebäude aus dem 18. Jahrhundert, lag der Kirche gegenüber auf der anderen Straßenseite. Es wirkte eher wie ein Bauernhaus, besaß ein kleines Quergebäude, das so genannte Witwenhaus, dazu einen weitläufigen Garten mit mächtigen Bäumen und einem Teich. Seine erste Predigt hielt der neue Pfarrer am 8. Juni 1823.

Der Kindersegen der Familie Schliemann nahm kein Ende: Ludwig (1823–1850), Franz (1825–1826), Luise (1827–1909) und Paul (1831–1852). Um die vielen Kinder zu versorgen und den Haushalt zu bewältigen, nahm man ein Dienstmädchen auf, Sophie Schwarz, die noch minderjährige Tochter eines Maurergesellen, die ein Kind von einem Domestiken des Gutshauses hatte. Mit ihr fing der Vater ein Verhältnis an, ohne es geheim zu halten. Es kam zu häuslichen Szenen, die mit der Entlassung Sophies durch Frau Schliemann an Pfingsten 1830 endeten. Ernst rächte sich an ihr, beschimpfte sie, schlug sie wohl auch. Die Kinder Schliemann erlebten Zank und Streit hautnah mit. An ihre fünfzehnjährige Tochter Elise, die bei Verwandten lebte, schrieb die Mutter Anfang 1831, kurz vor ihrer nächsten Niederkunft: »Die Tage, die dann kommen, kannst Du jeden Augenblick denken, dass ich im Kampf zwischen Leben und Tod bin. Solltest Du von Letzterem benachrichtigt werden, so gräme dich nicht viel, sondern freue dich vielmehr, dass ich ausgelitten habe auf dieser für mich so undankbaren Welt, wo alles Dulden, Bitten und Beten zu Gott im Stillen um Änderung meines harten Schicksals doch nicht hilft ...

Ich muss schließen, weil ich beim Schlachten bin und es mir so, so sauer wird.«

Nur ein Streiflicht, das auf ein undankbares Leben fällt.

Zwei Monate nach der Geburt des Sohnes Paul starb Luise Schliemann am 22. März 1831. Nach dem Tod seiner Frau ließ der Pfarrer Sophie Schwarz wieder in sein Haus kommen und lebte mit ihr zusammen. Ankershagen hatte seinen Skandal. Schon längst hatte man sich über diesen Pfarrer geärgert. Nun boykottierte man seine Gottesdienste. Man verbot den Kindern mit Schliemanns Kindern zu verkehren. An drei Sonntagen hintereinander kam es zu lautstarken Protesten und Demonstrationen. Töpfe schlagend und Spottlieder singend zogen einige Leute die Dorfstraße entlang. Man wünschte den Pfarrer zum Teufel. Auf die Sonntagsdemonstrationen folgten ernste Anklagen. Von Unterschlagung und Betrug war die Rede. Die Dorfbewohner berieten sich, schickten eine Delegation mit einer Beschwerde zur Kirchenbehörde, schließlich erging ein Antrag auf Abberufung des Pfarrers Schliemann. Im Dezember 1831 beauftragte der Großherzog einen Probst mit der Untersuchung des Falles.

Von einem Tag zum andern verschwand Sophie Schwarz, niemand konnte sie als Zeugin vernehmen. Der mit der Untersuchung in Ankershagen betraute Probst kam dennoch zu der Erkenntnis, dass die Vorwürfe betreffs der »Unmoralität und des genüsslichen Charakters« von Ernst Schliemann berechtigt waren, dass er ein schlechtes Beispiel abgab und die Gemeinde ihn nicht behalten wollte. Der Großherzog verfügte die Amtsenthebung wegen »leichtfertigen Lebenswandels«.

Aber der Beschuldigte war ein harter Brocken. Er ließ sich nicht so leicht abschieben. Und er wusste sich zu verteidigen. Er schrieb Brief um Brief, Petition um Petition, beteuerte seine Unschuld. An Dreistigkeit fehlte es ihm nicht. Die Verfügung des Großherzogs wurde 1834 ausdrücklich bestätigt, in den Akten war die Rede von Ehebruch mit Sophie Schwarz, leichtsinnigem Benehmen, Herabwürdigung des geistlichen Standes, skandalösen Auftritten. Man forderte »die Versetzung dieses zur Verwaltung des geistlichen Amtes nicht weiter qualifizierten Mannes«. Ernst Schliemann legte Revision ein, das Appellationsgericht in Parchim rollte das Verfahren noch einmal auf. Der Pfarrer beschwor seine Unschuld, gab sich als das Opfer von bösartigem Dorfklatsch aus. »Meine Nachkommenschaft soll gebrandmarkt werden.« Die Zeugen vor Gericht widersprachen sich und so musste ihn das Gericht Ende November 1835 tatsächlich aus Mangel an Beweisen freisprechen. Die Suspendierung wurde aufgehoben. Ernst Schliemann verlangte nun öffentliche Wiedergutmachung für das ihm zugefügte »himmelschreiende Unrecht« und Ersatzzahlungen. Er wollte sogar das Pfarramt in Ankershagen zurückhaben, wo er immer noch wohnte, aber das ließ der Großherzog nicht zu.

1836 wurden neue Klagen über Ernst Schliemann laut. Unwürdige Auftritte in betrunkenem Zustand häuften sich. Man wollte ihn loswerden, er sollte ganz auf seinen Status als Pfarrer verzichten und aus Ankershagen fortziehen. Ernst Schliemann ließ einen längeren Brief in der ›Rostocker Zeitung‹ veröffentlichen, in dem er seine »zahlreichen Freunde und Gönner im In- und Auslande« wissen ließ, er sei völlig rehabilitiert worden, dennoch bestehe seine ungerechte und nur auf Denunziation zurückzuführende Suspendierung faktisch fort. Er wolle aber weiter um sein Recht kämpfen. In dem auftrumpfenden Ton, jener Art, die ganze Welt zum Zeugen zu nehmen, schwingt etwas mit, was sich in den späteren Schriften von Schliemann junior in verwandelter Form wiederfinden wird.

Tatsächlich verkaufte Ernst Schliemann seinen Hausrat für 7000 Taler und zog im Mai 1838 nach Gehlsdorf bei Rostock. Das neue Dienstmädchen hieß ebenfalls Sophie und wurde seine zweite Frau, die Tochter eines Webers namens Behnke. Sein Nachfolger in Ankershagen, Conradi, erbte schlecht bestellte Felder und hohe Schulden auf 20 Jahre.

Ernst Schliemann kämpfte immer noch um seine Ehre, wie er sie verstand. Er schrieb 1839 an die Steuerbehörde in Rostock, er habe die Pfarrstelle in Ankershagen freiwillig aufgegeben und sei keineswegs aus dem geistlichen Stand ausgetreten, auch habe er sich nicht seiner persönlichen Standesehre begeben, habe also Anspruch auf eine Abfindung. 1841 wurde eine Art Vergleich geschlossen, die Affäre konnte vergessen werden. Und Schliemann junior von einer ganz anderen Jugend, einem ganz anderen Vater träumen.

In der neuen Ehe wurden zwei Söhne geboren. Glücklich war auch diese Ehe nicht, sie wurde 1855 geschieden. Es war die Rede von Trunksucht und Misshandlungen. Ernst Schliemann zog in ein Dorf namens Sybba bei Lyck in Ostpreußen. Er zeugte noch ein uneheliches Kind. Inzwischen hatte es sein Sohn Heinrich längst zu Wohlstand und Ansehen gebracht, unterstützte den Vater, dem das Geld nur so durch die Finger rann. Seiner Gesundheit hatte sein Lebenswandel nicht geschadet. Im November 1870 starb Ernst Schliemann im Alter von 90 Jahren. Die Grabpflege bezahlte für die 20 Jahre, die er seinen Vater überleben sollte, Heinrich Schliemann.

Um den Skandal des Vaters hat man ein großes Geheimnis gemacht. Der Herausgeber von Schliemanns Briefwechsel scheute sich nicht, Passagen wegzulassen, die auf diesen Skandal verwiesen. Es galt, ein fleckenloses Bild zu bewahren. Dabei versteht man Schliemann gar nicht, wenn man sich nicht das Schreckbild vor Augen hält, das sein Vater abgegeben hat. Und erst so erschließt sich, warum er in der legendenhaften Version seines Lebens den Vater verklärt hat.

Illusionen über den Vater hatte er keine. In Hamburg traf er 1841 die einstige Haushälterin Sophie Schwarz wieder, sie arbeitete als Zimmermädchen im Hotel Zum Kronprinzen. Es muss zu einem Gespräch gekommen sein, überraschend vertraut, ja versöhnlich. Ihm erzählte Sophie, was sie der kirchlichen Untersuchungskommission vorenthalten hatte, um wenigstens die Bezüge, wenn schon nicht den Ruf Ernst Schliemanns zu retten. Er habe sie mit wertvollen Geschenken überhäuft und ihr versprochen, eines Tages würde sie die Frau Pastorin. Gewiss, sie sei die Ursache zum Familienunglück, aber nicht bei ihr liege die eigentliche Schuld, ihr Gewissen spreche sie frei.

Wir sollten an die Wirklichkeit dieses Treffens glauben, auch wenn es eine schöne Romanszene abgibt: In einer kargen Hamburger Dachkammer eine versöhnliche Aussprache mit der Frau, die das Familienunglück des Jungen symbolisiert, Abschied von der schweren Kindheit, vor dem Start in das große Leben, durch ein Klappfenster fällt der Blick auf den Hafen ...

So wie sein Vater will Heinrich nicht werden. Und doch wird

er sich später nicht scheuen, vor Gerichten mit unlauteren Mitteln zu arbeiten, wenn es seinen Interessen nützt.

Zögling Heinrich

Schon seit Januar 1832 lebte Heinrich nicht mehr in Ankershagen, sondern in Kalkhorst bei Grevesmühlen, im Hause von Friedrich Schliemann, einem Bruder seines Vaters. Dieser historisch interessierte und gebildete Pfarrer stand in verwandtschaftlichen Beziehungen zu dem Schriftsteller Fritz Reuter.

Ein Jahr verbrachte Heinrich in der kinderreichen Familie von Friedrich und Magdalena Schliemann. Vier Söhne sollten nach Amerika auswandern. Freundschaft schloss Heinrich vor allem mit seinem Vetter Adolph Schliemann (1817–1872), der später eine wichtige Rolle als sein Briefpartner und gelegentlicher Ratgeber spielte. Adolph wurde Anwalt und zuletzt Gerichtsrat in Leipzig. Auch eine Cousine machte großen Eindruck auf Heinrich. Sie hieß Sophie.

Zusammen mit seinen Vettern erhielt Heinrich Privatunterricht durch ein Faktotum namens Carl Andreß, Sohn des Großherzoglichen Mundkochs. Er hatte ein Stipendium des Herzogs erhalten und Alte und Neue Sprachen studiert, war ab 1830 Hauslehrer, erhielt schließlich eine schlecht bezahlte Anstellung als Bibliothekar in Neustrelitz. Später behauptete Heinrich, er habe in dieser Zeit unter Anleitung von Andreß einen lateinischen Aufsatz über Troia geschrieben, aber da seine Angaben darüber schwanken (mal sagt er: für den Onkel, mal: für den Vater), bleiben Zweifel daran.

1833 wurde Heinrich auf das Gymnasium Carolinum in Neustrelitz geschickt, einer kleinen Residenzstadt an einem See, die 6000 Einwohner zählte und über ein Gericht, ein Schloss mit weitläufigen Gartenanlagen, ein Theater und dazu mehrere Schulen verfügte. Heinrich wohnte zur Untermiete bei dem Hofmusiker Karl Ernst Laue (1790–1860). Im Hause Laue mag Heinrich einiges über Geografie und Astronomie gehört und von großen Reisen geträumt haben. Ein Sohn von Laue war nach Sankt Petersburg gezogen und dort Orchestermusiker geworden.

Sein Zimmer teilte Heinrich mit Ernst Meincke, einem Jungen aus einem Nachbardorf von Ankershagen. Ernst wusste alles über den Skandal um seinen Vater und hat es ihm auch unter die Nase gerieben. In einem Brief von 1876 schreibt Schliemann: »Meincke ist nie mein Freund gewesen. Hat ein Spottgedicht auf mich und meinen Vater gemacht.« Und doch ließ er ihm in jenen späteren Jahren immer wieder Geld zukommen, weil er ihn fälschlich für bedürftig hielt, und noch in seinem Testament hat er ihn bedacht. Meincke wird sich gewiss moralisch überlegen oder besonders schlau gefühlt haben, wenn er dem inzwischen reichen und berühmten Mann Geld abluchste. Aber was waren die Motive für Schliemanns Großzügigkeit? Ging es ihm vielleicht darum, einen unangenehmen Mitwisser ruhig zu stellen?

Die Schwester von Ernst Meincke spielte in der Lebenslegende von Schliemann eine bedeutende Rolle. Minna Meincke erscheint darin als die kleine Jugendliebe, die heimliche Verlobte aus Ankershagen, der er angeblich von seinem Troia-Traum erzählt hat. War Heinrichs Demütigung durch ihren Bruder Ernst die eigentliche Quelle für diese schöne Erzählung?

Immer wenn Schliemann später verklärend und romantisierend von gewissen Dingen sprach, hat er wohl in Wahrheit eine erlittene und erinnerte Demütigung kompensiert. Das war wohl auch so bei seiner Leidenschaft für die griechische Sprache. Es lässt sich nicht ganz ausschließen, dass er dem Unterricht auf dem Gymnasium nicht folgen konnte, weil in der Tertia, in die man ihn gesteckt hatte, Griechischkenntnisse verlangt wurden (der Griechischunterricht begann dort in der Quarta), über die er nicht verfügte. Eine Demütigung dieser Art würde seine spätere Leidenschaft gerade für diese Sprache in ganz anderem Licht erscheinen lassen.

Als Grund für seinen baldigen Abgang vom Carolinum nannte Schliemann allerdings, dass die Einkünfte des Vaters nicht für das hohe Schulgeld reichten. Obwohl Schliemann selbst von eiserner Sparsamkeit war, musste er mit der Realschule im gleichen Gebäude vorlieb nehmen, was eine fühlbare Deklassierung bedeutet haben kann. In einem früheren Zeugnis vom Carolinum hatte gestanden: »Klarheit in den Gedanken fehlt oft« – aber großer Fleiß wurde ihm attestiert. Mit einigen Mitschülern sollte er später wieder in Verbindung treten, etwa mit Wilhelm Rust (1820–1910), mit dem er ab 1868 Briefe wechselte, als dieser Kaufmann in Neustrelitz war.

Auf der »Großherzoglichen Realschule (Realgymnasium)«, einer der ältesten Anstalten dieser Art in Deutschland, erhielt Schliemann Unterricht in Latein, Englisch und Französisch, lernte also nicht alle Sprachen erst später als Autodidakt. Von Sprachgenie konnte noch keine Rede sein, die Noten in diesen Fächern waren nur mäßig.

Mit 14 Jahren, wie es für diese Schulform üblich war, erhielt Schliemann das Abgangszeugnis. Darin stand: »Sein Betragen und sein Fleiß waren zur Zufriedenheit seiner Lehrer, auch hat er in den meisten Unterrichtsgegenständen genügend Kenntnisse erworben, wobei ihm freilich noch immer die rechte Umsicht und Klarheit abgeht.« Angeblich sah er im Hause Laue kurz vor seinem Weggang aus Neustrelitz Minna Meincke wieder, die ihren Bruder besuchte. Es sei ein tränenreicher und wortloser Abschied gewesen. Wer weiß, worüber Schliemann damals Tränen vergoss.

Auf die vier Jahre Schulzeit folgten ab Ostern 1836 fünf Jahre Lehrzeit in einem Kramladen, der sich Materialwarenhandlung nannte. Er gehörte einem Kaufmann namens Ernst Ludwig Holtz und lag in Fürstenberg, einem Markt- und Handelsplatz an der Havel mit 3000 Einwohnern und einem wichtigen Binnenhafen. Neunmal im Jahr fand ein großer Buttermarkt statt, auf dem auch Korn, Glas, Holz und Branntwein umgeschlagen wurden. Schliemann lernte also schon einen Handelsplatz mit Hafen kennen, wenn auch im Binnenland und mit bescheidener regionaler Bedeutung.

Im Geschäft von Holtz, das in einem länglichen zweistöckigen Haus an der Hauptstraße unweit des Marktplatzes lag, ging es nur um Pfennigartikel: Salz, Zucker, Kaffee, Butter, Milch, Öl, Heringe, Gurken, Talglichter. Der Tagesumsatz betrug 15 Taler. Zugleich diente der Laden als Schankwirtschaft, in der billiger Kartoffelschnaps ausgeschenkt wurde. Heinrich arbeitete von fünf Uhr früh bis elf Uhr abends: Verkaufen, abpacken, ausfegen und immer wieder »Düten drehen«.

Als Ende 1837 der Lehrherr starb, wurde der Laden samt Inventar an den Schwiegersohn von Holtz veräußert, Theodor Hückstädt. Im Kaufvertrag vom 15. Dezember 1837 liest man: »Die beiden jungen Leute, Bendix und Schliemann, welche jetzt in der Handlung als Lehrlinge vorfindlich, übernimmt Käufer und erfüllt die desfallsigen Bedingungen.«

In seiner späteren Darstellung hob Schliemann vor allem die harten Umstände hervor, unter denen er seine Lehrzeit verbrachte, und angesichts seines unbefriedigten Ehrgeizes wird es ihm gewiss schwer gefallen sein. Er lernte immerhin Hand anzulegen und sich vor schwerer Arbeit nicht zu fürchten. Doch für ihn waren die Jahre in Fürstenberg der tiefste Punkt seiner Laufbahn.

Dabei übergeht Schliemann ein wenig die Persönlichkeit seines neuen Chefs. Auf einem Porträt erscheint Theodor Hückstädt (1812–1872) als stattlicher, gut aussehender, selbstbewusster Herr. Er war Sohn eines Pfarrers und zählte zu den Honoratioren der Stadt. 1848 gehörte er zu den Demokraten und liberalen Reformern, gewährte verfolgten Revolutionären Unterschlupf und blieb später als Vertreter im Stadtrat seinen fortschrittlichen Ansichten treu. Bei Schliemann erscheint er als gestrenger Lehrherr. So braucht er ihn in seinen Erinnerungen, in seinem erzählten Leben, anders als seinen Vater, den er besser macht, wenn er von ihm erzählt, bis man nichts mehr von seinen Fehlern und hässlichen Zügen ahnt. Schliemann erinnerte sich an quälende Arbeiten, an Blutspucken durch zu schwere Lasten, die er heben musste. Möglicherweise litt er an einer hartnäckigen Lungenkrankheit, die er vorerst nicht auskurieren konnte.

Eine Schlüsselepisode in Schliemanns späteren Erinnerungen betrifft einen betrunkenen Müller, der in Hückstädts Laden kam und altgriechische Verse von Homer rezitierte. Schliemann, der zu diesem Zeitpunkt entweder gar kein Griechisch konnte oder fürs Gymnasium zu wenig, will von den Versen der ›Ilias‹ zu Tränen gerührt worden sein, weil ihn dies an seinen unerfüllbaren Traum von Troia erinnert habe. Aber in der späteren Schilderung geht es ja darum, das Troia-Leitmotiv in die troiafernen Zeiten seines Lebens an passenden Stellen geschickt einzufügen.

Die Quelle dieser Geschichte enthüllt ein späterer Brief an seinen Vetter aus Kalkhorst, in dem Heinrich schrieb, Adolph sei Schuld daran, dass er Griechisch gelernt habe, »denn ohne die schönen Hexameter in 1832 von Dir gehört zu haben, die mir noch immer in den Ohren klingen, wäre ich wohl nie auf den Gedanken gekommen, Griechisch zu lernen«. Und in einem Brief an Rudolf Virchow heißt es: »Welche bitteren Tränen ich während der 5 1/2 Jahre im Laden in Fürstenberg vergoss, jedes Mal wenn mir ein Primaner zu Gesicht kam und ich an meine Unwissenheit und mein Elend dachte.«

Das zeigt zumindest, wie tief er Demütigungen empfunden und wie wenig er sie vergessen hat. Die Geschichte vom Müller ist natürlich einprägsamer und dramatischer als die bloße Erinnerung an eine Unterrichtsstunde in Kalkhorst. Das Seltsame ist nur, dass jener Müller bei Schliemann einen Namen bekommt: Hermann Niederhöffer, und den Mann hat es wohl wirklich gegeben. Er hat in späteren Jahren als Gemeindeschreiber in Wiedenhagen immer wieder Passagen aus Homer auswendig hergesagt, allerdings erst nachdem Schliemann seine Lebensgeschichte publik gemacht hatte.

Das Dienen im Laden war kein Leben für Schliemann. Aber welche Auswege gab es? Er spricht von seinem grenzenlosen Geiz und seiner wahnsinnigen Liebe zum Geld, von früh auf. Aber wo war genug zu verdienen? Als seine Lehrzeit zu Ende ging, Anfang 1841, bot ihm ein Kaufmann in Gransee eine Stelle für 60 Taler im Jahr an. Er entschied sich aber dafür, die kleinen mecklenburgischen Landstädtchen zu verlassen, in die Fremde zu gehen, vielleicht sogar nach New York auszuwandern. Aber er war erst 19, benötigte dazu die Erlaubnis des Vaters. Mit ihm sollte es eine letzte Begegnung geben.

Der erste Brief

Einige Monate lang gab Heinrich Schliemann den seinen kein Lebenszeugnis. Er war wie verschollen. Dann tauchte plötzlich ein Brief auf, ein endloses Schreiben, 60 voll geschriebene Seiten. Der Brief war datiert auf den 20. Februar 1842, kam aus Amsterdam und war an seine älteren Schwestern Wilhelmine und Dorothea gerichtet, die beide seit 1837 in dem kleinen mecklenburgischen Ort Röbel lebten, südwestlich der Müritz. Dieser Brief ist ein Wunder, nicht nur seiner Länge, sondern auch der erstaunlichen und abenteuerlichen Dinge wegen, die er dort zu erzählen hat, so erstaunlich, dass er den »lieben Schwestern« hoch und heilig versichert, dass er seine Erlebnisse »der reinsten Wahrheit gemäß« schildere. Was er im Jahr 1841 erlebte, dem Jahr, in dem er den entscheidenden Schritt in die Fremde tat, wissen wir nur aus diesem Brief.

Irgendetwas musste passiert sein mit Schliemann, seit er ein Jahr zuvor Fürstenberg verlassen hatte, eine Verwandlung, ein Wechsel der Persönlichkeit – oder der Durchbruch zu seinem wahren Selbst. Noch war er gar nichts, nur eine nach Amsterdam gespülte dubiose Existenz, ohne Geld, mit vagen Empfehlungsschreiben, ein oder zwei Anlaufstellen. Aber der Brief zeigt schon den Stil des fertigen Mannes, so wird er immer bleiben, immer schreiben, immer sich in Szene setzen.

Wie viel er zu erzählen hat! Und wie geschickt er schon schreibt, wie suggestiv er kleine dramatische Szenen schildern kann, wie ausführlich und wohl informiert er über Städte und Häfen berichtet. Wie genau er seinen Alltag beschreibt, seine Ausgaben auflistet. Woher dieses neue Talent kam, ist völlig ungewiss. Eine Persönlichkeit brach sich hier Bahn, die noch kein Betätigungsfeld hatte, aber schon ein bestimmtes Verhältnis zur Wirklichkeit.

Es ist das erste Selbstbild, die Urfassung und die Keimzelle seines Lebensromans, den er von nun an fortspinnen wird, unter stetem Rückgriff auf dieses erste Kapitel, das er in Einzelheiten nicht immer deckungsgleich darstellt. Und schon bei diesem ersten Brief stellt sich die Frage nach Wahrheit und Flunkerei. Was ist erlebt und was ist ausgedacht, was ist schlicht gelogen und was ist abgeschrieben, zitiert und abgewandelt, aus der Zeitung oder aus Reisebüchern, und seinem Erleben eingefügt? Dieses einfühlende Übernehmen und Umgestalten fremder Geschichten und das Einfügen von sachlichen Details schien sein besonderes Talent zu sein.

Der Brief war vermutlich eine Mischung aus all diesen Elementen. Entscheidend war nur eins: Heinrich Schliemann erzählte sein Leben in romanhafter Weise. Und er tat es von allem Anfang an, vom ersten Schritt in die Selbständigkeit, in die Fremde, in sein eigenes Leben. Hier geschah es noch privat, für die Schwestern, aber er wird dergleichen auch gegenüber anderen Personen erzählen, sich von ihnen immer wieder die Einzigartigkeit seines Lebens bestätigen lassen, und als er seinen Lebensroman öffentlich machte, war es nur eine Fortsetzung dieser Art von Schwesterbriefen mit kaum veränderten Mitteln. Dabei stand er zu diesem Zeitpunkt noch wirklich vor dem Leben. Fast ist es so, als hätte ein bestimmter Stil des Erlebens und Schreibens sich das dazu passende Leben nach und nach geschaffen.

Um zu erklären, wie er nach Amsterdam kam, erzählt er eine Schiffsreise und einen glücklich überlebten Schiffbruch. Er tut es mit großer Genauigkeit, in einer sehr suggestiv ausgemalten Szene. Hat er alles abgeschrieben, aus einem Roman, aus einer Zeitung? Wir wissen es nicht, werden es wohl nie wissen. An den Schlüsselstellen seines Lebens herrscht ein sonderbares Dunkel. Dafür haben wir jedes Mal eine schöne Geschichte. Die Urszenen liegen im Verborgenen, sind nur zu erschließen, zu erörtern wie literarische Motive. Die zweimalige ausdrückliche Beteuerung, dass er die reine Wahrheit erzähle, klingt verdächtig.

Das andere Rätsel betrifft seine Schilderung der Stadt Hamburg, wo er vor Amsterdam sein Glück versuchte. Hatte er wirklich Gelegenheit zu umfassenden Besichtigungen? Oder zitiert er Zeitungen und Reiseführer? Sein Stil allerdings gleicht schon dem seiner späteren Tagebücher. Er besitzt schon den Gestus des Reiseschriftstellers. Und auch später wird man nie wissen, was er erlebt und mit eigenen Augen gesehen und was er nur aus Quellen zur Ausschmückung seines Lebensberichtes übernommen hat.

Dass er bedenkenlos übernommen hat, darf man sicher annehmen. Aber er tat es geschickt und überzeugend. So geschickt und überzeugend, wie Napoleon für seine Hofmaler die Sujets erfand, die dann später in schlichten Nachbildungen in die Schulbücher eingehen sollten. Schliemann war sein eigener Feldherr und sein eigener Hofmaler.

»Oh Schwestern! Was für schreckliche Schicksale habe ich erlebt, welch schauderhafte Gefahren habe ich bestanden, bei deren Rückerinnerung mir noch das Haar zu Berge steht, und was für herrliche Lebenserfahrung habe ich gesammelt, seitdem Ihr nichts mehr von mir hörtet.«

Zunächst schildert Heinrich die letzte Konfrontation mit dem Vater. Angeblich hatte er die Absicht gehabt, nach New York auszuwandern. Der Vater verweigerte die nötige Erlaubnis. In dessen Haus in Gehlsdorf musste er das »ruchlose Leben und Treiben« miterleben. »Kaum grauet der Tag, so beginnen zwischen dem unglücklichen Ehepaar die gemeinsten Beschimpfungen, die selbst der entartetste Pöbel sich auszusprechen schämt, gegenseitige Verfluchungen und Verdammungen bis in den Abgrund des Tartarus, dauernd vom frühen Morgen bis zum späten Abend, einen Augenblick küssen sie sich und im anderen halten sie sich des einander Anspuckens nicht wert. Ihr habt keinen Begriff von den schauderhaften Szenen, die mitunter vorfallen.« Man beachte die mythologische Ausdrucksweise.

Heinrich wollte da nicht leben, er plante lieber seine Zukunft und mietete ein Zimmer in Rostock, besuchte dort das 1825 gegründete Handelsinstitut von Heinrich Schwanebeck. Ein halbes Jahr lang nahm er Unterricht in doppelter Buchführung und in Englisch. Dabei zeigte er besonderen Eifer und erstaunte Lehrer und Mitschüler durch sein Arbeitstempo. Er lebte solide, auch wenn der Vater zeterte, von faulem Vagabunden- und Herumtreiberleben sprach, auch von Schuldenmacherei. Heinrich konnte auf den Pfennig genau aufführen, wie viel er wofür ausgegeben hatte. Solche pedantischen Angaben werden wir immer wieder finden. Schliemann lernte rechnen, Haus halten, mit wenig auskommen. Nur der Vater verstand ihn nicht, fügte ihm eine erneute Demütigung zu, den entscheidenden Fußtritt ins Freie. Ihm würde er es zeigen.

Heinrich wusste, wofür er sein Geld ausgab, er entwickelte seinen eigenen Traum, setzte seinen Willen durch. Auch tat er etwas für seine Gesundheit, er unterzog sich einmal pro Woche einer Wasserkur in einem nahe gelegenen Dorf, wodurch es ihm gelang, seine Lungenkrankheit weitgehend zu heilen. Nachdem er den Kurs im Handelsinstitut beendet hatte, reiste er am 10. September ab, mit 29 Reichstalern in der Tasche, das mütterliche Erbteil, das er sich hatte auszahlen lassen. Das Leben fernab des väterlichen Einflusses konnte beginnen.

Erhalten ist ein Reisepass der Stadt Rostock vom September 1841 für den Handlungsdiener Johann Heinrich Ludwig Julius Schliemann. Darin ist als Geburtsort Ankershagen angegeben, eine kleine Verfälschung, die sich noch öfter wiederfindet. In diesem ersten Porträt von Schliemann heißt es unter Besondere Kennzeichen: Leberflecken im Gesicht, Gesichtsfarbe gesund, Haare und Augenbrauen braun, Augen grau, Stirn rundlich. Der angegebene Zielort ist Altona, wo er in Stellung gehen will, in einem Ort aus der Lebensgeschichte des Vaters also.

Erste Station auf dem Wege dorthin war sein Geburtsort Neubukow, wo er das Grab seines Bruders Heinrich aufsuchte (er hatte Sinn für symbolische Gesten) sowie das alte Pfarrhaus. (Erst 1881 wurde es abgerissen.)

Bei einem Essen im Familienkreis von Friedrich Schliemann stand Heinrich im Mittelpunkt: »Ich musste meine ganze Lebensgeschichte erzählen.« Das schien er sehr gern zu tun. Bei Tisch sah er seinen Vetter Adolph wieder und seine Cousine Sophie, die tiefen Eindruck auf ihn machte, wie er aus Amsterdam schrieb: »Ich möchte behaupten, dass die beglückteste Fantasie eines Dichters in den Schöpferstunden seiner Muse kein solch Ideal edler Schönheit sah, als hier in so unendlicher Anmut vor mir stand.«

Sophie war sein erster Schwarm, zumindest der erste, den wir aus den Briefen kennen lernen, denn von Minna findet sich nie ein Wort, bevor er sie später zu seiner Gestalt macht. Von Sophie »geschah ein rührender Abschied, ich drückte ein paar glühende

Küsse auf Cousinchens Mund«. Dann stieg er in die Kutsche zur Weiterreise und besichtigte unterwegs auch das »weltberühmte Mölln«. Dort besuchte er das Grab von Till Eulenspiegel. Ein Schutzpatron? Erstes Zeichen für sein Interesse an Figuren auf dem Grat zwischen Schein und Wirklichkeit? Ein wenig hat Schliemann von einem Schelm behalten, einem Schelm mit großer Energie allerdings, dem jedes Talent zur Tragik abging. Aber noch wusste er nicht, dass er ein Glückspilz war.

Bis Hamburg waren es 225 Kilometer, mit der Postkutsche eine Fahrt von drei Tagen. Er übernachtete im Gasthof Heydkrug vor den Toren der Stadt (wir folgen seinem Brief aus Amsterdam). Am Morgen stand er am Fenster und blickte hingerissen auf das Weichbild der Stadt mit ihren fünf hohen Türmen – der erste von vielen Panoramablicken in Schliemanns Aufzeichnungen. »Großartige, ahnungsvolle, unbeschreibliche Gefühle bemächtigten sich meiner bei diesem Anblicke; jetzt endlich sah ich das große Ziel vor Augen, nach dem meine Sehnsucht schon so lange stand. Über eine Stunde stand ich nackend da, ohne zu wissen, dass ich nackend sei, Hamburgs Anblick hatte mich gleichsam in den dritten Himmel gehoben, bei Hamburgs Anblick war ich zum Träumer geworden.«

Aus jeder Zeile spricht die Selbststilisierung des jungen Mannes, der hier noch einem staunenden Kind gleicht, aber schon Attitüden einübt, wie man sie später immer wieder finden wird. Die Kontinuität der Lebensmotive ist das Entscheidende, nicht der Wahrheitsgehalt der einzelnen Schilderungen.

Wir erfahren nur wenig über seine vergeblichen Bemühungen, eine Anstellung zu finden, seine nur kurzzeitigen und schlecht oder gar nicht bezahlten Versuche, sich zu verdingen. Es reichte immer nur zu Hilfstätigkeiten, die mit dem Schleppen von schweren Lasten verbunden waren, was seiner Gesundheit nicht bekam (er spuckte wieder Blut) und seiner Moral ganz gewiss nicht. Zu jener Zeit nahm er täglich ein kaltes Bad in der Alster. Viel mehr erfahren wir dafür über die Hafenstadt Hamburg, über Schliemanns Eindruck vom Reichtum der Welt. Hier spricht nicht der kleine Lehrbube auf Jobsuche, sondern ein erfahrener Reisender mit weltmännischer Geste. Seine Schilderung orientiert sich offensichtlich an literarischen Vorbildern, so wenn es heißt »ein kühler Zephir blies über die Elbe hin« oder wenn er vom »viel gepriesenen Hamburg« spricht.

Er besaß Sinn für Kuriositäten, etwa für Peter Müllers Salon in der Neustädter Kirchstraße, ein Etablissement mit 400 Damen, die man zum Tanzen auffordern konnte. Für acht Silbergroschen durfte man »nur gucken« (von dieser Summe konnte man sich drei Tage ernähren).

In Hamburg erlebte er die Buntheit und die Größe der Welt. Oder er machte sich einen Traum von der großen Welt zurecht. Börse, Hafen oder Straßenleben – alles beschreibt er ausführlich, detailgetreu, fast wie im Reiseführer. Er stieg auf den höchsten Turm, verschaffte sich Übersicht, wusste, wo und wie das Leben sich abspielte, Geschäfte und Vergnügungen, so dass man sich über die Weltläufigkeit des Dorfbuben nur wundern kann. Er lebte in geborgten Zitaten, vermischt mit eigenen Beobachtungen. So gestaltete er sein Weltbild und seine Attitüden.

Wenn er von einem Tanzsaal schreibt »Der Fußboden besteht aus Mahagoni-Holz und ruht ganz auf Druckfedern«, so kann er das nur aus schriftlichen Quellen bezogen haben. Er gewöhnte sich an, seine tatsächlichen Erlebnisse zu verbessern, auszuschmücken, und brachte alles in eine erzählende Form. Er verwandelte einen Abschnitt aus seinem Leben in ein Kapitel aus einem Bildungsroman.

In zwei Kolonialwarengeschäften fand er probeweise Anstellungen. Da war nichts zu verdienen und nur körperliche Strapaze zu erwarten, das war kein Weg zum Reichtum, den er hier täglich vor Augen hatte. Er suchte und wartete, erbat allerlei Hilfe. Ohne Erfolg. »Fortuna wollte mir ferner ungünstig sein.« Zum ersten Mal beschwor er die Glücksgöttin. Das sollte eine feste Wendung in seinen Briefen werden, bis zuletzt.

Seine Taler wurden immer weniger. Nach acht Wochen war er bankrott. Heinrich Schliemann musste wirklich bei null anfangen. Ein Onkel lieh ihm zehn Taler, verdarb die Freude daran aber mit einem vorwurfsvollen Brief. Heinrich war zu arm, um sich den Stolz der Ablehnung leisten zu können. »Ich legte jedoch ein heiliges Gelübde ab, nie, in welche schreckliche Lage ich auch kommen würde, um die Hilfe eines Verwandten zu bitten, und lieber den furchtbarsten Hungertod zu sterben.«

Eine Notlage zugeben konnte er nicht. Als ihn der Jugendfreund seiner Mutter, der jetzige Schiffsmakler J. F. Wendt fragte, ob er schon platziert sei, bejahte Heinrich zuerst, doch dann besann er sich anders, denn der Makler schlug ihm »eine brillante Stelle in Kolumbien« vor. »Bei diesen Worten verjüngten sich bei mir alle die alten Hirngespinste der Jugend, alle die alten Schiffs- und Reisefantasien traten mir, nachdem sie nun vier Jahre im Schlummer gelegen, mit einem Male bei dem Wort Kolumbien vor die Seele.«

Schon in der Zeit in Fürstenberg, vielleicht auch schon in Ankershagen träumte er also vom Reisen. Ob es stimmt oder nicht, wichtig ist dieser Gestus: Wenn etwas Großes für ihn ins Spiel kam, brachte er es in Verbindung mit dem, was er schon als Kind wollte, was ihn immer schon beschäftigt hat. Aber bei ihrem ersten Auftauchen bezog sich Schliemanns Grundformel auf den Wunsch: Fort aus Ankershagen! In diesem Fall ist man geneigt, ihm auch zu glauben, wenn man daran denkt, dass er später vor allem ein rastlos Reisender geworden ist. Und die Vorstellung vom Reisen war es auch, die ihn jetzt verlockte.

Dass man ihm in der Reederei Krogmann & Wachsmuth die Strapazen der Reise über 2000 Meilen und die Gefahren in Südamerika schilderte, konnte seinen Entschluss nicht ändern. Und da er bei einem Test Geschäftsbriefe auf Deutsch, Englisch und Französisch schreiben konnte, nahm man ihn gern. Die Kosten für die Überfahrt wurden übernommen und Heinrich besorgte sich eine Ausrüstung fürs Schiff und Empfehlungsbriefe von Wendt.

Am 23. November nahm er Abschied und ging an Bord des Schiffes »Dorothea«, eines erst kurz zuvor vom Stapel gelaufenen Dreimasters, der dem Kapitän Siemonsen anvertraut war. 18 Matrosen waren an Bord und drei Passagiere, zu denen er sich zählte (in anderen Schilderungen bezeichnete er sich später als Schiffsjungen). Auf einer erhaltenen Mannschaftsliste des Schiffes »Dorothea« ist sein Name allerdings nicht verzeichnet.

Es folgt eine seitenlange Schilderung der Schiffsreise, die von vornherein unter einem schlechten Stern stand, das Schiff kam in allerlei Stürme und schwere Gewässer, musste umkehren und wieder neu auslaufen. Das Schicksal wusste nicht, was es mit Schliemann vorhatte, wahrscheinlich stritten sich noch die Götter. Sehr detailliert ist auch dieses Kapitel und manches wirkt wie abgeschrieben, etwa: »Die Seekrankheit ist eine unbeschreiblich unangenehme Krankheit, die in fortwährendem Erbrechen besteht, und will der Magen nichts mehr hergeben, so wirft er die Galle aus.«

Die Pointe der Geschichte liegt im Untergang der »Dorothea« in Stürmen vor der Insel Texel am 12. Dezember 1841. Das Ereignis immerhin ist bezeugt. In der Zeitung ›Opregte Haarlemsche courant‹ erschien die kurze Notiz: »Den 12den Dec. is in de buitengronden van het Eijerland gestrand het schip Dorothea, kapt. Siemonsen, van Hamburg naar Laguarya, het volk is gered.« Alle, die an Bord waren, konnten also gerettet werden. Diesen Eindruck hat man nicht, wenn man Schliemanns dramatische Schilderung dieses Ereignisses liest.

Diese Schlüsselstelle in dem endlosen Brief soll erklären, wie sein Verfasser nach Amsterdam kam. Gerade die Detailfülle macht misstrauisch, auch dass er seinen Koffer samt Empfehlungsschreiben gerettet hat, wo doch sonst alles zu Bruch ging. Wir erleben jeden Moment des Sturms mit, wie in einer guten Geschichte (oder als hätte er an Bord Tagebuch geführt). Aber vielleicht besaß er ja gute literarische Vorbilder?

In seinen Lieblingslektüren in Amsterdam, in Fénelons ›Telemach‹ und in ›Paul und Virginie‹ von Bernardin de Saint-Pierre, spielen Schiffsuntergänge eine wichtige Rolle. Empfehlungsschreiben für Südamerika hat er wohl erhalten, eines fand sich noch in seinem Nachlass in Athen – ohne Spuren einstiger Feuchtigkeit: »Hamburg Novbr 19.1841. Der Überbringer dieses Herr J.H. Schliemann geht pr. Dorothea, um womöglich auf Ihrem Platze oder in Caracas ein Engagement zu finden.«

Der gerettete Schliemann (mal spricht er von einem Rettungsboot, mit dem man ihn aus dem Wasser holte, mal von einer Tonne, an die er sich klammerte) wurde nach Amsterdam gebracht. Man bot ihm an, ihn mit einer Schnellkutsche über Hamburg in seine Heimat bringen zu lassen. Und nun traf er die folgenschwere Entscheidung, in der Fremde zu bleiben, an diesem Ort, in den er durch schicksalhaften Zufall gelangt war. Seinen freundlichen Helfern bedeutete er, dass er in seiner Heimat ebenso wenig und ebenso viel als in Amsterdam zu erwarten habe, weshalb er letzteren Ort vorziehe.

Der mecklenburgische Junge, der in die Neue Welt wollte, war also in Amsterdam gestrandet, auf jeden Fall ein Schiffbruch, denn er hatte weder Posten noch Geld, war auch körperlich mitgenommen. Amerika war wieder einmal unerreichbar. Es kam darauf an, hier eine Chance zu finden. In viel späteren Briefen wird er schreiben, er habe in Holland Soldat werden wollen, aber in diesem Brief steht davon nichts.

Er war auf Hilfe angewiesen und erhielt sie zunächst vom mecklenburgischen Konsul Quack, der ihm etwas Geld gab. So konnte er sich beim Trödler Kleider kaufen und ein kleines Zimmer mieten. Er litt unter den Folgen des Schiffbruchs, hatte Probleme mit den Zähnen und Fieber. Er begab sich in ein Krankenhaus. Von Wendt aus Hamburg, dem er von Texel aus geschrieben hatte, kam eine Antwort und eine Geldanweisung. So konnte er sich die ärztliche Behandlung leisten. Es wurde auch Geld für ihn gesammelt. Allmählich ging es ihm besser, er fühlte neue Kräfte, er fand eine Anstellung im Handelshaus Hoyak & Co. »Ich musste ihnen meine ganze Geschichte von A bis Z erzählen, sie bedauerten mich und sagten, dass Gott mich noch einmal zu großen Dingen auserkoren haben müsse, und … dass aus diesem Unglück mein Glück entstünde.«

Es verstand sich für Schliemann, dass sich etablierte Herrschaften um ihn bemühten, dass er etwas zählte, zuvorkommend behandelt wurde. Noch bevor er etwas darstellte, war er von seiner Besonderheit überzeugt. Dabei war er noch gar nichts. Aber es ist beinahe unheimlich, wie sehr er hier schon alles ahnte. Man ließ ihn zur Probe Handelsbriefe in vier Sprachen schreiben, was ihm schnell und glänzend gelang. Man versprach eine Einstellung und schon besorgte er sich ein besseres Zimmer, eine Dachkammer, fünf Treppen hoch. Und er begab sich nun täglich ins Kontor der besagten Firma, wo sein Chef, W. Hepner, zugleich preußischer Konsul, ihn freundlich behandelte. Er ließ die Art seiner Tätigkeit den Schwestern gegenüber etwas im Unklaren und sagte, etwas voreilig und aufschneiderisch: »Durch unermüdlichen Eifer gelang es mir bald, mich in dies ungeheure Geschäft einzuarbeiten.« Auch hier ging die Formel der Realität voraus. Denn er war nur Bürobote.

In Abwesenheit von Hepner durfte er mit dessen Ehefrau speisen (»ein junges hübsches Weib«), in leicht zweideutiger Situation. Im Übrigen, so fuhr er im Brief fort, habe er ein Schreiben an die ›Hamburger Nachrichten‹ geschickt, in dem er sich bei all seinen Wohltätern an der Elbe und in Amsterdam bedankte. Dann schilderte er penibel, wie es seine Art war, den Arbeitstag zwischen Kontor und Börse. Er identifizierte sich so sehr mit der Firma, dass er immerzu *wir* sagte und *uns*: Wir spekulieren in Indigo, an Größe können die anderen Handelshäuser nicht gegen uns antreten. Und es folgte wieder ein Stück typischer Schliemann-Prosa, eine Beschreibung der Stadt Amsterdam, die er wer weiß woher hatte, die aber dieses Gefühl vermittelte, wo er ist, muss er sich informieren, muss er die Übersicht haben und Entscheidungskoordinaten finden. Diese Art Beschreibung werden wir an allen Stationen seines langen Reiselebens wiederfinden. Sie machte sein eigentliches Verhältnis zur Welt aus. Und zugleich musste er seine Kenntnisse und Erfahrungen seinem Publikum vorführen, wenn es auch hier erst nur aus seinen beiden älteren Schwestern bestand.

Seine Ausgaben waren genau berechnet. Er war sparsam. Aber er wartete. »Mein einziges Amüsement ist, dass ich des Abends nach Kontorschluss in der Stadt spaziere und die herrliche Erleuchtung der Straßen und der Häuser besehe, denn jede Straßenlaterne und jedes einzelne Geschäftshaus bis auf das des Eierhändlers ist mit schönem Gase erleuchtet, oder ich gehe vor das Harlemer Tor und sehe, wie die vielen Dampfwagen auf der Amsterdam-Harlemer Eisenbahn abfahren.«

Seine Fernträume waren noch längst nicht erfüllt. Und er dachte nach über sein Schicksal, wie sich sein Unglück nun zum Glück gewandelt hat (und dabei war sein Glück noch ganz jung und bescheiden). Seine Gesundheit machte ihm Sorgen, aber er behielt die Methode bei, die er schon in Rostock und Hamburg angewandt hatte, um seinen schwächlichen Körper zu kräftigen: die Wasserkur, das kalte Baden, bis tief in den Herbst hinein.

Und er schmiedete schon Pläne. Nach sechs Jahren in Amsterdam wollte er über Batavia nach Japan gehen, um da sein Glück zu machen (die Holländer hatten damals als einzige westliche Nation Handelsverbindungen zu Japan, das sich noch von der Außenwelt abschottete), »denn der Instinkt sagt mir gleichsam: Du sollst nicht in Europa bleiben. Dein Glück liegt weit von hier.« Der Schlusssatz klingt wie eine Zeile aus einem schönen Lied.

Und hier zeigt sich, dass wir schon beim Zwanzigjährigen an seiner ersten Station außerhalb der Heimat nicht nur alle Lebensmotive und Attitüden haben, sondern schon die Grundsituation seines Lebens, die sich auf immer höherer Ebene wiederholen wird: Er war einem Unglück entronnen, er hatte eine glückliche neue Situation und gute Aussichten, aber er träumte schon von Zielen in der Ferne, von etwas ganz anderem, Exotischem. Das gegenwärtige Glück war nur eine Durchgangsstation zu einem noch unbestimmten fernen Ziel. Man könnte jeden Satz aus diesem Amsterdamer Brief mit einer späteren Lebensstation verbinden und mit seinen Büchern, auch mit seiner Arbeit als Archäologe. Schliemanns äußerlich so zerrissenes, unstetes, sich stets wandelndes Leben besaß eine große Einheitlichkeit, die in seinem Charakter begründet lag und in seiner Haltung der Welt gegenüber.

Schliemann fügte noch eine Bemerkung über Religion hinzu. Er glaube an Gott, schrieb der Pfarrerssohn, aber auch wenn es in Amsterdam noch so viele unterschiedliche Gemeinden und Tendenzen gebe, bekümmere er sich nicht um das Geschwätz der Priester, Mönche, Pfaffen und deren erdichtete Zusätze. Ein wichtiger Nachsatz folgte noch: Die Schwestern mögen seinem Bruder (den er Louis nennt und nicht Ludwig) ausrichten, er könne ihm eine Kontorstelle in Amsterdam verschaffen. Er verwies auch darauf, dass sein Hamburger Förderer J. F. Wendt aus Sternberg stamme und ihre verstorbene Mutter sehr gut gekannt habe. Und er fügte die Krankenhausquittung bei, »damit Ihr seht, dass ich Euch nichts vorlüge«. Man ahnt das Augenzwinkern dabei: Ihr kennt mich ja.

Wie viel er geflunkert hat, wird sich nie mehr feststellen lassen. (Es hätte ja auch sein können, dass er, weil ohne Geld, ins Krankenhaus ging und sich dort als Opfer des Schiffsunglücks, von dem er gehört hatte, ausgab.) Das ist auch nicht besonders wichtig. Entscheidend ist, dass in dieser kleinen Briefnovelle ein Mensch sich schreibend selbst erfindet. Er ist 20 Jahre alt. Und es ist schon der ganze Heinrich Schliemann, den wir hier sehen, mit allen Ticks und Ambitionen, auch mit den Stileffekten, die alle seine Schreiben kennzeichnen werden. Mit dieser Erzählung beginnt das eigentliche Leben von Schliemann, auch und gerade für die Nachbetrachter, und es ist wesentlich, dass es eine ausgeschmückte Geschichte ist, der Anfang seines Lebensromans.

Verdächtig oft betont er, dass er die reine Wahrheit berichte, er tut es gegenüber Personen, die seine Art des Aufschneidens gewiss kennen. Dabei flunkert er nicht ins Blaue hinein. Er schreibt nur Dinge, die ins Bild passen, detailliert, gründlich, sachlich. Und man spürt, dass es ihm Spaß macht. Deutlich ist: Hier experimentiert einer, hier ist ein Wille, eine Härte, ein Selbstbewusstsein am Werk, hier werden versuchsweise Türen aufgestoßen. Hier glaubt einer an seinen Stern. Aber deutlich ist auch, dass er keine inhaltliche Vorstellung von seinem Weg ins Leben besitzt. Und gewiss denkt er nicht an Geschichte und Vergangenheit, sondern an die Gegenwart und seine unmittelbare Zukunft. Klar ist, dass es um Handel und Geschäfte, Häfen und Kontore geht, um Reisen und Städte. Denn es ist schon ein Reisebrief, eine kleine ›Odyssee‹ samt Schiffbruch, von der er zu berichten hat. Es ist eine Art kleines Buch, für die Familie geschrieben. Die andern sollen ein Bild von ihm haben, sollen ihn auch ein klein wenig bewundern. Und indem er in Amsterdam diese Geschichte festhält, schafft er sich seelisch eine Art festen Grund, einen geistigen Polder sozusagen, auf dem er bauen kann, ein Stück fest geschriebener Identität, trotz aller Gefahren, Ängste, böser Erinnerungen und Ungewissheiten. So beweist er, für sich und für andere, was er zuwege gebracht hat, fernab seiner Herkunft, ja im radikalen Bruch mit ihr. Er wird sich erst weit genug von zu Hause entfernt haben müssen, ehe er auch seine Kindheit und Jugend in seinen Lebensroman einbauen kann.

Eine kleine Passage aus der Schilderung des Schiffbruchs in seinem Amsterdamer Brief, die man fast übersehen könnte, öffnet den verdeckten Eingang zu einem geheimen Tunnel von Schliemanns Unbewusstem. Bevor es ganz gefährlich wurde und der letzte Kampf ums Überleben in der aufgewühlten See anbrach, schlief Heinrich tief und fest. Und er träumte. »Noch nie hatte ich so sanft und ruhig geschlafen; ich träumte von den schönen kolumbianischen Gefilden und ahnte nichts von der drohenden Gefahr.« Anderswo nennt er es auch »den schönsten Traum meines Lebens«.

Wie ein guter Schriftsteller seiner Zeit setzt dieser junge Briefeschreiber Träume ein. Den Inhalt dieses Traumes deutet er hier nur an. Erst viele Jahre später schreibt er einen Traum auf, der sehr gut hierher passen könnte. Zwischen 1858 und 1862 verfasst Schliemann in Sankt Petersburg mehrere Texte in italienischer Sprache, die vordergründig Sprachübungen sind und Korrekturen einer fremden Hand, also wohl eines Lehrers aufweisen. Er ist mit alten Erinnerungen befasst, mit Selbstanalyse. Er kommt zurück auf die Schiffsreise von 1841, wobei er sich beim Datum irrt und für einzelne Wörter Alternativen notiert:

»Acht Tage lang hatten wir ohne Unterbrechung steife Brise – Sturm – und Orkan, der uns immer näher an die holländische Küste trieb. Es war in der Nacht vom 11. auf den 12. Dezember 1821. [sic!] Ich war zeitig zu Bett gegangen und schlief tief, nie zuvor hatte ich so gut geschlafen. Ich träumte – ich sah uns im Traum in unserem Bestimmungsland ankommen, und kaum war das Schiff eingefahren – eingelaufen in – den Hafen, tauchte ich ins Wasser, mitten unter die Haie, schwamm ans Ufer und flüchtete – desertierte, und gelangte ins Innere des Landes, wo ich als Sklave auf einer Plantage Arbeit fand. Ich träumte, dass die Frau des Plantagenbesitzers sich in mich verliebte und dass wir gemeinsam beschlossen, den Besitzer zu vergiften, was wir auch taten – durchführten – kaltblütig und geschickt. Nach seinem Tod heirateten wir, lebten zusammen. Ich träumte aber weiter, dass ich – neben meiner Frau – auch Beziehungen zu meinen schwarzen Sklavinnen unterhielt und genoss. Während ich in solch süßen Träume versunken war, weckte mich ein gewaltiger Stoß, ... unser Schiff war auf eine Klippe aufgelaufen.«

Vor Holland gibt es Sandbänke, keine Klippen, aber es ist die Fantasie eines Autors, die hier arbeitet und aus Motiven seines Lebens sowie aus Tagträumen eine kleine dramatische Geschichte spinnt und noch nach den passenden Formulierungen sucht. Was nicht ausschließt, dass er wirklich diesen Traum vom Glück durch allerlei Vergehen geträumt hat. Es ist ein Lust- und Rachetraum, ein Erfolgstraum, der sich aber in der Fremde abspielt. Natürlich denkt man an seinen Vater, aber man sollte nicht die Anspielung vergessen, die Schliemann in seinem Brief aus Amsterdam gemacht hat bezüglich der trauten Abendessen mit der jungen Frau von Konsul Hepner, der in der Ferne weilte. Schliemanns Traumbild vom Glück in der Fremde enthält die Elemente Lust und Macht, gewonnen auch durch unlautere Mittel.

Telemach

Das Glück war vorerst noch ein ferner Traum, der Alltag das harte Leben als Bürobote in der Stadt. Denn mehr war Heinrich Schliemann noch nicht. Von Handel und Arbeit im Kontor konnte in den nächsten Jahren keine Rede sein. Er war ein Laufbursche der Firma Quien. Aber er las und lernte. Und lernte gewiss auch viel während des Aufenthalts in dieser Stadt, des Lebens unter Menschen aus aller Welt, unter lauter fremden Sprachen. Noch war er Zuschauer. Aber er kam viel herum. Trotz aller Sparsamkeit legte er Wert auf gute äußere Kleidung, guten Eindruck. Er las verschiedene Zeitungen, um etwas über Warenbörsen zu lernen.

Jetzt begann seine eigentliche Schulung, und er trug selbst viel dazu bei, weil er verstanden hatte, was man können musste, zum Beispiel eine ordentliche Handschrift haben. So leistete er sich Kurse in Kalligrafie, erwarb die schöne Handschrift, die ihn sein

Leben lang ausgezeichnet hat. Außerdem konnte er gut zeichnen, was sich noch bewähren sollte. Ein guter Beobachter musste er ohnehin gewesen sein. Er konnte bescheiden leben, auf jeden Luxus verzichten, wusste aber, wofür es sich Geld auszugeben lohnte. Und über alles führte er Buch. Er hatte noch kein Ziel, aber er lebte nicht ins Blaue hinein. Was der Brief an die Schwestern versprochen hatte, musste er noch erfüllen, drei karge Jahre lang.

Er verbesserte seine Englischkenntnisse, indem er Predigten auf Englisch hörte und ganze Bücher auswendig lernte. Er machte seine erste geniale Entdeckung: eine Methode zum Lernen anderer Sprachen. Nachmachen, sich verbessern lassen, eigene Texte hervorbringen. Und vor allem das Gedächtnis schulen. Die richtige Methode für einen, der nichts in der Hand hat, vor allem keine Diplome.

Noch in seinem letzten Lebensjahr beschrieb Schliemann die Methode, nach der er Sprachen gelernt hat (7. Juli 1890). Ob darin allerdings eine Methode zur allgemeinen Nachahmung liegt, wie er selbst glaubte, bleibt doch sehr fraglich. Es dürfen keine Vokabeln, wohl aber ganze Texte und Bücher auswendig gelernt werden. Als er sein Englisch in Amsterdam perfektionierte, habe er den ›Vicar of Wakefield‹ von Oliver Goldsmith und ›Ivanhoe‹ von Walter Scott auswendig gelernt (und vielleicht hat er sich ja auf diese Weise auch Texte gemerkt, die er in seine Briefe und Bücher einbaute). Jeden Tag konnte er 20 Druckseiten auswendig hersagen (vielleicht in Erinnerung an die Predigten seines Vaters?). »Spielend lernt man die Vokabeln beim Auswendiglernen guter Prosa. Die Grammatik lernt man durch die Praxis, nicht durch Auswendiglernen von Regeln.« Man müsse in der neuen Sprache denken, in ihr kreativ sein und jemanden zum Zuhören und Verbessern haben, das gelte für alte wie für neue Sprachen. Bei ihm half natürlich die Motivation, sich durch Sprachenlernen aus dem Elend zu befreien. Als er Russisch lernte, kaufte er eine russische Übersetzung des ›Télémaque‹, den er auswendig konnte, und ein Lexikon und lernte auch die russische Fassung. Er bezahlte einen alten Juden, der ihm, ohne etwas zu verstehen, beim Deklamieren zuhören musste.

Die französische Lektüre des ›Telemach‹ war die erste troianische

Spur in seinem Leben, die er selbst als solche nicht herausstrich – und die man wohl deshalb bisher immer übersehen hat? Verfasst hat das Buch mit dem Titel ›Die Abenteuer des Telemach, Sohn des Odysseus‹ 1695 der französische Geistliche und Schriftsteller François de Salignac de la Mothe Fénelon. Es sollte dem französischen Kronprinzen, dessen Erzieher er war, zur Anregung und zum Vorbild dienen. Der Prinz starb zu früh, um jemals König zu werden und die Lektionen umzusetzen. Dieses Buch ist eine mühselige Lektüre, Abenteuerbücher sehen heute anders aus, auch wenn sie nur alte Mythen nachspielen. Man muss sich ausdrücklich klarmachen, dass es bis zum Anfang des 20. Jahrhunderts einer der meistgelesenen Schmöker in Europa war, ein Bildungsroman, ein Roman der Erziehung durch Abenteuerberichte, die Geschichte von jemandem, der auf den Spuren der troianischen Helden reist, vor allem eines der berühmtesten unter ihnen, der sein Vater ist …

Telemach reist durch verschiedene Gegenden des Mittelmeerraumes und sucht nach seinem aus Troia noch nicht heimgekehrten Vater Odysseus. Er wird begleitet und beschützt von der Göttin Athene, die sich in seinen alten Lehrer Mentor verwandelt hat. Dabei erlebt Telemach eine ›Odyssee‹ aus zweiter Hand, in der er beweisen kann, dass er der würdige Sohn seines berühmten, aber vermissten Vaters ist.

Auf einer zweiten Ebene wird auf ein durchaus zweifelhaftes Vorbild Bezug genommen, den Vater des Kronprinzen, den Sonnenkönig. Politik und Charakter von Ludwig XIV. kann der Frühaufklärer Fénelon nicht uneingeschränkt zur Nachahmung empfehlen. In Sachen Krieg und Frieden, Gerechtigkeit und Wohl des Volkes versucht er, dem künftigen König andere Grundsätze nahe zu bringen. Der Hof in Versailles fand dies zu kritisch und lehnte das Buch ab. Aber seine zahlreiche Leserschaft lernte darin ein neues politisches Vokabular, weil das ganze Arsenal der kritischen Begriffe der Aufklärung schon präsent war. Ins Deutsche ist das Buch mehrfach übersetzt worden, 1700, 1733 und zu Schliemanns Zeiten noch einmal, 1827.

In seiner Lebensgeschichte erwähnt Schliemann den ›Telemach‹ nur als Material für sein Sprachenlernen. Aber nur aus ihm kann seine erste Berührung mit dem Troia-Thema stammen und dieses Buch ist ja auf seine Weise eine Weltgeschichte für Kinder. Fénelons Buch eignete sich sehr für den jungen Schliemann, auch wegen der Doppelbödigkeit im Bild des Vaters. Mit Telemach kann sich Schliemann identifiziert haben, dem Helden einer Nachgeschichte der Schlacht um Troia und zugleich einer Vatersuchgeschichte.

Telemach, der Sohn des Odysseus, ist in gewisser Weise das Urbild des Mythomanen (falls man nicht Odysseus selbst als solchen ansehen will). Er reist auf den Spuren eines Mythos zu den Schauplätzen der Abenteuer seines Vaters, dessen Taten und Abenteuer schon in Heldenliedern besungen werden, obwohl sie ihr mythologisches Ende noch gar nicht erreicht haben. Telemach ist ein Held aus zweiter Hand, ein Nacherlebender (im Schutz der Göttin Athene und gewissermaßen zu pädagogischen Zwecken), ist aber nicht nur Leser oder Hörer, der sich gedanklich hineinversetzt, sondern er erlebt wirklich etwas, reist tatsächlich umher, muss wirklich Abenteuer bestehen, die denen ähneln, die schon einmal ein anderer bestanden hat. In diesem Nacherleben mit eigenem Wirklichkeitsanspruch geht es um Identifikation und damit auch um Identität. Und zuletzt kehrt der junge Held (fast) gemeinsam mit dem Vater und Vorbild in die Heimat zurück.

Diesen Wunsch nach Aneignung von vorbildlichen Mythen kann man als Verwechslung von Traum und Wirklichkeit tadeln oder komisch finden oder zu pädagogischen Zwecken nutzen wie bei Don Quichotte oder Emma Bovary oder eben Telemach.

Aber wenn Schliemann eine Art Telemach war, wo lag dann sein Ithaka?

Nach Osten

Der junge Heinrich Schliemann mag ja sehr von sich eingenommen gewesen sein, aber es war nicht leicht für ihn, andere von seinen Fähigkeiten zu überzeugen. Vorerst hing seine Zukunft davon ab, dass ihm jemand etwas zutraute, ihm eine Chance gab. Er musste froh sein, wenn man ihm einen halben Kreuzer schenkte (dem Wohltäter hat er noch Jahrzehnte später dafür gedankt). Man sah ihm nicht an, was denn Besonderes in ihm stecken mochte, ja, dass er überhaupt etwas Außergewöhnliches leisten könne, und noch auf den späteren Bildern wirkt er immer etwas unscheinbar. Vielleicht war das ja einer seiner Trümpfe, dass er zunächst gar nicht auffiel und dann umso mehr verblüffen konnte, wenn er handelte. Es würde noch einige Zeit vergehen müssen, ehe ihm ein Kaufmann aus Rostock schreiben konnte, einst habe er keine große Meinung von ihm gehabt, aber nun müsse er zugeben: »Sie haben sich, lieber Schliemann, tüchtig herausgebissen.«

Russisch Blau

Schliemanns Leben ist eine Geschichte von unvorhersehbaren Ortswechseln. Sein Glück bestand darin, zur rechten Zeit am rechten Ort zu sein. Dabei erstreckte sich die Landkarte seines Lebens rings um den Globus. Aber was hieß damals reisen? Per Kutsche konnte man höchstens 60 bis 80 Kilometer am Tag zurücklegen. Eisenbahnen wurden überall erst noch gebaut, mit ihnen schaffte man 60 Kilometer in einer Stunde (was als ungeheure Beschleunigung erlebt wurde). Auf den Meeren verkehrten zwar auch Dampfschiffe, zumeist aber noch Segelschiffe. Das lässt Schliemanns Reisen besonders bemerkenswert erscheinen, schon ihr gedanklicher Nachvollzug macht schwindlig. Entfernungen oder unbequeme Umstände spielten nie eine Rolle für ihn, als könne er Zeit und Raum negieren. Aber seine Art des Ortswechsels stand immer in engem Zusammenhang mit dem Sprachenlernen, zwei Notwendigkeiten und auch Leidenschaften, die für ihn nicht zu trennen waren.

Glaubt man einem Brief aus seinem letzten Jahr (14. März 1890), so fand er am 1. März 1844 in Amsterdam bei der Firma B(ernhard) H(inrich) Schröder & Co. eine neue Anstellung als Fremdsprachenkorrespondent. Zwei Wochen nach seiner Einstellung erkannte sein neuer Vorgesetzter anhand eines englisch verfassten Briefes, dass der kleine Schliemann zu Höherem taugte. Er versprach ihm eine Zulage von 400 Gulden und ermutigte ihn, Russisch zu lernen, was niemand in der Firma Schröder beherrschte, die ihren Handel mit Indigo auf dem russischen Markt ausweiten wollte. Schliemanns großes Selbstvertrauen wurde noch bestärkt und vor allem besaß er ja schon eine eigene Methode. Nach sechs Wochen war er in der Lage, einen Brief auf Russisch zu schreiben. Die neue Fähigkeit des jungen Mitarbeiters bewährte sich schnell für die Firma, so sehr, dass Ende 1845 der kühne Entschluss gefasst wurde, Schliemann als Agenten der Firma Schröder nach Sankt Petersburg zu schicken. Das war die Chance, auf die er gewartet hatte. Das Leben konnte beginnen. Das Zaubermittel zu seinem Glück hieß Indigo.

Schon die alten Griechen hatten diesen Farbstoff gekannt, der auf pflanzlicher Basis hergestellt und vor allem aus dem östlichen Indien importiert wurde, worauf auch der Name verwies (Lateinisch *indicum*). Aus blühenden Pflanzen der *Indigofera tinctoria*, eines Schmetterlingsblütlers aus Tropen und Subtropen, wurde Saft gepresst und in wechselnden Behältnissen mehrfach gegärt, zu Klumpen geformt und schließlich getrocknet, sodann in Form kleiner harter Brocken transportiert.

Nach der Öffnung des Seeweges nach Indien importierten seit

dem 16. Jahrhundert vor allem Portugiesen das Indigo (sie nannten es *Anil*), was zum allmählichen Niedergang der europäischen Färbereien führte, die Färberwaid verarbeiteten (Hauptort dafür in Deutschland war Erfurt). Nach langem Abwehrkampf gegen die Importe (in Nürnberg drohte Färbern die Todesstrafe, wenn sie importierte Ware verwendeten) setzte sich das bessere und billigere Gut aus Asien im 18. Jahrhundert endgültig in ganz Europa durch.

Produktion, Qualität, Nachfrage und Preis blieben im 19. Jahrhundert relativ konstant, es war also kein besonders spekulatives Geschäft. Indigo wurde aus der Karibik, aus Südamerika, seltener aus Japan, vor allem aber aus Bengalen importiert, pro Jahr bis zu fünf Millionen Kilogramm. Um 1890 verbrauchte allein Deutschland Indigo im Wert von zehn Millionen Mark.

In dieses Importgeschäft stieg in Sankt Petersburg auch Schliemann ein, der schon einiges darüber in Amsterdam, dem Hauptumschlagplatz für Indigo in Europa, gelernt hatte. Sein Markt wurde Russland, wo er in bestimmten Jahren bis zu einem Drittel des gesamten Indigo-Imports kontrollierte. Zu seinem Glück gelang die synthetische Herstellung von Indigo erst, als er sich aus diesem Geschäft längst zurückgezogen hatte.

Erfolg

Was im ersten Brief aus Amsterdam und vielleicht in den langen Tagen des Abwartens dort nur in seinem Kopf vollzogen wurde, nun, mit 24 Jahren, sollte er es in die Tat umsetzen. So wie sich im Brief von 1842 die fertige Persönlichkeit zeigte, so offenbarte sich in Sankt Petersburg der fertige Kaufmann, der wie eine gut präparierte Maschine sofort in atemberaubendem Tempo sein Leben in die Hand nahm. An dieses Tempo, diese rastlose Agilität, müssen wir uns nun gewöhnen. Umherreisen, sich umschauen und umfassend informieren, überall selbst präsent sein, Transportwege und Lager, Märkte und Börsen, Banken und Kunden persönlich zu kennen, das wurde sein Stil und darin hatte er nicht seinesgleichen.

Im tiefsten Winter, im Januar 1846, erreichte Schliemann Sankt Petersburg, nach sechzehntägiger Reise, teils im offenen Schlitten. Er trat dort als Handelsagent der Firma B. H. Schröder, Amsterdam, auf sowie für die Hamburger und die Londoner Dependancen dieses verzweigten Handelshauses, aber er war nicht gekommen, um nur Ausführender von Anweisungen zu sein. Ein dienstbares, untergeordnetes Leben lag nicht in seinem Plan. Er wollte sein eigener Herr sein, und das möglichst bald. Konflikte mit seinen Auftraggebern waren unvermeidlich. Vor allem sein Stil irritierte, aber der Erfolg gab ihm Recht.

Im russischen Visum vom 23. Januar 1846 wurde er als Kaufmann aus Mecklenburg bezeichnet, der in Russland Gastrecht genieße. Die Zuwanderung von ökonomisch nützlichen Ausländern wurde von der russischen Regierung stark gefördert. In Sankt Petersburg benahm sich der Mann, der ein Jahr zuvor noch Laufbursche gewesen war, wie ein Glücksritter, aber mit Umsicht. Er sprach Russisch, das öffnete ihm die Türen und die Herzen. Er konnte auf die Menschen eingehen, mit ihnen von gleich zu gleich verkehren, wurde von ihnen anerkannt, das war sein Erfolgsrezept. Anpassung an seine jeweilige Umwelt in Sprache und Benehmen schien ihm keine Probleme zu bereiten, im Gegenteil. Er wurde von den etablierten Händlern eingeladen, lernte die russische Gesellschaft kennen, ging geschäftliche Partnerschaften ein, baute seine eigenen Verbindungen aus. Seine Pläne wuchsen. Er handelte nicht nur mit Kolonialwaren wie Indigo und anderen tropischen Farbstoffen, die für die expandierende Textilindustrie von Interesse waren, sondern auch mit Genussmitteln wie Rheinwein, Zucker, Tee, Kaffee, ferner mit Juwelen und mit Industrierohstoffen wie Holz, Blei, Salpeter und Schwefel.

Nach einer Woche in Sankt Petersburg reiste Schliemann im Schlitten nach Moskau. Er musste sich sofort überall umsehen. 1846 sollte er noch dreimal nach Moskau reisen. Er lebte an mehreren Orten zugleich. Er kam von Amsterdam nach Sankt Petersburg und von Sankt Petersburg rasch in die Welt und war schon Schliemann in seiner ganzen unverwechselbaren Art, hart, energisch, rasch, zupackend, kühn, aber nicht tollkühn, absolut modern, wissensdurstig, vielsprachig, durchblickend, listig, etwas linkisch, aber umwerfend, mit täppischem Charme. Niemals ließ er sich lange deprimieren von Rückschlägen. Er glaubte an seinen Stern, an sein Glück, als hätte er eine helfende, schützende, beratende Göttin neben sich, wie Telemach.

Das erste Jahr war euphorisch – er nutzte seine neue Handlungsfreiheit. Die Firma Schröder wollte ihn bremsen, schickte immer wieder Ermahnungen. Er maße sich eine Rolle an, die ihm nicht zustehe. Aber die Schröders irrten sich: Schliemann hatte seine Rolle gefunden. Ihnen gegenüber wurde Schliemann rasch zum gleichrangigen Partner. Anfangs bekam er ein halbes Prozent von deren Umsatz in Russland, verlangte und erhielt aber bald ein Prozent. Auch nachdem er selbständiger Händler geworden war, blieb er noch elf Jahre Agent für Schröder.

Aus Schröders Briefen können wir uns ein Bild machen vom jungen, selbstherrlichen, etwas arroganten Herrn Schliemann als jungem Kaufmann in Sankt Petersburg. So wird am 3. Juni 1846 gerügt, dass er in seiner Korrespondenz einen unangemessenen Ton annehme, dass er Projekten und Illusionen nachhänge, die nicht zu einem soliden Kaufmann passten und nur in seiner Fantasie Erfolg versprächen. Auch verbitte man sich Belehrungen und Vorschriften. Er lasse sich zu oft von seinem jähzornigen Charakter hinreißen.

Ähnlich klingt es am 3. Februar 1847 vom Hamburger Bankhaus Schröder. Schliemann hatte, von einem unsoliden Kompagnon zu »hirnscheinigen Projekten« verführt, Verluste gemacht. Er hatte in Moskau durch die Unzuverlässigkeit eines Partners Schiffbruch erlitten (dieses Bild gebrauchte er in einem Brief an den Vater) und beschloss, nur noch allein zu handeln. Schröder aber belehrte ihn: »Sie haben durchaus keine Kenntnisse von Menschen und Welt, schwatzen und versprechen zu viel, schwärmen immerfort für Hirngespinste, nur in Ihrer Einbildungskraft erreichbar, in der Wirklichkeit niemals. Wenn Sie Ihr Ziel erreicht haben, werden Sie arrogant gegen Freunde, die nur an Ihr eigenes Bestes denken ...« Wenn man ihn noch nicht habe fallen lassen, so nur, weil man seine guten Eigenschaften kenne und Interesse an seinem Schicksal nehme.

Er selbst schrieb immerzu an den Vater und die Schwestern. Sie bekamen nun von seinen Erfolgen zu hören, in raschen, dichten Sätzen, knapp und suggestiv. Für seine Geschäfte war es vorteilhaft, die russische Staatsbürgerschaft zu haben, die er beantragte und am 15. Februar 1847 auch erhielt. Wenige Tage später ließ er sich in Sankt Petersburg als Kaufmann der Zweiten Gilde registrieren, wozu ein Kapital von 20000 Silberrubel nachgewiesen werden musste, von denen 1,25 Prozent Steuern im Jahr abzuführen waren. In seinem zweiten Jahr erzielte er 6000 Silberrubel Reingewinn. Er gründete eine eigene Firma und eröffnete ein Kontor im großen Handelshof am Newski-Prospekt. Nun konnte er sich eine großzügige Wohnung und einen Diener leisten.

Doch der Vater, der es nie zu etwas gebracht hatte und dessen Glück einzig darin bestand, den verdienten Strafen zu entgehen, erlaubte sich, dem Sohn gute Ratschläge zu erteilen, wofür der sich herzlich bedankte. Ende 1847 hatte er seinen Bruder Paul aufgenommen, bildete ihn aus in Sprachen und Korrespondenz. Aber Paul war keine Laufbahn beschieden, er starb schon 1852, vermutlich durch Selbstmord.

Manchmal überkamen Schliemann auch sentimentale Anwandlungen, wenn er über seine ungeheure Arbeit stöhnte und sich an die gemütliche Zeit in Fürstenberg erinnerte, wo immer Zeit für einen Schwatz geblieben war.

Der Handlungsreisende

Noch im ersten Jahr, im Oktober 1846, unternahm Schliemann eine Reise nach Westen, kam nach Lübeck, Hamburg, Amsterdam, London und Paris. Er sprach nicht nur mit den Schröders dreier Länder, die ihn gebührlich ermahnten, sondern besichtigte alles, was ihn interessierte. In England bewunderte er moderne Fabriken, den technischen Fortschritt im Maschinenwesen, im Brücken- und im Eisenbahnbau, und begriff, wie sehr sich Handel, Alltagsleben und Kommunikationswege ändern würden.

Aber er ging auch ins Britische Museum, bestaunte dort Mumien und Kunstwerke aus Ägypten, klassische Keramik aus Griechenland und Rom. In Paris besichtigte er den Louvre.

Wir wissen davon, weil er auf dieser Reise ein Tagebuch führte, mit Einträgen in Englisch, Französisch und Italienisch. Und auch hier finden sich Übernahmen aus gedruckten Reiseführern und aus Zeitungen. Der Stil gleicht dem des Amsterdamer Briefes, den er sein Leben lang beibehalten wird, nur eben mehrsprachig. Immer wieder schildert er auch Landschaften, Städtebilder, Geschäftspartner, kuriose Personen. Und er macht vergleichende Anmerkungen über die Frauen in Russland und Frankreich. Doch wie stand es mit seinem Privatleben? In späteren Schilderungen seines Lebens heißt es, dass er Ende des Jahres 1847, als er ersten Wohlstand erlangt hatte, über den Petersburger Sohn seines einstigen Pensionsvaters Laue um die Hand von Minna Meincke anhielt, vergeblich, denn sie hatte schon im Jahr zuvor einen Gutsbesitzer namens Richers geheiratet. Dies sei ein großer Schock, eine tiefe Enttäuschung gewesen.

Private Enttäuschungen hat er auf jeden Fall erlebt. Den Schwestern teilte er 1848 seine Verlobung mit einer in Sankt Petersburg lebenden Deutschen namens Sophie Hecker mit, die ihm aber schließlich einen russischen Offizier vorzog. »Heiraten ist hier nicht schwer, besonders in meiner Stellung«, schrieb er im Oktober 1848. Aber vielleicht war es schwer für die Frauen, sich für ihn zu entscheiden? Er interessierte sich für »eine hübsche, sehr kluge Russin«, die kein Vermögen hatte; diese Schwester zweier Geschäftspartner hieß nicht Sophia, sondern Katharina Lyshina und gab ihm vorerst einen Korb.

Schliemann konzentrierte sich wieder auf seine Geschäfte, mit mehr Energie als zuvor, arbeitete bis zur Erschöpfung: Indigo, Salpeter, Holz. Er reiste und schrieb. In seinem ganzen Leben wird er es auf etwa 80 000 Briefe bringen. Der Drang zum Schreiben muss bei ihm mindestens so stark gewesen sein wie der Drang zum Geldverdienen. Anderes stand in dieser ersten Petersburger Zeit noch nicht auf seiner Tagesordnung. Nach vier Jahren an der Newa allerdings erfolgte der nächste strategische Ortswechsel, noch überraschender vielleicht als der erste.

Nach Westen

Zu jedem legendenhaften Leben gehören Abenteuer in gefährlichen Zonen, ein Alexanderzug bis an die äußersten Grenzen, wo die bekannte Welt und mythische Gefilde aneinander stoßen. Bei Schliemann wird dies seine kurze Zeit in Kalifornien sein. In seiner späteren Autobiografie hat Schliemann das kalifornische Abenteuer eher beiläufig behandelt, in einem Brief nannte er es sogar eine Dummheit. Er kam nicht, weil ihn der Goldrausch angelockt hätte, er kam als erfahrener Geschäftsmann mit schon beachtlichem Kapital und er kehrte zurück mit einem erheblich vermehrten Vermögen.

Der Bruder

Nicht der Vater, sondern sein jüngerer Bruder Ludwig spielte jetzt Schicksal für ihn. Zu ihm bestand wohl eine unterschwellige Rivalität, weil er sich ganz anders verhielt als Heinrich und nicht auf dessen Ratschläge hören wollte. Der nahm sein Leben und seinen Weg als Leitschnur für andere und begann die Menschen in seiner Umgebung zu bevormunden.

Ludwig suchte eine Stelle und Heinrich führte einen längeren Briefwechsel darüber mit dem Vater. Bei sich in Sankt Petersburg wollte er Ludwig nicht anstellen, schickte ihn aber zu seiner alten Firma Schröder in Amsterdam. Aber Ludwig dachte nicht an ein Leben im Kontor. Er wollte, auch gegen die Ansichten des Bruders, »nach dem schönen Amerika« gehen. »Zürne nicht, wenn ich ganz gegen deinen Willen handle«, schrieb er ihm. »Was nützt diese ganze Aufgewundenheit von Deiner Seite.«

Im Juni 1848 ging Ludwig an Bord des amerikanischen Segelschiffes »Mississippi«, das unter Kapitän Harvey eine größere Gruppe Einwanderer nach New York bringen sollte. Die Kosten für die Reise hatte Ludwig sich auf Heinrichs Namen von Schröder & Co. in Amsterdam auslegen lassen, wollte es aber bald zurückzahlen. »Zu diesem Brief erlaube ich mir für Deine Rechnung bei den Herren B.H. Schröder & Co. Fl. 100 zu erheben.« Schröders gaben ihm Empfehlungsbriefe, aber keinen Kredit. Vor der Abreise trank er eine Woche lang Champagner, um die Tage auf dem Ozean besser zu ertragen. »Vielleicht sehe ich Europa nicht wieder.« Gezeichnet: Louis Schliemann. Er besaß durchaus die richtige Mentalität für Amerika. An den Bruder in Sankt Petersburg schrieb er: »Ich bin gesund an Körper und Geist und werde mich, ungeachtet der Stille, die auch dort im Geschäfte herrscht, schon durchzuschlagen suchen.« Noch kein Wort über das Ereignis, das bald auch Ludwig anziehen sollte: die jüngsten Goldfunde in Kalifornien.

Als ein Angestellter namens Marshall auf dem Grund seines Arbeitgebers Sutter Gold fand, tat er diesem keinen Gefallen. Der einsetzende Goldrausch ruinierte Sutters philanthropische Pläne und bald auch Sutter selbst. Wie konnte man nur auf den Gedanken kommen, der Mensch sei gut und wolle in idealen Siedlungen auf dem Lande leben? Und das im wilden Kalifornien? In wenigen Wochen entwickelte sich der stille Ort San Francisco, eine von Franziskanern gegründete Missionsstation an der Bucht hinter der Durchfahrt von Golden Gate, zu einer Großstadt. Das eigentlich zu Mexiko gehörende Gebiet am Pazifik wurde durch erzwungene Verträge zum Staat der USA erklärt.

Nach einer 39 Tage währenden Seereise kam Ludwig, oder nunmehr Louis Schliemann, in New York an. Die Passagiere waren sehr grob behandelt worden, es gab viel Streit an Bord. Ludwig, der kein Sprachgenie war wie sein Bruder, aber genug Englisch konnte, hatte die Rolle des Dolmetschers für die anderen Auswanderer übernommen. Der im Voraus bezahlte Proviant hatte sich als ungenießbar erwiesen und war über Bord geworfen worden. Aus New York schrieb Louis an den Bruder in Sankt Petersburg und schwärmte von »dieser herrlichen Stadt mit ihrem wirklich großartigen Leben und Treiben«. Ob Heinrich den jüngeren Bruder beneidete, der sich erfüllte, was ihm 1841 noch verwehrt worden war? »Arbeit schändet keinen Menschen! Der Mensch gilt hier nur als Mensch etwas, nur Tätigkeit macht Ehre, und da, wo die ist, ist echter Menschenadel.« Louis zitierte ein paar gängige Slogans aus der Neuen Welt, in seinen nächsten Briefen gewann das Englische allmählich die Oberhand.

Kaum hatte er von den Goldfunden gehört, brach er per Schiff nach Kalifornien auf. Menschen und Waren (auch Butter etwa) mussten damals noch den Weg um die Südspitze von Amerika nehmen. Bis Kap Hoorn brauchte er 59 Tage, 20 Passagiere waren an Bord, in Gefahrensituationen mussten alle Hand anlegen, bei Sturm, Kälte und Nässe. Im Mai 1849 erreichte er Sacramento. Zwei Monate versuchte er sein Glück in den Minen, wegen der drohenden Überfälle durch Indianer immer bewaffnet. Er klaubte pro Tag eine Unze Gold zusammen, erhielt dafür je 16 Dollar. Er begann auch mit den Indianern Handel zu treiben, sparte 700 Taler in zwei Monaten. Schickte er sich an, seinen großen Bruder zu überflügeln, der ihn für einen Nichtsnutz und Versager hielt?

Louis schildert die Arbeit in den Minen, die häufigen Nebel und das ungesunde Klima, die Fieberkrankheiten, die Anstrengungen, die häufigen Todesfälle, die raschen Temperaturwechsel, nachts war es sehr kalt, tags quälend heiß. Ein Brief vom 27. März 1850 war fast ganz auf Englisch geschrieben, nur wenige Nachsätze, die der Familie daheim galten, waren noch auf Deutsch gehalten. Die Yankees schildert er als »selfish and smart«. Fremde müssten hier erst viele Tricks lernen. Er schrieb über das Bankwesen und über Zinssätze und wusste gar nicht, wie wertvoll sein Korrespondentenbericht für den Bruder einmal sein würde. Überall in Europa wurden jetzt Bücher gedruckt, die über Kalifornien und das Gold dort informierten, aber Heinrich Schliemann erhielt Informationen aus erster Hand.

Die Leute seien immerzu unterwegs, schreibt Louis, überall würden Eisenbahnen gebaut. Jeden Tag gebe es neue Goldfunde (»the great rush«). Die Städte wuchsen, Grundstücke stiegen im

Preis. Die Einwohnerzahl fluktuierte stark, Sacramento zählte 16000 Einwohner, San Francisco schon 30000. Wer herkomme, solle am besten Kapital mitbringen. Er selbst deponierte sein Geld beim Bankhaus Priest Lee & Co., kaufte ein Haus und eröffnete ein Speiselokal.

In einem seiner Briefe schildert Louis eine kleine Wildwestepisode. Aus einem Koffer wurden ihm 120 Dollar gestohlen, er verfolgte die Diebe, es gab ein Pistolenduell, nach dem er 50 Dollar zurückerhielt, der Rest war schon verspielt worden. Diese Situation war gut ausgegangen, aber schon am 21. Mai 1850 fand das Leben von Ludwig Schliemann sein Ende. Unterwegs zu seinem Claim hatte er mit dem Pferd einen Fluss durchquert, wurde weggespült, konnte sich aber ans Ufer retten: Danach lag er tagelang in Fieber und Bewusstlosigkeit, quälte sich dann weiter und kam mit zwei Unzen Gold zurück nach Sacramento, wo er starb, vielleicht weniger am Fieber oder an Typhus als an der zu hoch dosierten quecksilberhaltigen Medizin, die ihm ein Arzt verschrieben hatte. Er war 25 Jahre alt. Zuvor hatte er geschrieben: »Hier stirbt es sich vorzüglich.«

Ein Brief Heinrich Schliemanns vom 20. Juli 1850 an seinen Vetter Adolph zeigt, dass er sehr bald vom Tod seines Bruders Ludwig erfahren hatte. Er zitiert eine Notiz aus einer amerikanischen Zeitung, die ihm ein Geschäftsfreund aus New York geschickt hatte. Dieser plötzliche Tod treffe ihn tief und wie sehr müssen sich auch die Schwestern betroffen fühlen. Er bat den Vetter, er möge ihnen diesen Tod ganz behutsam beibringen. Er selbst habe sie in einem Brief indirekt schon darauf vorbereitet, indem er einen Traum von einer Krankheit des Bruders erzählt habe. »Der gute, kluge Ludwig hätte es mit seiner grenzenlosen Tätigkeit und Ausdauer gewiss weit, weit gebracht.« Die 7000 Taler, die er mindestens verdient habe, sollten nicht verloren gehen, er wolle selbst nach Kalifornien gehen, um Ludwigs Nachlass für die Schwestern zu sichern. Schliemann, der Ernährer.

Zunächst aber Schliemann der Kühne. Im Oktober 1850 erkundigte er sich beim Inhaber der Privatbank C.D. Behrens in New York, der ihn auch später immer wieder beriet, über Bedingungen, die sich Anlegern in Kalifornien eröffneten. Er tat so, als handle er im Auftrag eines anderen und meinte doch sich selbst mit dem »jungen Mann, der viel Energie und die besten kaufmännischen Kenntnisse hat« und der 30 000 Dollar anzulegen habe – denn so groß war das Vermögen, das er in den vier Jahren Russland angehäuft hatte.

Bevor er aufbrach, überwies er den Schwestern 2000 Mark, die sie gut anlegen sollten. Er könne sie aber auf dem Weg nach Amsterdam und London nicht besuchen: »Zeit ist Gold bei mir.« Dieselbe Summe schickte er auch an den Vater. Man wisse ja nie, ob er wiederkäme. Und er schrieb: »Ich habe jetzt alle meine Waren verkauft, um desto ruhiger von hier gehen zu können.« Schliemann nahm also eine regelrechte Liquidation vor, die für später alle Möglichkeiten offen ließ.

Dies war ein großer Schritt, das nächste große Abenteuer, und diesmal ein wahrhaft riskantes, sein erster Wechsel, seit er selbständiger Kaufmann geworden war. Er scheute kein Risiko, kein Ort auf der Welt war ihm unerreichbar, aber er bereitete seinen Schritt umsichtig vor, erkundigte sich, suchte nach größtmöglichen Sicherheiten. Er war nicht von nebulösen Gewinnaussichten verblendet, als er in die Neue Welt aufbrach.

Legende, zweite Fassung

Am 10. Dezember 1850 verließ Heinrich Schliemann Sankt Petersburg. Am 2. April 1851 traf er in San Francisco ein. Im Herbst 1852 war er bereits wieder zurück in Sankt Petersburg und setzte seine Karriere als Großhändler und Importeur fort, erfolgreicher denn je. Sein erster Aufenthalt in Amerika dauerte also nur wenige Monate. Es war ein ziemlich aufwändiger Abstecher, aber ein durchaus lohnender. Vor Kalifornien betrug sein Vermögen 50 000 Taler (30 000 Dollar). Als er zurückkam, hatte er es verdoppelt.

Ein ganz anderer Ertrag dieser amerikanischen Expedition erlaubt uns von ihr zu berichten: ein längerer Text in englischer Sprache mit einigen Passagen auf Spanisch – er wechselte die

Sprachen wie ein Chamäleon die Farben. Nachdem wir kurz zuvor noch Orte in Mecklenburg auf der Landkarte gesucht haben, müssen wir nun auf ganz anderen Karten nachschauen.

Schliemanns kleines Buch, etwa 80 Seiten in sorgfältiger Schönschrift, ist ein nachträglich, also erst in Sankt Petersburg, vielleicht aber auch schon auf der langen Rückreise, bearbeitetes Tagebuch, dessen Aussagen mit einigen Briefen aus jener Zeit verglichen werden können. In diesem Reisebuch finden sich eingeschobene Seiten, deren Inhalt erstaunt. Schliemann schildert etwa, wie er in Washington vom amerikanischen Präsidenten Millard Fillmore empfangen wurde und ein angenehmes und sehr persönliches Gespräch mit ihm geführt hat. An anderer Stelle beschreibt er das Feuer in San Francisco, als hätte er es miterlebt. Man hat die Zeitungsartikel gefunden, derer sich Schliemann als Vorlage bedient hat, denn beide Schilderungen sind nur Fantasiegebilde. In dem einen geht es um eine brennende, untergehende Stadt, aus der er sich rettet, in dem anderen um eine bedeutende und mächtige Persönlichkeit, mit der er vertrauten Umgang pflegt, wie eine Gestalt aus häufig wiederkehrenden Träumen.

Schliemann erlebte tatsächlich aufregende Dinge, und zugleich spann er manches weiter aus, ergänzte und verschönerte sein eigenes Erleben, er übernahm suggestive Details aus diversen Quellen und brachte alles in die Ichform, arbeitete also wie ein Romancier. Die Motive, die er dabei ausmalte, gewinnen Bedeutung als Momentaufnahmen aus seiner Gedankenwelt. Man sollte also nicht einfach von Lügen sprechen und gleich seine ganze Glaubwürdigkeit infrage stellen, auch sollte man diese Stellen nicht als bloße Sprachübung abstempeln. Wichtig daran war, dass er sehr persönliche Dinge und seine Träume am ehesten in einer fremden Sprache aussprechen konnte.

Schon in dieser Phase seines Lebens lässt sich erkennen, wie er arbeitete: Er erfand, ergänzte, deutete um, wertete auf. Er schrieb nicht, was er erlebt hat, sondern was er hätte erleben wollen, in einer schwer bestimmbaren Mischung aus Dichtung und Wahrheit. Und er tat es nicht Jahre später, um die Erinnerung zu verklären, sondern gleich an Ort und Stelle, als Reporter in zweierlei Welten, der realen und der gewünschten, ohne dass übrigens der

Aufenthalt in Traumwelten seiner Tüchtigkeit und seinem Erfolg in der Realität hinderlich gewesen wäre. Traumwelten zu einem Teil der Wirklichkeit zu machen scheint gerade sein besonderes Talent gewesen zu sein; das hätte ihn zum Dichter prädestiniert, aber er tat es mit und in seinem wirklichen Leben. Sein Leben veränderte sich, wenn er nur zur Feder griff, mal zum alptraumhaft Düsteren, mal zum traumhaft Beglückenden. Wichtig sind immer Zeitpunkt und Anlass der aufgeschriebenen Lebensgeschichte: wie ihm sein Leben zu diesem Zeitpunkt vorkam, wie er zu jenem Zeitpunkt von anderen gesehen werden wollte. Aber noch besaß er ja kein Publikum.

Das Manuskript wirkt wie die Rohfassung zu einem kleinen Buch, das dann nie geschrieben wurde. Ob es doch jemandem zu lesen gegeben wurde, ist ungewiss, aber gut möglich, wenn auch auffällt, dass er von seiner kalifornischen Zeit nie sehr gern sprach, obwohl es doch so viel zu erzählen gegeben hätte. Das Tagebuch seiner ersten Amerikareise gewann seine besondere Bedeutung bei der allmählichen Verfertigung seiner Lebenslegende, es bezeichnete nämlich deren zweite Etappe nach dem Brief aus Amsterdam von 1842.

Besonders bemerkenswert ist, dass dem gebundenen Manuskript acht lose Blätter beigegeben sind. Auf ihnen schildert er seine Kindheit und seinen Weg bis nach Sankt Petersburg. Seine Legende war ein Monolog, den er immer wieder aufnahm und umgestaltete, bevor er ein neues Lebenskapitel hinzufügte. Schliemann gleicht den Gestalten in Richard Wagners ›Ring des Nibelungen‹, die sich stets aufs Neue der eigenen Vorgeschichte vergewissern müssen, und weh ihnen, der Faden reißt! Die Namen Homer und Troia fehlen in diesen Aufzeichnungen und der des Mädchens Minna auch. Er hatte noch andere Träume.

In dieser Fassung seiner Kindheitsgeschichte schildert Schliemann vor allem seine harte Zeit als Lehrling in Fürstenberg. Vom Familiendrama in Ankershagen gibt er nur Andeutungen. Manche Details werden hier anders erzählt als im Brief aus Amsterdam; so schreibt er, er sei 1841 zu Fuß nach Hamburg gekommen. Er schildert wiederum seine Begeisterung angesichts dieser größten Stadt der Welt, denn so sei sie ihm damals vorgekommen.

Er wollte kein Leben als Ladenausfeger und Lastträger, aber er übertreibt auch den Grad seiner Erniedrigung: Er habe kaum seinen eigenen Namen schreiben können.

Er berichtet von seiner Schiffspassage auf der »Dorothea«, schildert nun ausführlich die Ausstattung für die Reise auf dem Schiff, wobei er sich hier wie schon in seinem Brief aus Amsterdam als zahlenden Passagier bezeichnet, und wir erleben die stürmischen Tage und Nächte auf See mit, bereichert um viele schöne Details. Und vor der Katastrophe ging die Sonne blutrot am Horizont unter (ein Motiv, das in seinen späteren Schilderungen aus Troia wiederkehrt). Es macht ihm großen Spaß, seine Not und sein Elend auszumalen und zu zeigen, wie er durch List und Beharrlichkeit sich allmählich herausbiss.

Das Entscheidende ist, dass er sich seine Lebensgeschichte in diesem Augenblick des Umbruchs präsent machte – und sie seiner neuen Lage etwas anpasste. Kontinuität, Einheit, Bedeutung erhält sein sprunghaftes Leben nur aus dieser rückblickenden Selbst-Erzählung. So schildert er auch seinen Aufbruch von Sankt Petersburg mit deutlichem Sinn für symbolische Gesten. Nach einer Abschiedsfeier für Freunde fuhr er im Schlitten über den Isaaksplatz, schaute sich den großen Kaiserpalast an, die Admiralität und das Reiterstandbild von Peter dem Großen, die Isaakskathedrale – er sah diese Meisterwerke der Baukunst an, als sollte er sie nie wieder sehen. Seine russischen Freunde Lyshin und Melin begleiteten ihn zur Poststation, wo zwei Bedienstete mit dem reisefertigen Gepäck warteten. Abfahrt war um sieben Uhr früh. Rasch verließen sie die Stadt durch das Triumphtor. Es ging im Pferdeschlitten durch tiefen Schnee, von Ort zu Ort.

Im Winter war er erstmals nach Sankt Petersburg gekommen, im Winter verließ er es erstmals. Unterwegs gab er sich wie ein gebildeter Reisender, auch in Orten, wo er sich kaum aufhielt, wie etwa in Riga, der Hauptstadt von Kurland, er resümierte die Kulturgeschichte, hatte stets eine Idee von den Orten, die er aufsuchte oder streifte, ihrer Geschichte, ihren Besonderheiten. Er reiste durch bekanntes Gelände. Hatte er heimliche Angst vor dem Unbekannten? Auf seiner inneren Landkarte durfte es keine weißen Flecken geben.

Nach dieser durchgeschriebenen Passage wird der Text tagebuchartig, aber immer wieder von geglätteten Passagen unterbrochen. Er dinierte in Riga im Hotel London und setzte dann per Boot über die nicht völlig zugefrorene Duna, durch eine ins Eis geschlagene Schneise. Tilsit und Königsberg hießen die nächsten Stationen (und es lohnt sich, sie in Gedanken nachzuvollziehen, damit man ahnt, wie umständlich, wie Zeit raubend diese Reise war). Und was machte er auf der langen Tour? Lesen, Schreiben, Träumen, Konversation mit den Reisegefährten.

Ab Stettin nahm die Reise modernere Formen an, denn von hier nach Berlin konnte er schon die Eisenbahn benutzen. Zeit für einen Aufenthalt hatte er nicht, er musste sofort in den Zug nach Köln steigen. Potsdam, Magdeburg, Hannover flogen vorbei und endlich erreichte er Amsterdam. Wie immer stieg er im Hôtel des Pays-Bas ab. Mit größter Freude schritt er die Grachten und die sauberen Straßen entlang, wobei ihm tausend Erinnerungen kamen. Er dachte nur an das Schöne dort. »In früheren Lebensabschnitten mögen wir mit tausenderlei Schwierigkeiten und Mühen zu kämpfen gehabt haben, wenn wir sie jedoch als notwendige Stadien unserer Lebensreise auffassen, dann erscheint alles so angenehm und erfreulich, als ob es mit einem rosigen Schleier überdeckt wäre.« So spricht die Figur eines Bildungsromans, die sich auf ihrem Weg zuschaut.

Die Glockenspiele der Amsterdamer Kirchen übten nun einen besonderen Zauber auf ihn aus, und ihm wurde klar, dass Sankt Petersburg zwar die schönste Stadt der Welt war, als Kunstwerk gesehen, dass Amsterdam dafür aber mehr Lebenskomfort bot als das russische Neu-Amsterdam an der Newa.

Zehn Nächte und neun Tage hatte er nun schon in Kutschen und Waggons verbracht und war so aufgeregt, dass er nachts kein Auge zumachen konnte, sondern stundenlang Briefe an die Freunde in Sankt Petersburg schrieb. So rasch verwandelte er sein Leben in Text, sein Reisefieber in Erzählung.

Am nächsten Tag besorgte er sich von seinem alten Arbeitgeber Schröder Empfehlungsbriefe für Amerika, nahm den Zug nach Rotterdam, bestieg dort das Schiff nach London, wo er Weihnachten verbrachte. Er tätigte Einkäufe, verkaufte seine Goldreserven an die Bank von England, hinterlegte die Hälfte seines Geldes bei der Bank Baring & Bros., erhielt dafür Kreditbriefe für Behrens' Bank in New York.

Zeit für Tourismus blieb auch: Er besichtigte den Crystal Palace, der noch im Hyde Park stand, er ließ sich von der Weltausstellung faszinieren. Sie bringe Menschen aus aller Welt zusammen, notierte er, und helfe ihnen, Vorurteile abzubauen. Die Meisterstücke der anderen Völker zu sehen, werde jeden Einzelnen stimulieren. Und unser fleißiger Tourist nahm am Gottesdienst in der Westminster Abbey teil, besichtigte den Zoo, ging ins Theater, besuchte Geschäftspartner und sammelte weitere Empfehlungsbriefe für New York.

Am 27. Dezember war er in Liverpool. Uns wird die Abfahrt des Dampfschiffes »Atlantic« beschrieben und wie immer erfahren wir alles über Technik und Ausstattung des Schiffes, die Maschinen und die Holztäfelung aus Mahagoni in den Salons. Auch stellt Schliemann uns einige der 150 Passagiere vor. Er reiste nicht wie ein armer Auswanderer; seine erste Reise nach Amerika unternahm er als Passagier erster Klasse. Es blieb zunächst ein Versuch, denn das Schiff geriet auf halber Strecke in schweres Unwetter. Erst der nächste Anlauf gelang, in Schliemanns Lebensgeschichte ist es der dritte, schließlich sind wir in einem Märchen.

Gold ohne Rausch

Der Luxusdampfer »Atlantic« geriet in schwere See und erlitt einen Maschinenschaden. Am 6. Januar, Schliemanns Geburtstag, wurde nach einer Beratung mit den Passagieren die Umkehr beschlossen. Das Schiff lief Irland an. Schliemann nutzte die Zeit für einen Abstecher nach Dublin – »a very fine place«. (Wie viele Städte wird er gesehen haben, eine homerische Liste!)

Über Liverpool, London und Dover reiste er nach Amsterdam, wo er sich um seine Geschäfte kümmerte, keine Zeit blieb ungenutzt, außerdem fuhr er nach Delft, Ostende, Gent sowie Antwerpen, wo er jemanden aufsuchte, der Informationen über die Verhältnisse in Kalifornien hatte. Als er über Rotterdam und London wieder Liverpool erreichte, wurde am 1. Februar ein neuer Versuch gewagt nach Amerika zu kommen, dieses Mal mit dem Dampfer »Africa«. Das Wetter war günstig und schon am Abend des 15. Februar lief das Schiff in die Bucht von New York ein, legte in New Jersey an, wo es von Tausenden erwartet wurde, die sich Sorgen wegen der vermissten »Atlantic« gemacht hatten. Zwei Stunden später erschienen schon Sonderblätter für 50 Cents (statt zwei Cents wie sonst), die von den Vorkommnissen auf See berichteten.

Das Greenhorn kannte keine Bescheidenheit, amerikanische Superlative lagen ihm. Er stieg im Hotel Astor ab, dem größten, das er je sah, zweieinhalb Dollar kostete das Zimmer und die ausgezeichnete Verpflegung. Am nächsten Tag nahm er am Dankgottesdienst für die Passagiere teil. Er suchte den Bankier C.D. Behrens auf und erkundete die Stadt. Er beschreibt sie als sehr regelmäßig angelegt, freundlich, sauber, mit eleganten und sogar kolossalen Gebäuden, erwähnt den eleganten Broadway, einige Theater und Museen, vor allem Barnum's Museum, eine Art Kuriositätenkabinett, erlebte auch »Negermusiker«, aber die typisch amerikanischen Zerstreuungen waren nicht nach seinem Geschmack. Er wurde zu einem Ball eingeladen und zu einer Versammlung amerikanischer Frauen, an denen ihm auffiel, dass sie sich zu wenig im Freien aufhielten, weswegen sie schnell alterten.

Seine Kreditbriefe tauschte Schliemann in Goldmünzen um, denn er war zu der Überzeugung gelangt, dies sei die beste Form des Kapitalimports für Kalifornien, wohin ja noch keine Verbindung quer durch das Land bestand. Andere hofften, dort Gold zu finden – er brachte es schon mit.

Er bemängelte den zu geringen Komfort der Eisenbahnen, die zu rasch und zum bloßen Geldverdienen gebaut seien, wie er auf Abstechern nach Philadelphia und Baltimore feststellte. Aus Washington schilderte er Sitzungen der beiden Kammern auf dem Kapitol und einen (erträumten) Empfang beim Präsidenten.

In der Hauptstadt ging er in die Kirche, interessierte sich für das große Patentamt und die Gedenkstätte für George Washington. In

Philadelphia besichtigte er den Friedhof und das Gefängnis, aber seine Schilderung über die Behandlung der Gefangenen ist vielleicht wieder nur eine Lesefrucht. Stets nennt er Namen von Leuten, mit denen er zu tun hatte. Porträts gehören zu allen seinen Reisebüchern. Wie vielen dieser Personen mag er nur in Gedanken begegnet sein? Meist waren es Menschen, die seine eigenen Leidenschaften teilten.

Am 28. Februar ging er in New York an Bord, nachdem er letzte finanzielle Regelungen getroffen hatte. Er wählte nicht den Weg um Kap Hoorn, sondern quer durch Mittelamerika, wo eine Eisenbahnlinie erst noch gebaut wurde. Von Santo Domingo ab führte er sein Tagebuch auf Spanisch weiter. Am 5. März erreichten sie Chagres. Das Ausbooten bei hoher See dauerte Stunden, er fürchtete um sein Gepäck. Und nun erleben wir einen Abenteuerroman, dessen Wahrheitsgehalt niemand überprüfen kann.

Von allen gefährlichen Orten der Welt – und er kenne einige – gebühre Chagres die Krone. Die Reisenden wurden in kleineren Gruppen zu etwa 20 Personen aufgeteilt. Mit einem Boot ging es den schmalen Chagres-Fluss entlang, der von Alligatoren bevölkert war, in Vamos Vamos wurde übernachtet. Es war laut und schwül wie in einem russischen Dampfzelt, Schweine und Kinder liefen umher, wer nicht schlafen konnte, vertrieb sich die Zeit mit Spielen. Finstere Indiogestalten schlichen vorbei. Schliemann hielt seinen Revolver griffbereit in der einen Hand, seinen Dolch in der anderen. Erbarmungsloser Regen durchnässte alle bis auf die Haut. Nach weiteren Etappen in kleinen Booten erreichten sie den Punkt, bis zu dem der Eisenbahnbau gediehen war, aber benutzbar war noch kein Streckenabschnitt. Bis zur Fertigstellung der Linie sollten noch vier Jahre vergehen. Die Leute, die hier arbeiteten, starben schnell, das Klima war zu ungesund, auf den Knochen dieser Arbeiter wurde die Eisenbahn errichtet, schreibt Schliemann und fügt hinzu: Die Arbeiter kämen von auswärts, die Einheimischen seien zu faul.

Von den Einheimischen kauften die Reisenden, die unter großem Durst litten, Kaffee und Milch. Hunderte Orangen schüttelte Schliemann von den Bäumen. Er kletterte auch auf eine

30 Meter hohe Palme und warf Kokosnüsse herunter. Schade, dass niemand den späteren Ausgräber von Troia dabei abgebildet hat.

Angereichert mit suggestiven Details ist diese Schilderung, sie bereitete ihm sichtlich Vergnügen. Abwege des Schicksals. Manchmal seien sie nur per Maultier durch den Dschungel weitergekommen, manchmal hätten sie sich zwischen Bergen und Tälern voll wunderbarer Früchte und Tausenden von Papageien und Affen verirrt, im Gefühl, den Garten Eden zu erleben, das Vaterland der Vegetation. Die Indianer lebten wie Adam und Eva, nackt und in paradiesischer Fülle, sie verbrächten den Tag in der Hängematte und wirkten äußerst glücklich dabei (ein provozierender Anblick für den Übertüchtigen). Aber sie seien auch gefährlich. Man müsse immer mit dem Schlimmsten rechnen und sich gut bewaffnen. Geschichten von blutigen Überfällen machten die Runde.

Erst nach einer Woche erreichten sie Panama City, wo mit einem schäbigen Hotel vorlieb genommen werden musste. Die Stadt wirkte elend und schmutzig. Besonders die Kirchen und die Gottesdienste schockierten ihn. Die Priester hätten einen üblen Ruf, notierte er, allerlei Laster würden ihnen nachgesagt wie Pädophilie, aber niemand behelligte sie. (Ob er plötzlich an seinen Vater dachte?) Ich vergaß einzufügen, schreibt er, dass mich der Gouverneur von Panama sehr höflich empfangen und sich mit mir unterhalten hat. Natürlich.

Wir erfahren einiges über die Stadt, ihre Geschichte und ihre Bauten, man bekomme hier alles, zum Beispiel den besten Kaffee seit langem, aber nur keine guten Panamahüte. Im spanischen Theater bewunderte er die schönen Frauen, die aber zu schnell altern in dem Klima. Die Nachfahren der Kolonisatoren hielt er für faul, ungebildet und amüsierwütig. Und alle trügen Waffen.

Er hatte Zeit für eine Expedition, mietete einen Maulesel und besichtigte zusammen mit einem Begleiter die alte Stadt von Panama, die im 16. Jahrhundert gegründet und dann von Piraten zerstört worden war. Dies ist die erste Ruinenstadt, die in Aufzeichnungen von Schliemann erscheint, wenn auch erst 200 Jahre alt, mit Häusern, alten Mauern und steinernen Brücken – aus den Mauerresten wuchsen hohe Bäume. Er versuchte sich auszumalen, wie die Stadt wohl einmal ausgesehen haben mochte.

Am 16. März gingen sie an Bord des sehr komfortablen Dampfschiffes »Oregon«, das 140 Passagiere aufnahm sowie drei lebende Ochsen. Von hier ab schrieb er wieder auf Englisch. Unterwegs war es so heiß, dass Schliemann sich dreimal täglich von einem schwarzen Matrosen gegen einen Betrag von 50 Cents mit einem Eimer Meerwasser übergießen ließ, um sich abzukühlen.

Bei einem Zwischenstopp im Hafen von Acapulco erhielt er den Eindruck, dass die Mexikaner »false, ignorant and arrogant« seien. Unterwegs starb ein Reisender, sein Leichnam wurde, nach einem kurzen Gebet, in eine amerikanische Flagge gehüllt und über Bord geworfen. Am 31. März erreichten sie San Diego, dann passierten sie Catalina Island. Die Stadt am gegenüberliegenden Festland, die einmal sehr groß und weltberühmt werden sollte, gab es noch gar nicht.

Bevor sie San Francisco erreichten, kam plötzlich dichter Nebel auf. Das sei typisch für die Gegend, sagte man ihm. Endlich durchfuhren sie Golden Gate, »das aus zwei gewaltigen Felsen besteht und die Form eines Tores hat«. Das Schiff lief in die Bucht ein, legte an in »dieser geschäftigen Stadt mit 40 000 Einwohnern«, die zwei Jahre zuvor noch keine 2000 zählte.

Auf dem Schiff hatte Schliemann eine interessante Bekanntschaft gemacht, Benjamin Davidsohn, der in San Francisco ein Bankhaus führte, das für Rothschild in London arbeitete. Mit ihm knüpfte Schliemann geschäftlichen Kontakt, noch bevor er angelandet war.

Genau werden das kostenpflichtige Ausbooten und die Ankunft beschrieben, aber über die ersten vier Wochen im Goldland schweigt das Tagebuch. Immerhin gibt es einen Eintrag, der seine Nachforschungen über das Schicksal seines Bruders Ludwig betraf: Nach einigem Suchen fand er das Grab des Bruders und ließ für 50 Dollar einen Grabstein setzen. Wahrscheinlich hatte man ihm ein falsches Grab gezeigt. Immerhin ließ er sich einen Teil von Ludwigs Ersparnissen auszahlen.

Nach längerem Pendeln zwischen San Francisco und Sacramento beschloss Schliemann, sich in Sacramento niederzulassen, einer noch jungen Stadt mit 10 000 Einwohnern. In der Anlage von Städten seien die Amerikaner äußerst geschickt, fand er. Er sagte sehr schnell »unsere Stadt«, war auch hier gleich zu Hause.

Und auch hier behielt er seine Angewohnheit des täglichen Badens bei, nunmehr im Sacramento-River.

Die größte Plage waren die Heerscharen von Ratten. Und die falschen Hoffnungen der Goldgräber. Schliemann verstand bald, dass hier kein schneller Reichtum zu finden war. Er fand kein Bild allgemeinen Wohlstands vor, im Gegenteil, die wilden Spekulationen verschiedenster Art, vor allem in Grundstücksgeschäften, hatten fast alle ruiniert. Der Zinssatz war außergewöhnlich hoch, fast zwölf Prozent im Monat. Sicherheiten gab es hier kaum. Nirgendwo hatte er bisher so viel Eigensucht und Geldgier gesehen wie in diesem Eldorado.

Einerseits bewunderte Schliemann den Unternehmungsgeist, der sehr schnell Dinge realisieren ließ, andererseits tadelte er Ungeduld, Geldgier und Hang zum Betrug. Er sprach von »Amerikanern«, aber auch von »Californian Yankees«, vom »pfiffigen und arglistigen Charakter der Menschen«, mit denen er zu tun hatte. Durch Höflichkeit und Freundlichkeit wollten sie einen gewinnen, aber nur um einen hereinzulegen. Misslinge es, ließen sie einen sofort fallen.

14. Mai 1851: »Da ich beschlossen habe, mich in Sacramento niederzulassen, sehe ich es als meine Pflicht an, das Land zu bereisen.« In Russland hatte er es nicht anders gehalten mit seinen Inspektionen. Schliemann erkundete Städte, Transportwege, Arten der Goldgewinnung, Überprüfung der Echtheit des Goldes, andere Ressourcen. Er reiste mit dem Schiff oder zu Pferd. Er lernte Indianer, Chinesen, Russen und Franzosen kennen. Und stellte fest, wie wenig Frauen es überall gab, und wie sehr sich die Atmosphäre änderte, wenn überhaupt ein weibliches Wesen anwesend war, ganz gleich welchen Alters (er beschreibt sie, als handle es sich um eine fremde Spezies).

Plötzlich findet sich erneut eine Passage auf Spanisch, in der er von seiner Begegnung mit Herrn Reeger berichtet, einem Professor aus Sonoma, der viel in der Welt herumgekommen war und mit Leichtigkeit Englisch, Französisch, Deutsch, Italienisch, Spanisch, Portugiesisch und Holländisch sprach und gewiss auch Latein und Griechisch (der Erste in einer langen Reihe von Doppelgängern in seinen Notizen). »Fremdsprachen bedeuteten für mich immer schon ein großes Vergnügen«, schreibt Schliemann, »und so machte ich mir den Spaß, mit Reeger in den verschiedenen Sprachen zu sprechen«.

Er schreibt aber auch, dass er sich langweile: »Meine einzige Beschäftigung bestand darin, Geld zu verleihen und Hypotheken auf Häuser oder Grundstücke auszugeben, so hatte ich wenig zu tun, und da ich von Jugend an gewohnt war, von früh bis spät zu arbeiten, verfiel ich in eine unbeschreibliche Langeweile.« Auch das schreibt er auf Spanisch! Das erste Mal, dass solche Träume von einem anderen Leben bei ihm auftauchen, im Zusammenhang mit einem gebildeten Menschen, mit fremden Sprachen und in einer Fremdsprache. Aus diesem Affekt, aus diesem Bedürfnis, ist später der Archäologe Schliemann erwachsen.

Aber vorerst befand er sich in der Gesellschaft von Sacramento, einer Ansammlung von Abenteurern, die nur daran dachten, einander zu betrügen. Hier war nicht sein Platz, er sehnte sich nach Europa. Da er aber zu viel für die Anreise ausgegeben hatte, konnte er nicht gleich wieder fort. Doch schmiedete er schon Pläne für die Rückreise, wollte eventuell über China zurückkehren, also aus dem Abstecher eine Weltreise machen.

Auch noch auf Spanisch schreibt er, er wolle sich in Sankt Petersburg niederlassen, denn diese Stadt gefalle ihm am besten, ihre Einwohner seien angenehm gesellig, es gebe schöne saubere Häuser (sauber ist eines der höchsten Prädikate, das Schliemann zu vergeben hat), große, wunderbare Straßen und ein angenehmes Klima. Gleichviel, ob das vorbeugende Schmeichelei für später ist (oder erst in der Schlussredaktion nach der Reise hinzugefügt wurde) oder wirklich eine Art Heimweh, diese Einstellung wird wiederkehren, ja sie wird ein wichtiger und permanenter Grundzug seines ganzen weiteren Lebens sein. Alles ist nur eine Etappe, in der er Pläne schmiedet für andere Weltgegenden.

»En verdad, Petersb. esta el cabo de mis deseos.« Sankt Petersburg sei das Ziel seiner Wünsche (denn er sucht ihnen ein Ziel, wenn auch ein wechselndes), aber bevor er dorthin zurückkehre, müsse er noch viele andere Städte sehen (was den Heimkehrwunsch gleich wieder relativiert und vielleicht auch eine ambivalente Haltung gegenüber jeder Fixierung ausdrückt).

Auf der Rückfahrt wolle er auch Jerusalem besichtigen, nicht aus religiösen Gründen, sondern aus reiner Neugier. Jerusalem war das erste historisch-mythologische Ziel, das der Pastorensohn nennt, und nicht etwa Troia, obwohl er doch in seiner Auswahl durch nichts eingeschränkt war. Und tatsächlich wird später Jerusalem auf einer ersten langen Kulturreise ein Zielort sein. Aber vielleicht ist Troia ein Abkömmling dieses ursprünglichen Zielwunsches?

Man kann dieses Tagebuch nicht hoch genug bewerten, denn es zeigt, wie sich die Facetten seiner Persönlichkeit ausbildeten. Seine Reiseberichte bieten immer auch eine Reise um das eigene Ich, eine Etappe der Weiterentwicklung seines inneren Romans. Und da seine Erlebnisse und Gedanken immer in Fremdsprachen aufgeschrieben sind, haftet allem ein Zug von Gedankenexperiment und Tagträumerei an.

Er konnte sich aber auch in Desaster hineinträumen, etwa in die Brandkatastrophe von San Francisco, die er falsch datierte, um seine Anwesenheit vorzutäuschen. Eine sehr anschauliche Szene, sie klingt wirklich wie selbst erlebt, das explodierende Munitionslager, die einstürzenden Steinwände, der heulende Sturm, der die Flammen anfacht, der Blick auf das Flammenmeer vom 300 Fuß hohen Telegraph Hill … Feuergeschichten tauchen auch in späteren Texten immer wieder auf, was nicht heißt, dass sie nur imaginär waren.

Er schildert auch, wie rasch die Stadt mit ihren bemalten Holzhäusern wieder aufgebaut wurde. Es lief das Gerücht um, französische Matrosen hätten den Brand verursacht. Die Einwohner nahmen bittere Rache an allen Franzosen, derer sie habhaft wurden.

Im Juni 1851 beschloss Schliemann, ein »banking house« zu gründen, für den Ankauf von Goldstaub und den Handel mit Wechseln für die USA und Europa. Die Bank »Henry Schlieman« lag J-Street/Ecke Front-Street in Sacramento, wie er in den ›Sacramento Daily News‹ annoncieren ließ, ein Haus ganz aus Stein und Eisen gebaut, also feuersicher.

Für 250 Dollar im Monat stellte er zwei Helfer ein, A. K. Grim, einen Amerikaner aus Cleveland und einen Spanier, Miguel de Satrustegui aus San Sebastian. Er kaufte einen zwei Tonnen schweren Safe aus einer gegenüberliegenden Bank, die in Konkurs gegangen war. 20 Männer und zwölf Ochsen bugsierten das Ungetüm quer über die Straße in sein Haus.

Goldstaub kam reichlich herein, Schliemann zahlte 17 Dollar je Unze und verkaufte ihn weiter an das Bankhaus B. Davidsohn in San Francisco, von dem er sein Bargeld bezog. Sein Tagesumsatz betrug zuweilen über 20 000 Dollar. Die riskanten Transporte (Gold in die eine, Bargeld in die andere Richtung) erfolgten immer mit dem Schiff, bis zu 100 Kilogramm Goldstaub oder Nuggets pro Ladung.

Schliemanns Bett stand gleich neben dem Safe. Er hatte zwei geladene Colts im Schreibtisch liegen. Er wusste auch, wie man vergoldetes Kupfer durch einen Test mit Salpetersäure erkannte.

Seine Bank war den ganzen Tag voller Kunden. Mit jedem konnte er in dessen Sprache sprechen. Er hegte Sympathien für die Chinesen, wollte auch gern China kennen lernen, nur die Mexikaner und die Indianer kamen bei ihm schlecht weg, sie fand er faul, schmutzig und falsch, sie hätten schiefe Gesichter, lebten in Erdhöhlen wie die Ameisen. Keinerlei Spur von Indianerromantik.

Ab November gab es ein anderes Thema: Er wurde krank. Das Klima bekam ihm nicht, drei Wochen litt er unter Fieber. Er dachte dabei an seinen Bruder. Schliemann hat sein Leben lang mit diversen Krankheiten zu tun gehabt und immer wieder mit Fieberanfällen.

Als er im Januar 1852 wieder erkrankte, fuhr er zur Erholung nach Santa Clara und konsultierte einen italienischen Arzt, einen Dr. Davini, der sich für nur fünf Dollar pro Tag ausgiebig um ihn kümmerte.

Im Februar machte er mit einem Russen namens Rotschef Bekanntschaft, der aus Sankt Petersburg stammte, ein Sprachgenie war und sich auch in der Weltliteratur gut auskannte. »Nie im Leben sah ich einen so gebildeten Mann.« Er genoss die Konversation mit ihm. An ihm gemessen erschienen die Leute in Sacramento, mit denen er sonst zu tun hatte, primitiv und abstoßend. Entsetzlich fand er vor allem die Spielleidenschaft überall.

Alles war sehr teuer, weibliche Bedienstete waren rar und nicht unter 150 Dollar den Monat zu haben. Er listete Preise und Lebenshaltungskosten genau auf, er lebte nie im Ungefähren.

Im Februar und März 1852 gab es furchtbare Regenfälle und gewaltiges Hochwasser. Einmal wurde Schliemann mit einer kleinen Personengruppe vom Fluss mitgerissen, sie konnten sich nur mit Mühe wieder an Land retten. In den Straßen von Sacramento stand das Wasser, aber sein Bankhaus lag natürlich sicher auf einer kleinen Anhöhe.

Ende März neue Fieberanfälle, neue Kur. Schliemann beschloss, sein Geschäft an Davidsohn zu verkaufen. Er wollte zurück in sein geliebtes Russland, er spürte, dass er hier nicht überleben würde. Er fuhr nach San Francisco, um die Liquidation zu arrangieren. Sein Hauptkassenbuch schloss er am 7. April 1852. In sechs Monaten hatte er mit Gold im Wert von 1 350 000 Dollar gehandelt.

Die Auflösung behandelt er im Tagebuch nur knapp; es finden sich aber Hinweise, dass Davidsohn einem Betrugsmanöver auf die Spur gekommen war. Schliemann hatte wohl beim Goldwiegen mit falschen Gewichten gearbeitet. War ein Konflikt mit Davidsohn der wahre Grund für die überstürzte Abreise? Als die Zeitungsanzeige erschien, dass Davidsohn die Firma Schliemann übernimmt, war Schliemann schon auf dem Pazifik. Später schrieb er vage von Unregelmäßigkeiten, für die seine beiden Angestellten verantwortlich waren. Dies wäre eine wichtige Probe auf die Ehrlichkeit von Schliemann. So könnte man vielleicht erklären, warum er in seinen späteren Selbstbeschreibungen so wenig von dieser abenteuerlichen Zeit berichtete.

Kurz vor der Abreise hatte er notiert: »Mein Geschäft ist nun enorm und meine Gewinne sind gewaltig. Hätte ich in früheren Jahren gedacht, dass ich eines Tages auch nur ein Viertel von dem verdienen würde, was ich jetzt tatsächlich verdiene, dann hätte ich mich für den glücklichsten aller Menschen gehalten.« Doch »mein geliebtes Russland, mein verehrtes Sankt Petersburg, stehen mir ständig vor Augen«. Hier in Sacramento könnte er jederzeit ermordet werden, aber in Sankt Petersburg könnte er nachts ruhig schlafen. Russland kam ihm vor wie ein mächtiges, ruhiges Reich, gerührt und dankbar dachte er an Zar Nikolaus I. (und schrieb hier wohl für eventuelle Leser in Russland).

Schliemann war sich seines Lebens völlig bewusst, brachte alles, was geschah, in Zusammenhang mit seiner Sendung, deren Ziel noch offen war, an der er aber nicht zweifelte. Alles, was geschah, war ein Kapitel in seiner Geschichte, und er hielt es schriftlich fest, so virtuos, dass er dabei die Sprachen wechseln konnte. In diesem Akt der Selbstkonstituierung lag immer auch ein Moment der Selbstverfremdung – und die lügenhaften Zugaben setzten diese Tendenz nur fort. Zwar geschah es vorerst nicht für ein Publikum, doch überlagerte allmählich eine idealisierte Geschichte das wirkliche Erleben. So erklärt sich vielleicht, wie er später dazu kam (und dazu fähig wurde), unter einer poetischen Konstruktion eine Wirklichkeit zu suchen, auf einer überpersönlichen Ebene und in viel größerem Maßstab.

Glückliches Ende?

An die Schwestern hatte Schliemann schon am 31. Januar 1852 geschrieben, er sei entschlossen, zum 1. Mai nach Europa zurückzukehren. »So Gott will, bringe ich ein Vermögen mit, das man in Mecklenburg groß nennt.«

Die Abreise besaß gleichwohl einen Hauch von Flucht, die Rückreise allerdings war wieder ein großes Abenteuer. Das Schiff hieß passend »Golden Gate«, an Bord waren Schliemann und seine wertvolle Fracht: ein Koffer mit Gold im Wert von 60 000 Dollar. Der erste Schatz, den er sichern, verstecken und heimbringen musste. Tag und Nacht bewachte Schliemann seinen Besitz, Revolver und Messer steckten in der Tasche, zwischen Koffer und Handgelenk war ein Faden gebunden. In San Francisco schon hatte er das ganze Ticket bis New York bezahlt, 130 Dollar.

Wieder führte die Reise über Acapulco, danach musste ein Wirbelsturm überstanden werden, so stark, dass man auch schreiend kein Wort mehr verstand. Man glaubte sich schon verloren, aber nach vier Stunden war alles überstanden. Es folgte heftiger Regen. Nur den Koffer ließ er nicht los.

Die »Golden Gate« erreichte Panama am 24. April. Beim Ausbooten waren Streit und Diebstahlversuche zu überstehen. Schliemann saß auf seinem Gepäck, Revolver und Dolch in der Hand, er kannte alle Tricks beim Ausladen. Er hätte jeden getötet, der sein Gepäck angerührt hätte. An Land mietete er zwei Träger, die er ständig überwachte.

Nach einer Nacht in dem schäbigen American Hotel ging es noch einmal die fast 80 Kilometer quer durch die Landenge, noch einmal erlitt er die Gefahren und Strapazen des Regenwalds, des Klimas, der lauernden Diebe und Mörder. Man ritt auf Maultieren, sehr intelligenten Tieren, wie er fand, für 40 Dollar gemietet. Bei der Rast auf halber Strecke schlief er auf seinem Gepäck.

Unterwegs litt er an Hunger, musste rohe Eidechsen essen (Iguanas), nun wurde es wirklich fabelhaft. Es regnete ununterbrochen, schon seit 14 Tagen besaß er keine trockenen Kleider mehr. Viele erkrankten, er selber hatte sich eine Wunde am linken Bein zugezogen, die sich rapide entzündete und deren Heilung noch Wochen dauern sollte. Wir lesen Schauergeschichten: »Hunderte von Mitreisenden« fielen den Tieren oder dem Fieber zum Opfer. Seine Wunde verschlimmerte sich, er konnte kaum noch gehen, alle sanken herab auf das Niveau von Tieren. Tausende Meilen entfernt von seinem geliebten Sankt Petersburg wurde der Tod alltäglich und verlor seinen Schrecken. Man nahm nichts mehr ernst und es geschahen »furchtbare Verbrechen unter uns«.

Auf der Atlantikseite hieß es, auf ein Schiff warten. Endlich traf der US-Dampfer »Sierra Nevada« ein. An Bord nahm er eine Doppelkabine für sich allein, hatte endlich Luxus und Ruhe. Er ließ einen Steward die Kleider trocknen, der Schiffsarzt kümmerte sich um seine Wunde.

Mit nur einer Zwischenstation in Kingston auf Jamaika ging es in sechs Tagen nach New York. Schon in der »elenden mexikanischen Stadt Acapulco« hatte er am 17. April 1852 einen Tagebuch-Brief an die Schwestern begonnen, also zehn Jahre nach seinem Brief aus Amsterdam, dieses Mal in sehr fehlerhaftem Französisch. Diesen Brief voller Reflexionen über das Erlebte führte er auf der gesamten Reise fort und schickte ihn erst von England aus ab.

New York fand er tausendmal schöner als beim ersten Besuch, verglichen mit Kalifornien sei es ein Paradies. »Ich bin so begeistert von New York, dass ich nichts stärker wünsche, als hier zu bleiben, und sobald ich meine Reise nach Europa beendet habe, habe ich die Absicht, zurückzukehren und mich hier niederzulassen. Hurra, New York!«

Er besuchte Bekannte und hörte ein Konzert der Sängerin Jenny Lind in der Metropolitan Hall. Es war ihr Abschiedskonzert vor ihrer Überfahrt nach Europa. Sie verdiente 20 000 Dollar im Jahr, war frisch verheiratet mit einem jüdischen Pianisten aus Hamburg, der ihretwegen zum Christentum übergetreten war. Mister Schliemann hatte wieder einmal gründlich die Zeitung gelesen.

Mit dem Dampfschiff »Europa« ging es nach Liverpool, Abfahrt 19. Mai 1852. Die 125 Passagiere erschienen ihm als feine Gesellschaft, auf die er nach Kalifornien besonderen Wert legte. Zwei Wochen später war er in London, im Hotel Trafalgar, Europa hatte ihn wieder. Bei Baring & Bros. deponierte er sein kalifornisches Gold. Endlich konnte er zu einem Arzt gehen, der sich um die Beinwunde kümmerte. Drei Tage verbrachte er im Krankenhaus, danach hielt er auf Rat von Dr. Collier sieben Tage Bettruhe im Haus, dann nahm er ein Schiff nach Boulogne, eilte nach Paris. Troia konnte warten ...

In Paris wohnte er im Grand Hôtel d'Angleterre, verspürte aber bald Lust, dort länger zu bleiben, und mietete ein Privatzimmer. Auch hier suchte er einen Arzt auf, Dr. Monot, »den besten Arzt in Paris«, nach zwei Wochen konnte er ausreiten und sich uneingeschränkt vergnügen, die Zeit genießen, ein anderes Leben ausprobieren: Aufstehen um 5 Uhr, um 5.30 Uhr zum Schwimmbad Henri IV., dann ein Ausritt in den Bois de Boulogne, Frühstück um 8.30 Uhr im Palais Royal, nachmittags in ein Café auf den Champs-Elysées, abends zu einer literarischen Gesellschaft, in die Oper oder in die Comédie Française. Und zwischendurch einmal kurz der Geschäfte wegen nach London und gleich zurück nach Paris. Als besäße er die Flügelsandalen des Hermes.

Plötzlich aber hatte er genug von diesem Leben und reiste über Hamburg in die alte Heimat, traf seine Schwestern Wilhelmine und Dorothea auf dem kleinen Bahnhof von Bötzow, sprach dort über seine weiteren Perspektiven mit ihnen, und machte sogar einen Abstecher nach Ankershagen, das erste Mal seit er es 1831 verließ. In seinem Reisebuch bezeichnet er es als seinen Geburtsort.

Schliemann versuchte sich in einer Archäologie der Kindheit, die aber Verändertes zum Vorschein brachte: »Ich kann nicht beschreiben, welchen Eindruck auf mich der Anblick all jener Orte machte, wo ich die glücklichen Jahre meiner frühen Kindheit verbracht hatte.« Jeder Baum, jeder Stein, jedes Haus bedeutete tausend schöne Erinnerungen. In etlichen Bäumen fand er seine Initialen wieder, besonders in einem dicken Lindenbaum, und sie waren jetzt zwei Fuß hoch. An der Gartenhaustür standen noch die vom Vater mit Bleistift angeschriebenen Wörter, dazu das Datum 7. Mai 1827. Der jetzige Pastor Conradi begleitete ihn zur Kirche und zum Grab der Mutter, das in schlechtem Zustand war. Kein Wort von der einstigen Schande.

Dann machte er Besuche beim Onkel in Kalkhorst, traf Cousins und alte Bekannte in Schwerin, Rostock, Doberan, Röbel und Güstrow. Ob sie ihn wiedererkannten? Kannte er sich selbst denn noch? Schließlich reiste er nach Stettin und von dort mit dem Dampfer nach Kronstadt. Am 23. Juli 1852 (dem 4. August nach russischem Kalender), um sechs Uhr abends, traf er in Sankt Petersburg ein.

Schon am nächsten Tag wurde er auf der Börse von alten Freunden und Bekannten herzlich begrüßt. »Ich besuchte auch Fräulein Katharina Lyshina, um die ich mich in früheren Jahren vergeblich beworben hatte, die mich jetzt aber freundlich empfing und mir die schönsten Hoffnungen machte.«

Und bald kann das Büchlein eine »große Veränderung« verzeichnen: »Am 12. Oktober wurde ich der glückliche Ehemann von Fräulein Katharina Lyshina.« Sie ist »eine russische Dame mit allen Vorzügen des Körpers und des Geistes«. Nun genieße er allen Komfort des häuslichen Lebens. Abschließend lesen wir eine kleine Hymne auf Russland: Er habe viel gesehen, aber kein Land gefalle ihm so gut wie Russland. Sankt Petersburg solle seine Heimat sein, die er nie wieder verlassen wolle.

In einem Nachtrag findet sich ein Zeitungsartikel, den ihm sein früherer Angestellter Grim zugeschickt hatte: Im November 1852 war Sacramento durch einen großen Brand zerstört worden. Dieser Katastrophe war der Glückspilz entgangen.

In seiner Darstellung erscheint die Heirat in Sankt Petersburg als das glückliche Ende des amerikanischen Abenteuers. Aber ein Glück sollte gerade sie nicht sein, sondern ein neues familiäres Unglück und ein wichtiger Grund, warum er später noch einmal in die Fremde aufbrach, in ein ganz anderes Leben.

In dem Bericht über seine Zeit in Paris ahnt man den künftigen Schliemann, man spürt, dass der neue Reichtum und die Erlebnisse in Amerika ihn verändert haben, dass er sich tastend auf ein anderes Leben zubewegte, in der Kultur, in feineren Kreisen. Das Geldverdienen war kein Selbstzweck, es war ein Mittel, aber zu welchem Zweck, wusste er selbst noch nicht.

Wo sollte er künftig leben? In New York oder in Mecklenburg? Es tauchten Pläne auf wie Übersiedlung ans Mittelmeer oder nach Brasilien. Oder warum nicht Baumwollfarmer in Louisiana? Er hatte Gutes davon gehört. Sein Gefühl war wohl: Ich komme überall zurecht. Die ganze Welt ist mein Spielplatz. Und es gab dabei keine bevorzugte Gegend. Doch dann holte ihn schnell die Realität ein, das Geschäft. In Sankt Petersburg wurde er wieder zum Händler und Investor. Aber etwas trieb ihn um und an, etwas Unerledigtes rumorte noch in ihm, eine unverbrauchte Energie, über alle Tageszwecke hinaus.

Reicher Mann, was nun?

Als er seine Kaufmannstätigkeit in Sankt Petersburg wieder aufnahm, besaß Heinrich Schliemann ein Vermögen, das in Mecklenburg gewiss groß genannt werden musste. Als er 1864 seine Geschäfte liquidierte, war er einer der reichsten Männer Europas, konnte von Zinserträgen und Einnahmen aus Hausbesitz leben und sich jede private Laune erfüllen. Erst danach begann jenes Leben, das ihn zu einer historisch bedeutenden Gestalt machte. Aber seine Persönlichkeit mit ihren Ticks und Eigenheiten hatte sich schon zuvor entwickelt. Und so wird hier vor allem verfolgt, wie sich Heinrich Schliemann, der in Sankt Petersburg reich und unglücklich wurde, zum Reiseschriftsteller und zum Forscher entwickelte und dabei seinen Lebensroman weiter ausbaute. Reich wurde er vor allem als Kriegsgewinnler im Krimkrieg zwischen 1853 und 1856. Er lieferte ein Drittel des von den Russen verschossenen Pulvers und handelte mit anderen kriegswichtigen Waren. Ehe er jedoch von einem weiteren Krieg, der allerdings ein mythisches Ereignis war, profitieren konnte, musste er eine schwere Niederlage verkraften. Sein russischer Ehekrieg ging elend verloren.

Falsche Heimat

Sein Eheleben mag man sich besser nicht vorstellen. Um Heinrich Schliemann lässt sich kein Liebesroman erzählen, wie sie immer wieder geschrieben wurden. Seine stärksten Leidenschaften lagen auf anderen Gebieten.

Hat er lange Jahre abstinent gelebt? Möglich. Hat er Schuldgefühle an Vaters Stelle ausgelebt wie sein Zeitgenosse Kierkegaard (ebenfalls Sohn eines unwürdigen Pfarrers)? Auch möglich. Hat er Bordelle besucht, in Paris, in Amerika, später in China und Japan oder in Ägypten? Sehr wahrscheinlich. Aber irgendwie berührt dies seine Entwicklungsgeschichte nur beiläufig.

Der Gedanke, in Russland zu heiraten, beschäftigte ihn wohl schon bei der Abreise aus Kalifornien. Wahrscheinlich hatte er sich brieflich um Sophie Hecker bemüht und zugleich an Katharina Lyshina geschrieben (was für eine Verstimmung sorgte, denn beide waren befreundet, zumindest bis zu diesem Zeitpunkt). Aber es wurde nicht jene Sophie, sondern die zwanzigjährige Katharina, die nach seiner Rückkehr überraschend schnell Ja sagte. Am 12. Oktober 1852 heiratete er Jekatharina Petrowna Lyshina (1826–1896) in der Isaakskathedrale. Nur die Familie der Braut war zugegen.

Was sich im Hintergrund abgespielt haben mag, lässt ein Brief an die Schwestern ahnen, den er zwei Jahre nach seiner Heirat schrieb (21. Oktober 1854): »Wie ich mich vor zweieinhalb Jahren in Mecklenburg ankaufen wollte, da bestand Louise darauf, dass ich nach Petersburg zurückging, obgleich ich ihr und Minchen wiederholt sagte, dass ich in letzterem Fall genötigt sein würde, meine jetzige Frau zu heiraten, deren Charakter und Eigenschaften ich ja so wiederholt beschrieb. Alles, was ich Euch damals von ihr erzählte, ist haarklein verwirklicht; allerdings habe ich seit meiner Rückkehr hier in Spekulationen viel Geld verdient, aber das ist auch alles; in meiner Ehe bin ich unbeschreiblich unglücklich und mein Unglück hält mich Tag und Nacht in einer fieberhaften Aufregung. Ich bin überzeugt, dass meine Frau mich achten und lieben würde, wenn sie von ihren hiesigen Freunden und Verwandten getrennt mit mir auf einem Landgut wohnte, und verfolgt mich mein Unglück auch dahin, nun dann ist ja im Auslande die Scheidung so leicht, die nach hiesigen Gesetzen unmöglich ist.«

Hat er Katharina nur geheiratet, weil er sie schon kompromittiert hatte oder weil er in eine Falle gegangen war? Schon hier ist die Rede von einer Scheidung im Ausland; aber es sollte bis dahin noch 15 Jahre dauern.

Sich von Katharina ein Bild zu machen ist nicht leicht. Es existiert lediglich ein Foto aus späteren Jahren. Ein friedliches Eheleben scheint es von Anfang an nicht gegeben zu haben. Sie hat Schliemann nicht geliebt, wahrscheinlich nicht einmal respektiert. Er liebte nur sein Geschäft. Und gewiss war das Leben mit dem hektischen, ja besessenen Schliemann nicht einfach. Sie war sehr abweisend und hochfahrend, ließ sich verwöhnen, flirtete auf Empfängen mit anderen Männern, provozierte Skandale; manche Demütigung hatte er zu schlucken, manchen Spott zu ertragen.

Katharina verließ Russland nie und auch ihre Stadt nicht gern, er musste allein reisen und reisen musste er immerzu. Sie brachte drei Kinder zur Welt: Sergej (1855–1940), Natalia (1859–1869), Nadeschda (1861–1935). Die beiden letzten Kinder habe er seiner Frau »stehlen müssen«, schreibt Schliemann in einem Brief.

Mal war Schliemann ganz vernarrt in seine Frau, dann wieder wollte er sie in die Psychiatrie einweisen lassen. Er schrieb an einen Freund: »Was habe ich nur falsch gemacht?« Antwort: »Das einzig Bedenkliche bei Ihnen ist Ihr unruhiger, lebendiger Geist, dem die Welt zu klein ist.« Er sei zu schroff, unliebenswürdig, zu unruhig.

Ein aufschlussreicher Brief stammt von seinem einstigen Förderer Konsul Wilhelm Hepner aus Amsterdam, dem er von seiner Zeit in Kalifornien und von seiner Eheschließung in Sankt Petersburg berichtet hatte. Hepner wurde zum Begleiter auf Schliemanns Weg, zum Kommentator. Er glaubte auch jetzt noch gute Ratschläge geben zu müssen. Zu einer glücklichen und gesicherten Zukunft gehöre, »dass Sie sich in Ihrem Innern eine größere Ruhe zu Eigen machen und einem festen Plane treu bleiben, denn des Glückes Fußgestell ist eine Kugel und Fortuna ein treuloses Weib, das einen selten durchs ganze Leben zu seinem Günstling erhält«. (8. Februar 1853) Hätte er auf dergleichen Ratschläge gehört, er wäre nie Schliemann geworden ... Er blieb einem Trieb treu, einem Drang, nicht einem vorsichtigen Plan.

Hepner gab zu, dass er Schliemann bewundere. Es freute ihn, dass er damals in Amsterdam keinen Unwürdigen gefördert hatte. Und er fügte hinzu: »Schade, dass Sie nicht Literat sind, denn ich glaube, dass wenige Menschen so interessante Memoiren wie Sie zu schreiben imstande wären; wenn Sie vielleicht einmal dazu übergehen, Ihre Lebensbeschreibung aufzusetzen, dann erbitte ich mir von Ihnen das erste Exemplar.« Daraus mag ein Hauch Ironie sprechen, aber es dürfte für Schliemann ein willkommenes Echo gewesen sein, das ihn in seiner ureigenen Lebensauffassung bestätigte. Sein Roman wuchs mit ihm und hatte schon seine ersten Leser. Dabei stand er noch ganz am Anfang.

Schliemanns Tage in Sankt Petersburg sind gut dokumentiert. Er ging nie zu Fuß, die Entfernungen in der weitläufigen Stadt waren viel zu groß. Er brauchte aber Ausgleich für das häufige Sitzen. Jeden Morgen um sieben Uhr machte er sich auf den Weg zum Turnclub. Um 8.30 Uhr war er vom Turnen zurück (»man bekommt dadurch große Kraft«). Im Sommer ging er täglich Schwimmen. Er besaß ein feuriges Reitpferd, mit dem er selbst bei Temperaturen von minus 20 Grad ausritt, denn das Reiten auf weichem Schnee liebte er besonders. Er lief auch Schlittschuh und fuhr Schlitten von einer kleinen Holzschanze herab. Winterfreuden in einem freudlosen Leben.

Bis zehn Uhr morgens befasste er sich mit der Inlandskorrespondenz, dann eine halbe Stunde mit der auswärtigen Post. Bis zwei Uhr blieb er im Büro, nahm Briefe entgegen, disponierte Warenbewegungen und orientierte sich über Preise. Von 15.30 Uhr bis 17 Uhr hielt er sich an der Börse auf. Der Abend diente privaten Briefen und Studien. Gäste empfing er nur am Samstag und Sonntag nach 13 Uhr.

Mangelnden Erfolg konnte Katharina ihrem Mann nicht vorwerfen. Auch versuchte er ihr ein Leben in Wohlstand zu bieten. Er mietete die gesamte dritte Etage eines Stadtpalais', mit zwei Sälen und sieben Zimmern, mit Kellern und Pferdeställen sowie einer Remise für die Kutsche. Teuerste Möbel wurden angeschafft; allein die Einrichtung für das Gästezimmer hatte 1000 Rubel gekostet. Er gab Empfänge und Gesellschaftsabende, allerdings nur, wenn es seinen Interessen diente.

Schliemann reagierte sich in hektischen Geschäften ab, eröffnete 1852 eine Filiale für Indigo-Handel in Moskau. Zwischen den beiden größten Städten des Reiches wurde in diesen Jahren die Eisenbahnverbindung fertig gestellt und auch eine Telegrafenlinie eingerichtet. Er ließ sich nun auch als Großhändler in der Stadt Narwa eintragen, wo es eine aufblühende Textilindustrie gab, in der sich viele deutsche Geschäftsleute engagierten. Kaum entschloss er sich zum Salpeter-Handel, als 1853 der Krimkrieg ausbrach und Salpeter im Wert erheblich stieg. Glück im Geschäft hatte er immer.

Abend in Sankt Petersburg: Schliemann blickt aus dem Fenster. Am Himmel zeichnet sich ein rötlicher Schein ab. Die Docks von Kronstadt brennen. Sofort ordnet er an, Baumaterial zu kaufen, denn er weiß, dort wird wieder aufgebaut werden müssen. Die Lage sehen und vor den anderen nutzen, das war sein Spürsinn. Die Gunst des Augenblicks nutzen. Als er einmal erfuhr, dass die Regierung bald zahlreiche Gesetze ändern lassen wollte, orderte er schnell Papier, denn es war abzusehen, dass die neuen Bestimmungen gedruckt werden mussten.

1854 ersteigerte er in Amsterdam mehrere hundert Kisten Indigo, dazu 225 Säcke Kaffee; er investierte fast sein gesamtes Vermögen von 150 000 Talern in diese Waren und ließ sie nach Königsberg und Memel bringen, da die russischen Häfen wegen des Krieges blockiert waren. Von dort sollten sie auf dem Landweg nach Sankt Petersburg verbracht werden. Doch die Waren kamen nicht an, und er hörte, dass der Hafen von Memel, wo seine Waren gelöscht werden sollten, abgebrannt war. Schliemann machte niemals Schulden, er bezahlte immer in bar. War alles verloren? In späteren Darstellungen erzählt er anschaulich und anekdotenhaft, wie er bei einer Kutschfahrt, als er mit finsteren Gedanken über seine Verluste beschäftigt war, aus der Konversation von Mitreisenden erfuhr, dass allein seine Waren dem Brand der Speicher entgangen waren, weil sie noch nicht gelöscht worden waren – schönes Paradox. Er musste weinen vor Glück. Nach dem Brand stiegen die Preise für die nun knappen Waren um das Vierfache.

In einem Brief an die Schwestern (21.10.1854) hatte alles prosaischer geklungen: »Neulich bei der Memeler Feuersbrunst hätte ich beinahe 1 500 000 Rubel verloren, und nur ein Wunder rettete mich; – alle meine Waren lagen nämlich in einer hölzernen

Scheure. Zwei Fuß von derselben kam das Feuer in einem steinernen Speicher aus. Der zu der Zeit wehende furchtbare Orkan trieb das Feuer über die ganze Stadt und äscherte 1000 Häuser und für 20 Millionen Rubel Eigentum ein, während unter des Orkanes Schutz die Scheure mit meinen Waren unversehrt blieb.«

Seine ganz eigenen kaufmännischen Prinzipien erläuterte er in einem Brief vom Januar 1856: Er mache nur Import, niemals Export, beides zusammen gehe nicht. Das unterschied ihn von den großen Handelshäusern (wie Schröder), die immer beides betrieben. Außerdem rühre er gewisse Artikel prinzipiell nicht an, darunter Produkte aus Russland. Er ging immer nur gut kalkulierbare Risiken ein: Indigo blieb in Menge, Preis und Qualität relativ stabil oder stieg nur leicht, da die Ernte in Ostindien gleich bleibend klein war. In seinen Notizen wunderte er sich über seine eigene Geldgier, es war eine Sucht, eine Leidenschaft.

Der Krimkrieg entzündete sich an einem Konflikt zwischen Russland und dem Osmanischen Reich, wobei England und Frankreich als Verbündete der Türken auftraten. Ab November 1853 kam es nach langem Vorgeplänkel zu kriegerischen Handlungen, als die Russen Teile des Osmanischen Reiches auf dem Balkan besetzten. Das wollte vor allem England nicht hinnehmen und bald schloss sich auch Frankreich dieser Politik der Eindämmung Russlands an. Österreich trat dem Bündnis gegen Russland bei und band dessen Truppen an der Westfront, auch wenn es dort zu keinen Kämpfen kam. Französische und englische Truppen belagerten den Seekriegshafen Sewastopol am Schwarzen Meer, es folgte ein Jahr blutiger Kämpfe mit einer hohen Zahl von Opfern, ehe die Stadt fiel.

Nach mehreren Niederlagen gaben die Russen ihre Expansionspläne auf. Im Pariser Frieden vom 30. März 1856 verzichteten sie auf jede Einflussnahme im Donauraum, akzeptierten die militärische Neutralisierung des Schwarzen Meeres und erhielten Sewastopol erst Jahre später zurück, nachdem dort alle Hafenanlagen und Befestigungen zerstört worden waren. Russlands Machtstellung in Europa war schwer erschüttert und in der Folge kam es zu inneren Krisen.

Schliemann aber hatte gewonnen: Der Krimkrieg schuf eine verstärkte Nachfrage nach Indigo und Salpeter, Feuerstein und Metallen, Waren, mit denen er handelte. Als die Westmächte die Seewege blockierten, ließ Schliemann seine Waren in die Häfen Königsberg und Memel bringen, von wo sie in Lastkähnen oder in Fuhrwerken ins Russische Reich gebracht wurden. Da die Waren nicht aus Preußen kamen – die preußische Regierung betrachtete sich in diesem Konflikt als neutral –, stand der Einfuhr nichts im Wege. Auf die Unterstützung der russischen Stellen konnte er sowieso rechnen.

Im Jahr 1855 importierte er 1000 Kisten bengalisches Indigo, tausende Frachtwagen mit Munitionsrohstoffen wie Blei, Salpeter und Schwefel, dazu Kaffee und Farbhölzer. Er verzeichnete einen durchschnittlichen Umsatz von einer Million Silberrubel im Monat. Für das ganze Jahr erzielte er einen Reingewinn von über 200 000 Silberrubel. Schon im ersten Kriegsjahr verdoppelte er sein Kapital, vermehrte es danach Jahr für Jahr. Und wenn sein Erfolg auch der Politik geschuldet war, hatte er sich doch aus eigentlich politischen Dingen immer herausgehalten. Politik und Politiker sah er stets pragmatisch im Rahmen seiner Interessen. Er hatte nur wieder einmal eine günstige Gelegenheit beim Schopfe gefasst. So wurde er mehrfacher Millionär und hätte sich mit 34 Jahren zur Ruhe setzen können.

Nach dem Pariser Frieden setzte sofort die Handelskrise ein, die Schliemann vorhergesehen hatte. Die Preise der Waren verfielen rapide. 1857 gab es die erste Weltwirtschaftskrise, doch handelte er in jenem Jahr nicht mit Waren und verlor deutlich weniger als andere, aber doch immerhin 400 000 Rubel. 1859 verzeichnet sein Geschäft einen sehr deutlichen Rückgang, danach ging es rasch wieder aufwärts für ihn.

Schliemann führte einen regen Briefwechsel mit verschiedenen Personen in seiner alten Heimat, so auch mit dem Kaufmann J. H. Bahlmann in Waren (Müritz). Schliemann machte sich Sorgen über die anhaltende Abwanderung aus Mecklenburg. (In den Jahren 1850 bis 1867 wanderten etwa 60 000 Menschen aus Mecklenburg aus.) Zugleich tauchte schon 1853 in seinen Überlegungen der Gedanke auf, ein Gut in Mecklenburg zu erwerben. Er suchte also bereits nach sicheren Anlagen und einem Leben anderswo. Dieser Gedanke begleitete ihn vom Beginn seiner zweiten Phase in Sankt Petersburg, denn ihm war klar, dass er nicht ewig im Geschäft des Imports und der Warenspekulation bleiben konnte. Aber diese Periode sollte zwölf Jahre dauern, also dreimal vier Jahre, um in seiner elementaren Zeiteinheit zu denken. (17 mal 4 Jahre sollte er leben.)

Schliemann wusste aber auch, wie schwer ihm der Ausstieg fallen würde: »Seit langen Jahren an das Wüten im großen Geschäft gewohnt, glaube ich nicht, dass ich mich in der ländlichen Einsamkeit lange glücklich fühlen würde.« Dieses Leitmotiv findet sich in den Briefen der nächsten Jahre immer wieder. Dabei ging es nicht nur ums Geldverdienen, er brauchte eine Tätigkeit. Und eine andere als der Handel bot sich noch nicht.

An den Vater schrieb er am 7. November 1853: »Ich habe jetzt ein ungeheures Geschäft und von der blauen Farbe ›Indigo‹ allein für viele Hunderttausend Taler auf Lager. Ich habe der Sorgen und Aufregungen viele – aber ich muss Sorgen und fortwährende Aufregung haben, um leben zu können, und werde wohl nie Deinen gütigen Rat befolgen können, mich ganz vom Geschäft zurückzuziehen und mich in Ruhe zu setzen.«

Vermochte er es nicht, weil er mit Ruhe und Untätigkeit den Vater assoziierte, von dem er sich ja unterscheiden wollte? Zu viel Ruhe würde ihn in kurzer Zeit zum Wahnsinn treiben, das habe er bei seinem Aufenthalt in Paris nach der Zeit in Kalifornien gemerkt. Auch diese Formulierung ist eine feste Wendung bei ihm, die sich in mehreren Briefen findet.

Die Idee vom Landgut in Mecklenburg gab er im Sommer 1854 vorerst auf, wie er an Bahlmann schrieb, da er so gute Geschäfte mache wie noch nie. Er sei entschlossen, Russland nie wieder zu verlassen und den »unerschöpflichen Reichtum und die unerschöpflichen Ressourcen dieses mächtigen ruhmvollen Reiches« zu nutzen. Aber endgültige Entschlüsse konnten sich bei Schliemann sehr rasch ändern.

Der Vater riet immer wieder zum Rückzug. Ihm – wie anderen auch – war wohl der rasche Aufstieg von Heinrich unheimlich. Er hielt ihm vor, was dieser selbst in einem Brief schrieb: Fortuna ist launisch und wankelmütig! Am so genannten Grünen Tor in Königsberg habe er den lateinischen Warnspruch lesen können: Das Antlitz von Fortuna ändert sich wie die Mondphasen.

Aber der entlaufene Pfarrer Ernst Schliemann rechnete nicht mit solchen Summen wie sein Sohn Heinrich. Der dachte in der Tat immer wieder an einen Landkauf, aber ein Gut in Mecklenburg stand für ihn dabei alternativ zu Investitionen in den USA oder Brasilien. Mag es auch eine Heimkehr im Gedankenexperiment gewesen sein, so hatte doch die Überlegung des Investors den Vorrang. Der Gedanke, in seinem Vaterland ein Landgut zu besitzen, sei zwar entzückend, ließ er Bahlmann wissen, aber die geschäftlichen Chancen, die Russland gerade bot, waren doch von größerem Reiz.

Er hatte gewaltige Lieferkontrakte mit dem Artilleriedepartment, an der Weichsel lagerten Waren im Wert von einer Million Pfund. Hohe Frachtkosten, Zölle und langwierige Transportwege sorgten für allerlei Widrigkeiten, dennoch »ist jetzt viel, sehr viel zu verdienen für denjenigen, der aufpasst und seine Sache gründlich versteht«. (10. Januar 1855)

Überdies: »Aufrichtig gesagt, Geiz und Habsucht sind bei mir stärker ausgeprägt als die Sehnsucht nach einem Landgute in Mecklenburg, und solange der Krieg dauert, ist wohl keine Möglichkeit, mich vom Mammon loszureißen.« Erst nach dem Krieg, wenn der Markt von Waren überschwemmt sei, könne er an Rückzug denken.

Über das Bankhaus Schröder in London hatte er Geld in amerikanische Fonds investiert und informierte sich ständig über deren Wert, um rechtzeitig verkaufen und etwa in Baumwolle investieren zu können. Er dachte und handelte global, ließ sich auch stets Wirtschaftsnachrichten aus der Neuen Welt oder Australien übermitteln, las Zeitungen aus anderen Ländern, stellte Prognosen über die Entwicklung des Weltmarktes an.

Auch technisch war Schliemann immer auf dem neuesten Stand. In einem Brief vom 14. November 1855 heißt es: »Seit Juni haben wir telegrafische Kommunikation mit dem Auslande und sind jetzt imstande, in einer Stunde unsere Instruktionen nach London, Amsterdam und Hamburg zu erteilen. Ohne diese

Schnelligkeit hätte ich in diesem Jahre manche Operation nicht machen können.«

Am 4. Oktober 1855 schrieb er an den Makler J. F. Wendt nach Hamburg: »Der Himmel hat uns einen Sohn gegeben, der die früher obwaltenden Differenzen ausgleicht, und wir leben jetzt sehr glücklich.« Aber auch der kleine Sergej konnte die Differenzen nicht ausgleichen. Und an einen Wegzug aus Sankt Petersburg war nicht zu denken, seine Frau hing an dieser Stadt, würde nie anderswo leben.

Bahlmann, der bodenständige Kaufmann aus Waren, bewunderte Schliemann aufrichtig und verglich sich mit ihm, offen, ehrlich, neidlos, wohltuend klar. In einem Brief vom 5. Oktober 1855 dachte er nach über Schliemanns wundersames Schicksal. Er resümierte dessen Leben bis zu diesem Zeitpunkt, das erste schriftliche Porträt Schliemanns durch einen Außenstehenden. Lehrling, Schiffbrüchiger, Goldsucher … Unter Gottes Beistand habe er sich emporgearbeitet. »Der Himmel nimmt Sie Schoßkind … recht sichtlich in Schutz.« – »Alles musste für Sie zum großen Glücke ausfallen.« Bahlmann ahnt den besonderen Rang: »Der neue Fugger, Medici, Nathusius steht da.« Der Kaufmann aus Mecklenburg begriff also die mythische und historische Dimension Schliemanns. Nur dessen Ehefrau in Sankt Petersburg konnte dies nicht beeindrucken.

Seine Umsatzzahlen legte Schliemann immer gern offen und man kann ihm dabei wohl Glauben schenken. An B. H. Schröder, Amsterdam, schrieb er am 29. Dezember 1855, dass er in diesem Jahr einen Gewinn von 200 000 Silberrubeln erzielt habe, viel mehr als erwartet. Er habe sich aber überarbeitet und seine Gesundheit ruiniert (solche Klagen häufen sich nun in seinen Briefen). Ab vier Uhr morgens stehe er manchmal im Kontor. Er suche einen jungen Mann als Hilfe. »Es muss ein energischer lebendiger Kopf sein, der sich wenigstens in einem Jahre in die hiesigen schwierigen Lokalverhältnisse hineinarbeiten kann.« Man ahnt, wie schwer es für ihn selbst gewesen sein muss – und welche Ausnahme er darstellte. Und so fand er auch kein junges Double. In Sankt Petersburg genüge niemand seinen Anforderungen, die jungen Leute hier seien zu verwöhnt (bald wird er immer wieder

Grund haben, sich über die Faulheit des eigenen Sohnes zu beklagen), und von zehn aus dem Ausland Gekommenen ließen sich neun schnell entmutigen.

Schliemann blickte in die Zukunft. Eines Tages wolle er gewiss in das Bankgeschäft wechseln, falls sein Stern weiterhin so leuchte. Bankangelegenheiten seien immer schon der eigentliche Zielpunkt all seiner ehrgeizigen Bestrebungen gewesen. Er fühle sich dabei wie ein Soldat, der General werden wolle. (9. Januar 1856) Dass dieser Mann einmal als Archäologe berühmt werden sollte, hätte zu diesem Zeitpunkt niemand raten können, am wenigsten er selbst.

In der neuen handelspolitischen Lage nach dem Krimkrieg erhielten Schliemanns Überlegungen zu einer Veränderung seiner Tätigkeit und seines Lebens einen ganz anderen Stellenwert, aus Gedankenspiel und Liebäugelei wurden handfeste Pläne. Zudem hatte sich die Ehesituation weiter zugespitzt. Es band ihn immer weniger an seine russische Ersatzheimat.

In Amsterdam lagerte ein großer Posten amerikanischer Farbhölzer, den er aber gar nicht erst nach Russland bringen ließ, wo sie nach dem Friedensschluss nur Verluste gebracht hätten. Er verkaufte sie in Holland.

Noch vor dem Pariser Frieden hatte er in einem Brief an den Vater geschrieben, dass er sich herzlich gerne ein Landgut kaufen wolle (der Vater konnte sich nichts Schöneres vorstellen), zumal er für die nahe Zukunft eine Verschlechterung der Lage erwarte und für 1857 eine Krise. Heinrich dachte schon daran, im August alle seine Waren zu verkaufen und im Herbst eine Erholungsreise anzutreten, »die mir sehr Not tut, denn ich habe furchtbar gearbeitet«. – »Sollte ich dann auf meiner Reise nach dem Auslande irgendwo ein Landgut oder eine Gegend finden, wo ich mich glücklicher fühle als hier, so kaufe ich mich wohl an und lasse meine Frau dann nachkommen.« Als ob Letzteres so einfach wäre. »Ich glaube, man kann auch ohne Geschäfte leben.« Das war ein neuer Ton. Und noch neuer war, was dann folgte: »Aber ehe ich mich ankaufe, möchte ich das Vaterland meines Lieblings Homer besuchen, besonders, da ich die neugriechische Sprache wie Deutsch spreche. Auch Italien, Spanien, Portugal sowie Kalkutta möchte ich gerne sehen.«

Träumerei, ähnlich wie vor dem Aufbruch in Kalifornien und zugleich die erste griechische Spur in seinem Leben, eine noch ganz indirekte Bewegung hin auf Troia. Aber es war ein Ableger einer neu erwachten Reiselust, die ins Weite und Exotische ging, einer privaten Glückssuche der anderen Art. Man hat auch das Gefühl, aus diesen Zeilen spricht eine veränderte Persönlichkeit.

Das Motiv des Aufbruchs in die Welt tauchte in den folgenden Jahren immer wieder auf und damit einher ging die Bestimmung neuer Ziele. Die Unzufriedenheit mit seinem Leben in Sankt Petersburg trieb ihn an, kein unerledigter Kindheitstraum, keine bestimmbare Vision. Die Voraussetzung des anderen Lebens, die Liquidation seiner Geschäfte und die Auflösung seines Sankt Petersburger Haushaltes, brauchte noch ihre Zeit. Schliemanns Metamorphose erfolgte ganz allmählich, in dreimal vier Jahren.

Fast schon wie im Rückblick beschrieb er seinen Ruf vor Ort (und malte sich gewiss die Reaktion des Vaters auf dieses Selbstporträt aus): »Ich gelte hier und in Moskau als der schlaueste, durchtriebenste und fähigste Kaufmann; aber leider bin ich zu hitzig in den Unternehmungen, ich schleudere z.B. manchmal den ganzen Betrag meines Vermögens auf einen Artikel wie Indigo; bis jetzt gab Gott immer Glück, aber wie, wenn sich das Blatt mal wendet.« Sein Glück und seine Tüchtigkeit seien schon sprichwörtlich geworden. Zu Recht: Trotz allen Träumens von homerischen Gefilden versäumte er nicht eine erfolgreiche Spekulation auf Salpeter, die plötzliche Eingebung einer schlaflosen Nacht. Resultat: ein Gewinn von 40000 Talern.

In Briefen an Geschäftspartner erkundigte sich Schliemann nach Möglichkeiten für Landkäufe in Brasilien, in der Karibik, in Ägypten, in Griechenland, in Kleinasien, also in Gegenden, die für ihn noch von Bedeutung sein sollten; zunächst waren sie es als mögliche Orte für Investitionen. »Die Landessprache ist mir gleichgültig, denn ich habe große Leichtigkeit im Sprachenlernen.« (3. April 1856)

Die Idee eines neuen Lebensziels wurde immer wieder beschworen, es musste nur fern aller kaufmännischen Tätigkeit liegen. An einen griechischen Partner schickte er (am 11. Juni 1856) eine Kurzfassung seines Lebensromans, ein Verfahren, das er öfter wählte, wobei die Aussagen nicht immer übereinstimmten mit früheren Berichten. Dabei übertrieb er gern die Härten seines Anfangs, um seine Aufstiegsleistung deutlicher hervorzuheben. »Noch vor 15 Jahren (war ich) Schiffsjunge, ohne irgendwelche Bildung; ich konnte kaum in meiner Muttersprache lesen oder schreiben und durch Schiffbruch kam ich Ende des Jahres 1841 nach Amsterdam. Seitdem ist mir das Glück stets und überall treu geblieben ... Um mein Vermögen von den Schwankungen der Konjunktur loszumachen, werde ich den Rest meines Lebens den Wissenschaften widmen, die ich sehr liebe.«

Wenngleich dieser Brief wiederum eine Stilisierung seiner selbst und eine Art Sprachübung war, so erprobte Schliemann hier auch neue Attitüden. Die Zielvorgabe hieß nun wissenschaftliche Tätigkeit, ohne nähere Bestimmung. Die Geschäfte wurden fortgesetzt, das Lesen und Schreiben bedeutete eine Zeit der Muße, die er sich nebenbei gönnte. Und erst jetzt befasste er sich mit griechischer Sprache und Literatur, entdeckte er Homer. 1854 hatte er noch Schwedisch und Polnisch gelernt, wahrscheinlich weil die Blockade einiger Transportwege nach Russland neue Kontakte erforderte. Nun aber diente das Erlernen einer Sprache zum ersten Mal einem deutlich anderen Zweck als der Erweiterung seiner Möglichkeiten auf kommerziellem Feld.

Dem Vater erteilte er Ratschläge für die Erziehung seines

Halbbruders Ernst. Durch Schreiben bilde man das eigene Gedächtnis aus, und zwar durch Schreiben eigener Texte in einer fremden Sprache. Am besten eigneten sich lange Beschreibungen (wie er sie in seinen Reiseberichten liebte). Er selbst beherrsche schon 15 Sprachen gründlich. Und er setzte hinzu: »Meine Leidenschaft für Sprachen dauert immer noch fort, und übersetze ich jetzt zu meinem Vergnügen die ›Ilias‹ und die ›Odyssee‹ ins Neugriechische, natürlich in Prosa nur.« Er lese auch andere altgriechische Autoren, ohne darüber seine Geschäfte zu versäumen.

Mit griechischen Partnern hatte Schliemann immer schon zu tun gehabt, denn im russischen Handel waren viele Griechen tätig. Einige wurden seine speziellen Freunde, so ein junger Student der Theologie, Theódoros Vimbos, der sich durch Sprachunterricht etwas Geld verdienen wollte. Durch ihn lernte er auch griechische Frauen kennen und bewunderte, wie elegant sie auftraten und wie ergeben sie ihren Männern waren. Das kannte er von zu Hause nicht. Schon zu diesem Zeitpunkt träumte er von einer griechischen Frau. Dieser Wunsch nach einer Helena ging seiner Troia-Zeit lange voraus.

1856, nach dem Krimkrieg, nahm er sich Zeit für die alten Sprachen. Das belegt ein ausführlicher Brief vom 31. Dezember 1856 an Magdalena Schliemann, die Tante in Kalkhorst. Dort hatte er den damals vergeblichen Anlauf zu den Bildungsgütern begonnen. Im Brief nennt er seine großen Umsatzzahlen und seine jährlichen Gewinne, aber sein ganzes Interesse gelte jetzt anderen Dingen. Selten hat er sich so vehement artikuliert, aus ihm spricht eine Frustration und Sehnsucht und Hemmung, die nach Auflösung drängt, ja nach Erlösung. Es ist eine Passion.

»Wissenschaften und besonders Sprachstudium sind bei mir zur wilden Leidenschaft geworden ... Die furchtbare Passion für Sprachen, die mich Tag und Nacht quält und mir fortwährend predigt, mein Vermögen den Wechselfällen des Handels zu entziehen und mich entweder ins ländliche Leben oder in eine Universitätsstadt wie zum Beispiel Bonn zurückzuziehen, mich dort mit Gelehrten zu umgeben und mich ganz und gar den Wissenschaften zu widmen, ist jetzt schon seit Jahren in blutigem Kampf mit meinen zwei anderen Leidenschaften: dem Geize und der

Habsucht und leider im ungleichen Streite unterliegend.« Dabei hätte er längst schon bequem von seinen Zinsen leben können!

Für ein Leben in Ruhe und Beschaulichkeit sei er nicht geeignet. Es müsste eine Tätigkeit sein, die Wissenschaft und große Aktivitäten, Studium und persönlichen Einsatz miteinander verbinde. Er beneide Professor Lorentz, bei dem er Latein lerne, denn der könne sich den Traum eines Gelehrtenlebens in Bonn nun erfüllen. Eine ausgezeichnete lateinische Rede, die Lorentz gehalten habe, wisse er auswendig. »Aber das nützt alles zu nichts, denn es ist nur alles bei mir auswendig lernen, wozu mir das Gedächtnis hilft, aber aus mir selbst eine solche Rede zu schreiben oder auch nur imstande zu sein, das Allergeringste zu verfassen, das kann ich nicht und komme leider auch nie dahin, weil mir die Grundlage ganz und gar fehlt.«

Einstweilen versuchte er es mit Schreiben, aber er sah genau, dass er nicht das leisten konnte, was ihm vorschwebte. Die Methoden, die sich beim Sprachenlernen bewährt hatten, nützten hier nicht viel. Was er schreibe, zerreiße er bald wieder, aber er mache doch weiter: »Ich übersetze in der Ohnmöglichkeit, etwas Eigenes hervorzubringen, den Sophokles vom Altgriechischen in neugriechische Prosa, was mir viel Spaß macht.«

So erwarb er umfassende Kenntnis der altgriechischen Autoren, auch wenn er noch nicht wusste, wo sie ihm einmal nützen würde. Es war ein Leben der langen Umwege und der Beharrlichkeit, dessen Ziel sich erst zuletzt zeigen sollte. Beinahe lustlos verdiente er weiter Geld, die Geschäfte machten keinen Spaß mehr, und das Familienleben erst recht nicht.

Das Schreiben verkörperte gleich nach dem Reisen am stärksten Schliemanns Sehnsucht, aber dazu war er nicht ruhig genug, hatte auch keine Vorbilder. Die fand er erst später, in Charles Dickens oder Ernest Renan. Noch war Schreiben für ihn Ausgleich und Zuflucht, sollte glückhaft leicht und spontan sein, mühelos wie im Traum.

Anfang November 1857 erreichte ihn ein Gruß aus der Heimat und machte seine Kindheit wieder lebendig. Seine Schwester Luise hatte Ankershagen besucht und bittere Tränen am Grab der Mutter geweint. Das Grab sehe ganz wüst aus, sie habe hohes

Unkraut und vertrocknetes Gras ausgerupft, aber auch ein Veilchen gepflückt, das sie als Gruß »von unserem Mutting« beilege. Schliemann nahm diesen Brief zum Anlass, in Ankershagen ein Kreuz aufstellen zu lassen. Als er das nächste Mal nach Berlin kam, gab er ein gusseisernes Kreuz mit Vergoldung in Auftrag, dessen Inschrift lautete: »Henry Schliemann in St. Petersburg, seiner geliebten Mutter, Louise Therese Sophia Schliemann, geb. Bürger ...«

Im Februar 1858 teilte er Bahlmann mit, dass er alle Warenlager ausverkaufe. Er wolle auch nicht mehr ins Bankgeschäft wechseln. »Ich habe jetzt des Glücks und Unglücks genug erlebt. Die Aufregung länger zu ertragen geht über meine Kräfte.« Wieder träumte er von einem Landgut an der Ostsee mit Blick aufs Meer. Aber: »Wird jemand, der es gewohnt ist, hier zu leben, den Dummstolz des Mecklenburger Adels ertragen?« Seit Jahrzehnten schon herrschten Spannungen in Mecklenburg zwischen Adel und Bürgerschaft, die bürgerlichen Grundbesitzer verlangten rechtliche Gleichstellung mit den Adligen. Sollte er sich auf solche Niedrigkeiten einlassen?

In Statusfragen war Schliemann sehr empfindlich geworden. Als Kaufmann der ersten Gilde verbat er sich flegelhafte Schreiben, berief sich auf seinen Namen und seine Stellung an der Börse, bei falschen Anschuldigungen brach er den Kontakt sofort ab. Wenn etwas nicht nach seinen Wünschen ging, wenn Ware zu lange an einem Ort lagerte und er Preisverfall oder Brände befürchtete, dann schrieb er wilde und panische Briefe, um sofortiges Handeln zu bewirken. Er konnte sehr aufbrausend werden.

Das Schicksalsmotiv kehrt in seinen Briefen immer wieder. Dann heißt es: »Wenn also die verehrte Göttin Fortuna fortfährt, mir günstig gesonnen zu sein«, oder: »Einmal im Leben klopft Fortuna an jede Tür, einmal im Leben ruft sie jedem freundlich zu: Komme! Wohl dem, der dann des Glückes Hand ergreift und nicht loslässt.« Ein andermal zitiert er Shakespeares ›Julius Caesar‹ (in eigener Übersetzung): »Wir auf dem Gipfel stehen schon an der Neige.« Plagte ihn wirklich die Sorge vor Abstieg und Verfall? Musste er tief in finstere Gedanken versinken, ehe er sich aufraffen konnte, das ganz Neue, Unvermutete zu wagen? Denn der

Weg ins Freie war noch nicht gefunden. Würde Fortuna ihn noch einmal besuchen, wie einst in Amsterdam?

Im Februar 1858 meldete sich aus Kalifornien sein Vetter Ferdinand Schliemann (1825–1899), einer der vier Söhne des Onkels aus Kalkhorst, die nach Amerika ausgewandert waren. Ferdinand Schliemann hatte in Kalifornien in den Goldminen gearbeitet, sich dann eine Farm gekauft, war nach Deutschland zurückgekehrt, um sich eine deutsche Frau zu holen (eine Pastorentochter aus Mecklenburg), und hatte es zu bescheidenem Wohlstand gebracht. Von Ferdinand ließ sich Schliemann Zeitungen aus Kalifornien schicken, um die dortige Entwicklung zu verfolgen. Ferdinand Schliemanns Sohn William Emil (geb. 1859) studierte Soziologie und Theologie und wurde schließlich Methodistenprediger und College-Lehrer in Los Angeles. Auch er hat mit Heinrich Schliemann Briefe gewechselt.

Schliemanns alter Förderer Hepner tadelte dessen neue Leidenschaft für die Wissenschaften, aber Schliemann rechtfertigte sich, sie seien eine unversiegbare Quelle seines Glücks, denn das wahre Glück liege nicht im Geld, sondern in der Herzensruhe und der Selbstzufriedenheit. Er käme vor Langeweile um, wenn er nur Handel treiben müsste. Inzwischen übersetze er Pindar ... (2. April 1858)

Wie sehr Schliemann über sein Leben nachdachte und wie sehr er seinen Lebensroman immer präsent hatte, zeigt ein Brief an den einstigen Mitlehrling Lentz in Fürstenberg, nun ansässig in Penzlin. Er wundere sich »über das sonderbare Spiel der Vorsehung ... Meine Schicksale waren wunderbar.« Eine Veranlagung zum Lernen habe er nicht gehabt, damit habe er erst in Amsterdam angefangen, als er gesehen habe, dass er nur durch Sprachkenntnisse hochkommen könne. Aber seit der Krise im Herbst 1857 und drohenden großen Verlusten sei ihm der Handel zum Ekel geworden. Brief um Brief schob und schrieb er sich an den großen Aufbruch heran.

Er selbst war sich noch längst nicht sicher, ob er aus der Tretmühle der Geschäfte herauskommen würde, ob er für anderes geschaffen wäre. Und dieses andere kannte er noch nicht, es musste erst Gestalt annehmen in einem langen Prozess. Das zweite Leben überlagerte das erste ganz allmählich. Schliemanns Einstellung war durchaus noch ambivalent. Einerseits empfand er nach den Unannehmlichkeiten der Handelskrise das Reisen als Wohltat. Andererseits konnte er sich nicht vorstellen, sein ganzes Leben auf Reisen zu verbringen, da er daran gewöhnt sei, von morgens bis abends einer praktischen Tätigkeit nachzugehen. (Und eine solche, die sich mit dem Reisen verbinden ließ, hatte er eben noch nicht gefunden.) Für die wissenschaftliche Laufbahn sei es zu spät, glaubte er, und seine Frau könnte nie anderswo als in Sankt Petersburg leben. Das waren seine Fesseln.

Endlich aber machte er es doch wahr, nachdem er schon zwei Jahre lang in Gedanken damit gerungen hatte. Er verließ Sankt Petersburg für eine längere Orientreise. Es war bei weitem nicht seine erste Reise, aber doch eine Reise von anderer Art als bisher. Wie soll man sie nennen? Probereise, Wunschreise, Traumreise?

Im November 1858 brach er auf. In einem Brief aus Messina von Ende Dezember konnte er schon auf folgende Stationen verweisen: Stockholm, Kopenhagen, Berlin, Frankfurt, Baden-Baden, Rom, Neapel und Syrakus. Das ist das Schliemann'sche Tempo, an das wir uns nun gewöhnen müssen.

An Hepner in Amsterdam schrieb er auf Griechisch, aber der antwortete: »Ihren Brief hätte ich besser verstanden, wenn sie ihn auf Deutsch geschrieben hätten.« Was wollte er diesem Vaterersatz beweisen? Im Übrigen wunderte sich Hepner, dass Schliemann nicht daran dachte, in Sankt Petersburg zu bleiben, wo seine Frau soeben eine Tochter zur Welt gebracht hatte. Schliemann konnte ihm ja nicht das Elend dieser Ehe schildern und klar machen, dass seine Reise gerade eine Flucht davor war.

In Neapel besichtigte er die Ausgrabungen von Pompei. Auf Sizilien wanderte er von Catania nach Messina. Er ließ sich am Kyklopenfelsen von Messina zur Charybdis rudern, begab sich also erstmals auf die mythischen Spuren von Odysseus und zeigte auch Interesse an alten Bauwerken und antiken Schutthügeln. Er benahm sich ganz wie ein englischer Bildungsreisender auf der »Grand Tour«.

Dann zog es Schliemann nach Ägypten. In Unterägypten machte er eine Nilfahrt, besichtigte die Pyramiden (und wir sind immer darauf angewiesen, seinen Briefen und Tagebüchern zu glauben). Er traf zwei italienische Brüder und Abenteurer, die Grafen Giulio und Carlo Bassi, mit denen er zu Pferd nach Jerusalem reiste, wo er das Osterfest 1859 verbrachte. Von dort ging es mit einer Kamelkarawane am Toten Meer vorbei zu den Grabungsstätten von Petra und von Baalbek. Gekleidet wie ein englischer Kolonialherr fertigte Schliemann Zeichnungen von antiken Gebäuderesten und Grundrisse von Ruinenfeldern. Auch Tyrus, Sidon und Damaskus wurden besichtigt. Auf dieser Reise lernte er Arabisch und benützte es gleich in seinem Tagebuch.

Während der Rückreise fielen ihm die schönen jüdischen Frauen auf den Ägäischen Inseln auf. In Athen wurde er krank. (In der Version von 1881 verlegte er die Erkrankung nach Ithaka, eine interessante Verschiebung.) Handelte es sich um eine psychosomatische Krankheit, weil er einem bewussten oder unbewussten Traum sehr nahe war? Oder war es schlicht der Ärger über die böse Nachricht, die ihn postlagernd dort erwartete? Er musste lesen, dass sein Geschäftsnachfolger Stepan F. Solowjow nicht den fälligen Wechsel zahlen wollte, 20 000 Silberrubel, ja, dass er Schliemann vor Gericht wegen Betrugs verklagt hatte. Sofortige Heimkehr war nötig und der Ortswechsel machte Schliemann wieder gesund.

Auf dem Schiff reiste Schliemann an der Troas vorbei und sah Troia nur in seinem Geiste. Über Konstantinopel ging es bis zur Donau, dann flussaufwärts bis Wien, von dort per Bahn nach Stettin, zuletzt mit dem Schiff nach Sankt Petersburg. Dort stellte sich schnell heraus, dass die Vorwürfe gegen ihn bezüglich der falschen Wechsel pure Verleumdung waren. Wider Willen musste sich Schliemann, aus allen orientalischen Träumen herausgerissen, mit den Geschäften befassen. Solowjow hatte bloß schlecht gewirtschaftet und suchte einen Ausweg, wie er seine Verluste wettmachen konnte. Um seine Ehre zu retten stieg Schliemann also wieder ins Geschäftsleben ein, ziemlich lustlos und voller Ekel und verdoppelte so ganz nebenbei in kurzer Zeit erneut sein Vermögen, verdiente einige Millionen Silberrubel durch Investitionen in amerikanische Baumwolle und andere Waren.

Im Oktober 1859 gewann Schliemann den ersten Prozess gegen Solowjow, doch die Berufungsinstanz verschleppte den klaren Fall zwei Jahre lang. Solowjow bestach Sekretäre und spielte auf Zeit – in der Hoffnung auf einen Schuldenerlass. Aber der heißblütige Schliemann wusste sich zu gedulden und litt dabei im Stillen. Nacht um Nacht schluckte er Ärger für eine Million Rubel herunter, schließlich ging es um seine Ehre. Erst 1861 wurde Schliemann in allen Punkten Recht gegeben.

Katharina verhielt sich abweisender denn je. Dennoch kam 1861 ein drittes Kind zur Welt. Schliemann verzichtete auf jedes gesellschaftliche Leben, seine innere Bindung an Sankt Petersburg zerbrach. Mit 42 Jahren fühlte er sich alt und ausgelaugt, ohne Zukunft. Eine Scheidung aber wäre nur im Ausland möglich. Darüber hatte er schon nachgedacht.

Im ersten Anlauf hatte er sein Leben nicht verändern können. In einem italienisch geschriebenen Brief vom 30. November 1859 kam er zu der Einsicht, »dass ich von Natur zum Handel bestimmt bin«. Außerdem beunruhigte ihn der Verfall des Geldwertes. Die reine Anlage von Geld brachte nur Verluste, also musste er wieder ins Warengeschäft einsteigen. Indigo blieb sein Hauptgeschäft. Er importierte es für 640 000 Rubel jährlich.

Nur wenige Wochen nach seiner Rückkehr unternahm er eine zweite Reise, die ihn von Anfang August bis Mitte Oktober nach Spanien und Portugal führte. Die erweiterte Familie hatte ihn ebenso wenig halten können wie das Geschäft. Unterwegs führte er ein Reisetagebuch auf Spanisch, mit ausführlichen Landschaftsbeschreibungen. Er setzte also fort, was er auf seiner Reise nach Kalifornien schon begonnen hatte: genaue Aufzeichnungen, die sich in der Sprache der bereisten Weltgegend anpassten.

Geschäfte tätigte er eigentlich nur nebenbei und wie zur Zerstreuung. Er importierte 15 000 Ballen amerikanische Baumwolle, die im Jahre 1860 Hochkonjunktur hatte, insgesamt Waren für 2,5 Millionen Silberrubel. Als angesichts des bevorstehenden Bürgerkriegs in den USA die Preise fielen, stieg er rechtzeitig aus dem Baumwollgeschäft wieder aus. Der Handel verdross ihn zunehmend, das Wort Liquidieren fiel jetzt immer wieder in seinen

Briefen. Aber auch nach dem glücklichen Prozessende zögerte er. Er ahnte wohl, dass er einer größeren Veränderung bedurfte. Dazu fehlte noch der Mut.

Nach gewonnenem Prozess wurde Schliemann für drei Jahre zum Handelsrichter ernannt. Diesem Ehrenamt konnte er sich nicht entziehen und so wurde jeder Gedanke an Ausstieg weiter verschoben. An einen Austritt aus der Kaufmannsgilde war nicht zu denken, auch galt es, schwebende Geschäfte zu Ende zu führen. Er musste Rücksicht nehmen auf seinen Sohn, der diesen Status als Kaufmann erster Gilde erben würde. Zu viele gute Gründe. »In allen diesen Umständen ein Zeichen der Vorsehung vermeinend, dass ich den Handel doch fortsetzen sollte, stürzte ich mich wieder hinein und befand mich mehr als je in großen kaufmännischen Unternehmungen.« (Dezember 1861) Schliemann war eben schicksalsgläubig.

Bahlmann schickte ihm neuere Literatur, unter anderem Fritz Reuter, obwohl der vielleicht bei der russischen Zensur hätte unerwünscht sein können. Und er setzte hinzu: »Es sollte mich nicht wundern, wenn Sie ein zweiter Rothschild werden.« Der unvergleichliche Schliemann zu werden war Mühe genug.

Bahlmann diente als Brücke in die Heimat, die in Schliemanns Gedanken durchaus präsent blieb. Am 7. Februar 1861 schrieb er ihm: »In Ankershagen wohnt ein Schneider namens Fritz Wöllert, der mich als Kind systematisch tyrannisierte und mich täglich durchprügelte. Ich glaube, es geht dem armen Kerl schlecht und bitte Sie daher, ihm den Wert der einliegenden 200 Reichstaler gelegentlich zukommen zu lassen ... Obgleich ich nicht glaube, durch seine täglichen Züchtigungen tugendhafter oder klüger geworden zu sein, so tut mir der arme Mensch doch Leid.«

Wir erleben einen neuen Schliemann: großzügig, verzeihend, die eigene Vergangenheit besänftigend. Diese Art von Hilfsbereitschaft wird der jede Ausgabe genau berechnende Geschäftsmann von nun an öfter an den Tag legen. In einer späteren Lebensbeschreibung wird er den Schneider mit dem Spitznamen Hüppert belegen und durchaus freundlich schildern. Schliemann eignete sich Schritt um Schritt, Element um Element, Person um Person seine eigene Vorgeschichte wieder an. Die Verwendung dafür würde sich noch finden. Von der hohen Petersburger Warte aus konnte er sich dem gefährlichen Gelände der Vergangenheit wieder nähern, konnte alles verschönern, um sich auf diese Weise mit seinen Anfängen zu versöhnen.

Diese doppelte Bewegung muss man sehen. Indem er in die Welt hinausstrebte, wurde zugleich die alte Heimat präsent, er bewegte sich also geistig und räumlich in zwei Richtungen zugleich: hinaus ins neue noch unbekannte Leben draußen und zurück nach Ankershagen. Die eine Bewegung wird in der Eroberung der Frühgeschichte der Menschheit enden und die andere in der Umdeutung der eigenen Frühgeschichte. Und beides wird er, wenn er Archäologie und Öffentlichkeit entdeckt haben wird, miteinander verquicken.

So muss man auch sehen, dass 1861 Minna Meincke ins Spiel kam. An den alten Freund Lentz schickte er am 11. August 1861 zwei Fotografien von sich. Eine sollte der einstige Kamerad für sich behalten, die andere an »Fräulein Minna Meincke« schicken, die ja längst kein Fräulein mehr war, sondern eine verheiratete Frau Richers. In der Erzählung seines Lebens wird sie später eine große Rolle spielen. Dieser Brief beweist immerhin, dass nicht alles an dieser Minna-Idee pure Erfindung war. Zugleich erbat er auf diesem indirekten Weg über Lentz eine Fotografie von Minna, die er in einem goldenen Rahmen über seinem Stehpult anbringen wollte. »Sagen Sie ihr, dass ihre Fotografie, das Bild des Gegenstandes meiner ersten Liebe, und daher die Erinnerung der glücklichsten Zeit meines Lebens, fortan der schönste und kostbarste Schmuck meines Hauses sein wird.« In all den Zeiten seines Aufstiegs habe er täglich an sie gedacht. Als er noch arm war, hätten ihm Stolz und Hochmut verboten, sich an sie zu wenden (und warum brauchte er nun einen Mittler?). Als er endlich zu Wohlstand gekommen war, hatte er um ihre Hand anhalten wollen, »erhielt aber die verzweifelnde Nachricht, sie wäre bereits an einen Gutsbesitzer verheiratet«. Über Alternativen des Lebens dachte er dabei nach (was Bände sprach über seine damalige Lage): »Wäre dies nicht geschehen, dann wäre sie jetzt seit 13 1/2 Jahren

Madame Schliemann und seit 3 Jahren Frau Kommerzienrätin und russische Ehrenbürgerin.«

Das Foto aber, das er schickte, ist bemerkenswert, nicht nur weil es die älteste erhaltene Abbildung von ihm ist, sondern auch, weil es sein Selbstbild inszenierte, bevor er sein neues Leben gefunden hatte, also Zwischenbilanz und Anspruch auf das Kommende verkörperte. Mit einer Mischung aus Stolz und Ironie hatte er auf die Rückseite geschrieben: »Früherer Lehrling des Herrn Hückstädt in Fürstenberg. Jetzt Sankt Petersburger Großhändler erster Gilde, erblicher russischer Ehrenbürger, Richter am Sankt Petersburger Handelsgericht und Direktor der Kaiserlichen Staatsbank in Sankt Petersburg.«

Wir sehen dieses Foto, Schliemann mit besonders hohem Zylinder, im Mantel mit Pelzbesätzen und viel zu langen Ärmeln, wie vor einem unsichtbaren Spiegel Pose annehmend. Geschwungener Lippenbart, glatte Wangen, kleines, rundliches Kinn, gerade, dichte Augenbrauen, leicht kraus gezogene Stirn, lange gerade Nase, kleine anliegende Ohren. Die Schädelpartie ist besonders rundlich und groß, seine Hüte ließ er in einem Londoner Geschäft anfertigen, das auf Übergrößen spezialisiert war.

Er selbst schien ein gewisses Ungenügen zu empfinden: Er musste sich auffällig einkleiden, um etwas herzumachen, er musste sich herausputzen; sein Selbstbewusstsein war seinem Erscheinungsbild um ein Vielfaches voraus. (Sein späteres Haus in Athen war eine Fortsetzung solcher übertriebenen Einkleidung mit anderen Mitteln.) Vermutlich war es dieser unbeholfen auftrumpfende Charakterzug, der dazu führte, dass seine Petersburger Frau ihn nicht bewunderte, sondern auslachte.

Er war kein Aristokrat, kein Repräsentant, er war nichts durch seine Erscheinung. Weder Dandy noch hanseatisch würdevoller Kaufmann. Er übte eine Rolle ein, für die er nicht geschaffen schien. Man traute es ihm nicht zu, so klein, so unbeholfen sich emporreckend. Aber dabei übersehen wir das drohende Blitzen in seinen Augen, unterschätzen wir seine Energie, seine Entschlossenheit. (Jahre später, als Ägypter verkleidet, wirken seine Augen milder, ironischer, funkelnder. Sonst behalten sie immer etwas Flackerndes, Misstrauisches, leicht Hinterhältiges.)

Er will etwas erreichen: Sein Blick ist finster entschlossen, die Haltung steif und energisch, er will sich erheben: über sein Schicksal. Viel schwerer als er konnte man es kaum haben, viel abseitiger, verborgener konnte man kaum anfangen. Sein Weg war unermesslich weit. Er hatte alles noch zu schaffen. Sein Leben war Mühsal und Glück. Glück ohne Ruh' allerdings.

Schliemann ist nicht bei dieser Art der Renommiersucht geblieben, ist sie aber auch nie ganz losgeworden. Er brauchte eine aktive Form des Glänzens. Unternehmergeist gepaart mit einem großen Schuss Abenteurertum.

In Sankt Petersburg sah man es ihm nicht an. Man ahnt, wie er zum Spott gereizt hat, auch später noch in Athen. Er übertrieb, hatte kein Stilgefühl, kein Gefühl für rechtes Maß – wohl weil seine eigene Anstrengung so maßlos war. Er wusste nicht, was zu ihm passte, und er wollte sich nicht bescheiden. Er wollte es (sich und) allen zeigen. Man unterschätzte ihn, das war seine Chance. Nein, ihn betrog man nicht. Sein Weg war konsequent, aber nicht vorhersehbar. Er hatte etwas, was ihn von allen anderen unterschied, worin er alle überragte: Entschlossenheit, festen Willen, Fleiß, ja Besessenheit. Und er hatte eine Methode. Der Weg und das Ziel würden sich schon noch finden. Noch war der Mantel zu weit. Noch lachte man über ihn. Aber bald würde man von ihm erzählen und staunen.

Liquidation

Im Jahr 1862 verschlechterte sich die politische Lage in Sankt Petersburg, die Arbeitslosigkeit stieg rapide an, es herrschte zunehmende Erbitterung gegen Zar Alexander II., der seit 1855 regierte. Im Geschäftsviertel wurden mutwillig Brände gelegt und Heinrich Schliemann begann um sein Eigentum zu fürchten. In einem Brief an das Londoner Bankhaus Schröder (vom 1. Juni 1862) sprach er davon, dass man eine Revolution befürchten müsse, in der die »extremsten Tendenzen von Sozialismus und Kommunismus« an die Macht kommen könnten. In der Stadt herrsche eine Art Belagerungszustand.

Aber die politischen Perspektiven hielten Schliemann nicht lange auf. Viel lieber schrieb er jetzt über philosophische Fragen, etwa über das Verhältnis von Geist und Materie, wie im brieflichen Dialog mit seinem Schwager Wilhelm Kuhse, dem Mann seiner Schwester Wilhelmine, der im ostpreußischen Lyck als Gymnasiallehrer lebte. Schliemann beschäftige sich mit Arbeiten des Naturwissenschaftlers Ludwig Büchner und des Philosophen David Strauß. An Wilhelmine schrieb er am 13. März 1863 von seiner angegriffenen Gesundheit: »Bei meinem hitzigen Charakter kann ich viel leisten, aber die Leistungen erfordern einen Zustand beständiger Aufregung, welcher mich entnervte und früh zum alten Mann machte.«

Zuweilen schweiften seine Gedanken in die Vergangenheit. An die Brüder Bassi schrieb er: »Amsterdam hat mich mit offenen Armen empfangen, als ich nackend ankam, am 19. Dezember 1841, ein armer unwissender Schiffbrüchiger; Amsterdam verstand es, meine Fähigkeiten zu würdigen. Amsterdam hat mich auf den Weg zu meiner glänzenden Karriere gebracht; Amsterdam schulde ich alles, was ich weiß und was ich habe, und deshalb bin ich Amsterdam eng gefühlsmäßig verbunden und rufe voller Begeisterung: Hoch Amsterdam!« (24. Februar 1862) Diese Hymne auf Holland wiederholte er noch öfter.

Katharinas Familie widersetzte sich allen Plänen zur Liquidierung. Schwiegereltern, Onkel, Tanten, alle verlangten, er sollte sein Kontor bestehen lassen, und Schliemann, der sonst vor niemandem kuschte, ließ sich lange Zeit von ihnen einschüchtern. 1863 engagierte er sich stark im Geschäft mit Tee. Als Frau und Kinder für Monate verreist waren (von Familienleben konnte wohl ohnehin keine Rede mehr sein), lagerte er Hunderte von Teeproben in den leeren Kinderzimmern.

Schliemanns Geschäfte blühten, sein Vermögen wuchs, aber er konnte seine Firma niemandem übergeben, da er niemandem vertraute. Und doch reifte ganz langsam der große Entschluss heran, es würde ein tiefer Einschnitt sein, aber kein plötzlicher Bruch. Dazu gab es zu viel zu regeln und zu bedenken.

Zunächst dachte er noch nicht daran, von Sankt Petersburg fortzuziehen, er wollte nur viel reisen (»sobald ich frei bin«). Nur des Prozesses wegen war er nach 1859 im Lande geblieben. Alles seither Verdiente verdankte er diesem Ärgernis, das auch zu seinen Gunsten ausschlug. Die Glücksgöttin war hierin seine Verbündete. Doch privates Glück konnte sie ihm nicht bieten.

Im Herbst 1863 war er endlich zur Liquidation entschlossen, wollte es bis zum folgenden Frühjahr geschafft haben. Er erkundigte sich beim Londoner Bankhaus J(ohn) H(enry) Schröder, seinem wichtigsten Makler in Finanzdingen, über Möglichkeiten, sein Geld zu investieren, etwa in die Eisenbahnlinie zwischen Matanza und Sabanilla auf Kuba, die der Zuckerindustrie diente. In dieser Zeit beantragte Schliemann beim Justizministerium einen viermonatigen Urlaub im Ausland, den er auch erhielt. Er benützte ihn jedoch dazu, um seine eigenen Dinge zu ordnen.

Am 7. Januar 1864 reichte er ein Gesuch ein, das der zuständige Senat schon am 15. Januar bewilligte: Schliemann, seiner Frau Katharina und ihren drei Kindern wurde die erbliche Ehrenbürgerschaft zugesprochen, der höchste gesellschaftliche Rang, den ein Nichtadliger in Russland erreichen konnte. Bald darauf liquidierte Schliemann sämtliche Warendepots und transferierte sein gesamtes Geschäftskapital nach Westeuropa. Sein damaliges Vermögen kann nicht genau beziffert werden, es lag irgendwo zwischen sechs und zehn Millionen Goldmark.

Fast ein Jahr zuvor hatte ihm seine Schwester Dorothea einen Brief geschrieben (25. März 1863) über einen Besuch, den sie mit ihrem Mann in Ankershagen gemacht hatte. Sie beschrieb Pfarrhaus und Garten, Bäume und Sträucher, Obst und Nüsse, Vergangenheit und Gegenwart, die ganze Archäologie der Erinnerung. Noch immer stand an der Tür des Gartenhauses mit Kreide geschrieben »Heinrich Schliemann, Matrose«. Hat er also wirklich den Seemannstraum geträumt? Auch die Teile, aus denen eine Rede besteht, einst vom Vater dort angeschrieben, hatte niemand weggewischt. Der neue Pastor hatte sie freundlich empfangen, nicht aber dessen Frau. Der Name Schliemann weckte wohl noch immer böse Erinnerungen in Ankershagen. Das Grab der Mutter neben der Kirche war gut gepflegt und mit Blumen geschmückt, das gusseiserne Kreuz eine würdige Zierde.

Nur in Gedanken reiste Schliemann in seine Kindheit, vermittelt über andere Menschen. Seine eigene Reise führte hinaus in die weite Welt. Verwandelt sollte er wiederkehren. Zwölf Jahre war es her, seit er aus Kalifornien gekommen war, und noch fast zehn Jahre mussten vergehen, bis er den Schatz fand, der sein Leben krönen sollte.

Abgründe

Schliemanns Umgang mit seinem Vater gibt einige Rätsel auf. Die Briefe an ihn sind im Allgemeinen durchaus respektvoll gehalten, er konnte ihm gegenüber aber auch einen barschen Ton anschlagen: »Ich gebe mit heutiger Post Befehl, Dich für den Betrag von 500 preußischen Talern zu akkreditieren, welche Summe Du dazu verwenden willst, Dich so anständig … einzurichten, wie es dem Vater von Heinrich Schliemann zukommt. Indem ich aber diese Summe zu Deiner Disposition stelle, muss ich die Bedingung machen, dass Du fortan … eine anständige Magd hältst und dass vor allen Dingen Reinlichkeit fortan in Deinem Hause herrscht, dass Teller, Schüsseln, Tassen, Messer und Gabeln stets von Reinlichkeit glänzen, dass alle Dielen und Fußböden dreimal wöchentlich gescheuert und Speisen bei Dir gekocht werden, wie Leute Deines Standes sie essen.« (1855) Endlich konnte er den Vater bevormunden, ihm indirekt alles heimzahlen, indem er für ihn zahlte.

Was er wirklich von seinem Vater dachte, steht in einem Text vom Anfang Dezember 1861, der als Brief an die Schwestern angelegt war, aber nie abgeschickt wurde: »Ich hasse und verabscheue diesen Mann … Ich schäme mich wirklich furchtbar, der Sohn dieser verfluchten Kanaille zu sein.« (Der zweite Teil des Satzes war auf Italienisch geschrieben.) Er wolle nie wieder etwas von ihm hören, »ehe nicht der Teufel dieses Ungeheuer geholt hat«.

In der fremden Sprache konnte er dergleichen sagen, konnte er sogar das schwärzeste Erlebnis seiner Kindheit schildern: »Mein

Vater war Pastor. ... Er hatte viele Kinder und wenig Geld. Er war ein liederlicher Mensch, ein Wüstling; er enthielt sich nicht unzüchtiger und ehebrecherischer Beziehungen zu Mägden, die er seiner eigenen Frau vorzog. Seine Frau misshandelte er, und ich erinnere mich aus meiner frühesten Kindheit, dass er sie wüst beschimpfte und bespuckte. Er schwängerte sie, um sie loszuwerden, und misshandelte sie mehr denn je während ihrer letzten Schwangerschaft. So kam es, dass ein Nervenfieber, an dem sie erkrankte, schnell zu ihrem Tode führte. Mein Vater täuschte dann schweres Leid und großen Kummer vor und veranstaltete ein prächtiges Begräbnis für sie, die er aus Schlechtigkeit getötet hatte, und obgleich es Winter und die Erde gefroren war, ließ er eine prunkvolle Grabstätte aus Stein errichten ... von einem Gitter und mit folgender Inschrift versehen: Ruhe in Frieden, süße Frau! Mutter! Schlafe, bis die große Posaune ertönt und Dich aus dem Dunkel des Grabes uns wiederbringt. Wir werden Deiner gedenken, bis der Geist von der Schale der Lethe trinkt.«

Schliemann besaß ein gutes Gedächtnis und vielleicht hatte er noch die Worte des Vaters im Ohr, aber sollte der Pfarrer beim Begräbnis in Ankershagen wirklich in Begriffen der griechischen Mythologie gesprochen haben? Und war die Erde Ende März tatsächlich noch gefroren?

Wer nach psychologischen Deutungen von Schliemanns Ausgräberei sucht und sie mit Grabfetischismus in Verbindung bringt, der sollte nicht die Formulierung übersehen, dass die Mutter dereinst aus der Tiefe des Grabes zurückkommen werde. Vielleicht haben sich solche Sätze bei dem kleinen Heinrich im Ohr festgesetzt. Ungewisses Gelände der Deutung, aber ein wichtiges Dokument.

In Wahrheit also verabscheute der Junge aus Ankershagen seinen Vater aus voller Seele und mit gutem Grund. Dem »Vater von Heinrich Schliemann« allerdings gebührte alle Ehre, Achtung und eine angemessene Lebenssituation, in jenem anderen, idealisierten Leben, das er für sich ausmalte – doch er musste sich überwinden, zu ihm aufzuschauen, fiel immer wieder zurück in Abscheu. Das hohe Bild, das er von sich selbst hatte, war für ihn indessen ein wesentlicher Antrieb.

In diese Umbruchsphase gehören also geheime Auseinandersetzungen mit seiner Vergangenheit, deren Schwärze er sich immer wieder vor Augen führte. Aber was immer er dem Vater zu Recht vorwerfen mochte, ein gescheiterter Ehemann war er nun auch.

Beispiel

In der Zeit der gedanklichen Vorbereitung auf seine große Reise hatte Schliemann vielleicht auch den russischen Bestseller jener Jahre, das Reisebuch ›Die Fregatte Pallas‹ von Iwan Alexandrowitsch Gontscharow (1814–1881), gelesen? Man darf es wohl annehmen, vor allem weil er sich bald auf die Spuren jener Fregatte mit dem passenden Namen begeben sollte.

Gontscharow, Staatsbeamter im Finanzministerium, dessen zweite Seele von Reisen und Abenteuern träumte, hatte 1852 den russischen Vizeadmiral Putjatin als Sekretär nach Japan begleitet. Ziel dieser Mission war die Herstellung von Handelsbeziehungen mit jenem Land, das im Begriff stand, seine jahrhundertelange Isolation aufzugeben. Der Krimkrieg setzte der Expedition, die besagtes Schiff um das Kap der Guten Hoffnung nach Ostindien, China und Japan geführt hatte, ein vorzeitiges Ende. Die Fregatte wurde abgetakelt und wenig später versenkt. Der künftige Autor des ›Oblomow‹ (1859) reiste zuvor schon über Sibirien auf dem Landweg zurück nach Sankt Petersburg, wo er 1855 zunächst in Zeitungsartikeln von dieser Reise und seinen Eindrücken in China und Japan erzählte. In Buchform erschien sein Bericht erstmals 1858 und erlebte mehrere Auflagen.

Sollte Heinrich Schliemann dies gelesen haben, dann konnte er seine eigene Situation und seine Sehnsucht darin wiedererkennen. Der Aufbruch wird am Anfang des Romans als Mittel gegen Überdruss im Alltag geschildert: »Die Tage flohen dahin, das Leben drohte mit Leere, mit Hindämmern im ewigen Allerlei.« Dagegen wirke das Reisen wie ein Rausch, es bringe auch verlorene Träume wieder.

Gontscharow hatte schon als Kind voller Bewunderung die großen Reiseabenteuer von James Cook oder Alexander von Humboldt gelesen. »Was waren gegen deren Taten die Taten der homerischen Helden? Kindereien! … Alle Träume und Hoffnungen der Jugend, ja die Jugend selbst kehrte mir zurück … Mein Leben war irgendwie gespalten. Oder hatte man mir plötzlich zwei Leben gegeben, mir in zwei Welten Wohnungen zugewiesen? … Wie sollte ich dieses andere Leben überstehen, wie Bürger in jener anderen Welt werden?« Die großen Reisen waren immer auch eine Bewegung ins Irreale. »Alles war rätselhaft und fantastisch schön im verklärenden Zauber der Ferne. Glückskinder zogen aus und kehrten wieder mit verlockenden, doch zweifelhaften Erzählungen von Wundern, mit kindlichen Auslegungen der Geheimnisse der Welt.«

Gontscharow, der sich selbst »Beamter und Argonaut« nennt, bezeichnete seine Expedition als »Odyssee und Äneis in einem«. Aber er wusste, dass es mit der Exotik des Reisens bald vorbei sein würde: »Reisen hat den Charakter des Wunderbaren eingebüßt. Die Poesie weiter Reisen schwindet mit jedem Tag, nein, mit jeder Stunde. Vielleicht sind wir die letzten Reisenden vom Schlag der Argonauten?«

Wir, das heißt jene Gattung, zu der auch der Sankt Petersburger Ehrenbürger Heinrich Schliemann gehörte.

Weltreise

1864 war Schliemann 42 Jahre alt – zu alt für einen Neuanfang, zu jung für den Rückzug aus dem Geschäft? Er wagte es gleichwohl. Er begab sich auf seine längste Reise überhaupt. Sie führte ihn so weit wie möglich fort vom Ort seiner größten Erfolge wie seiner größten Demütigung: einmal um den Globus. Im April 1864 verließ er Sankt Petersburg, erst im Frühjahr 1866 kehrte er zurück nach Europa, sein neues Lebenszentrum wurde Paris.

Er begann eine ziemlich planlos wirkende Reise, eher einem Trieb nachgehend, einem Getriebensein nachgebend, als wüsste er selbst nicht, was und wohin er wollte. Sie glich einem großen Lebensexperiment – und er konnte es sich leisten, dieses Experiment über den ganzen Erdkreis auszudehnen. Das Resultat war eine entscheidende Veränderung: Schliemann entpuppte sich als Autor.

Wie stark er selbst diesen Einschnitt empfand, zeigt die Tatsache, dass er bei B. H. Schröder in London ein Testament hinterlegte. Zwar sprach er schon hierbei von seiner Absicht einer Weltreise, doch die ersten Monate der Reise wurden von Zufällen bestimmt und wiesen einen seltsamen Zickzackkurs auf, als zögerte er noch, eine bestimmte Grenze zu überschreiten. Auch hatte er unterwegs mit Krankheiten zu kämpfen, die ihn jedoch nicht dazu bewogen, die Reise abzubrechen.

Schliemanns Stationen hießen zunächst Aachen, Paris, Genua, Tunis, Karthago, Malta, Ägypten. Dort zog er sich durch das Nilwasser eine Krankheit zu, die er in Italien, bei Bologna, auskurierte. Es folgten die Etappen Florenz, Neapel, Capri, Paestum, Pompei. Dort trat erstmals das starke Ohrenleiden auf, mit dem er für den Rest seines Lebens zu tun haben sollte. In Neapel suchte er einen Arzt auf (seltsames Omen), konsultierte auch noch Ohrenärzte in Paris und Würzburg. Und dann endete plötzlich das Hin- und Herfahren, er brach ins Grenzenlose auf, über Wien, Triest und Korfu noch einmal nach Ägypten, von dort durch das Rote Meer schließlich in den Fernen Osten, nach Indien, Indonesien, China und Japan.

Der Schwester Wilhelmine beschrieb er aus Kairo (29. Juni 1864) die Strapazen und die Freuden seiner Reise, er berichtete, dass er im arabischen Kostüm mit Pluderhosen herumlaufe (eine solche Fotografie von ihm ist erhalten). Für die weitere Zukunft denke er an ein Landgut in der Lombardei – »falls ich nach längerem Aufenthalt daselbst zu der festen Überzeugung gekommen bin, dass ich diesen Schritt nie bereuen werde«.

Schliemann verbrachte einen Monat in Indien, erlebte in Kalkutta eine Auktion von Indigo, machte von Delhi aus einen Abstecher zu den Vorgebirgen des Himalaja, lernte Singapur und Java kennen, wo er sich einer Ohrenoperation unterzog, besuchte danach Saigon, Kanton, Hongkong, Shanghai und Peking und reiste, als einer der ersten Europäer, nach Japan, was in jenen Jahren ein gewisses Risiko barg.

Auf dieser Reise schrieb er 500 Seiten Tagebuch, meist auf Englisch, aber auch Passagen auf Deutsch, Italienisch, Französisch, Neugriechisch, Russisch, Spanisch, Holländisch und Arabisch. Seine Weltreise war zugleich eine Reise in die Sprachen der Welt. Darin lag eine Offenheit, eine Hingabe und eine Selbstlosigkeit, die man nicht genug bewundern kann, die wohl kaum jemand in ihrer ganzen Vielfalt nachzuempfinden vermag.

Doch dieses Mal waren nicht die Tagebücher über 20 Monate Reisezeit das Wichtige. Nach dieser Reise entstand sein erstes Buch, mit dem er den entscheidenden Schritt in die Öffentlichkeit vollzog. Das war die eigentliche Veränderung in seinem Leben. Was er zu erzählen hatte, ging nun die ganze Welt an.

Am 2. September 1865 ging Schliemann in Yokohama an Bord des englischen Segelschiffs »Queen of the Avon«. Das Reiseziel war San Francisco. Erst wenige Tage zuvor hatte er beschlossen, die Weltumrundung zu vollenden und über Amerika zurückzukehren. Die Reisekosten für die Überquerung des Pazifiks betrugen 200 mexikanische Piaster, das entsprach 1200 Francs. Vom Meer aus bot sich ihm ein herrlicher Blick auf den Fudschi. Die Kabine teilte er sich mit einem Amerikaner. An Bord war der berühmte Cellist Alexandre Desvachez. Er reiste seit zehn Jahren im Orient umher, von Madagaskar über Ceylon bis Shanghai und Yokohama, und spielte mit großem Erfolg bei schwülen 30 bis 40 Grad. Schliemann hatte schon von ihm gehört und seinen Siegeszug von ferne verfolgt. Mit ihm konnte er sich an Bord köstlich unterhalten. Fing er deswegen an, seine Reisenotizen auf Französisch zu bearbeiten? Oder dachte er schon daran, sie in Paris zu veröffentlichen?

An Bord befand sich auch ein bärtiger Amerikaner, kräftig, groß, grob, ungebildet, angeberisch, laut. Mit dem Glücksritter, den das kalifornische Gold lockte, wollte niemand reden, er drängte sich aber stets auf und verursachte Streit und Unfrieden. Dieser barbarische Kannibale verdarb Schliemann die sieben Wochen an Bord ein wenig. In einem Dampfschiff hätte er ihm aus dem Weg gehen können, dort wäre jener in der dritten Klasse gewesen, aber auf dem kleineren Segelschiff traf er ständig auf ihn.

Wenigstens verhielten sich Kapitän und Lotse höflich und freundlich. Der Kapitän war 49 Jahre alt und seit 35 Jahren auf See. Er erzählte, was er auf den Weltmeeren erlebt, wie viele Stürme, Taifune und Orkane er glücklich überstanden hatte. Mehrmals wurde er von Bord gespült und immer hatte er zuletzt noch eine Kordel erwischt, ein Tau, an das er sich klammern konnte. Dem Kapitän fehlte ein Stück von der Nase. Ein eifersüchtiger Koch, dem er nicht seine Geliebte abtreten wollte, hatte es ihm abgebissen.

Der erste Offizier, John Hopper, war ein junger Mann, der

Griechisch und Latein gelernt hatte, sich in Geschichte, Geografie und moderner englischer Literatur auskannte, ein gebildeter Seemann also, der ganze Szenen von Shakespeare auswendig konnte (und nicht etwa Homer). Eine Gestalt, wie von Schliemann erfunden ...

Schliemann lobte alle Matrosen, nur der Koch, ein Schwarzer aus Mauritius, erzielte in der Kombüse keinen großen Erfolg, obwohl er sich redlich Mühe gab. Bedient wurde die Gesellschaft von einem Jungen und einem Mädchen aus Mauritius; Letztere hoffte in Kalifornien einen Mann zu finden.

Schliemann notierte wie immer die technischen Daten. Das Schiff war aus Eisen gebaut und hatte 300 Kisten japanischen Tees geladen; der Kapitän nahm für die Passage (Fracht und Passagiere) 19470 Francs ein, was für einen Segler dieser Größe enorm war.

Am 26. Juli überquerte das Schiff die Datumsgrenze, am 7. August erreichte es den Antipodenpunkt zu Sankt Petersburg, wie Schliemann ausdrücklich festhielt. Noch fühlte er sich dorthin gehörig, fern und doch verbunden, noch dachte er darüber nach, was er wohl nach seiner Rückkehr in Sankt Petersburg erzählen würde. Vielleicht war genau dies das Ziel der Reise: auf der anderen Erdseite sein, so weit weg von Russland wie möglich? Floh er vor Sankt Petersburg wie einst vor Ankershagen? War sein Drang in die Ferne, ins Unbekannte, ins Verborgene, nur die Umkehr einer Flucht vor unerträglichen Erinnerungen? Wusste er es selbst?

»Wer auf einem Dampfschiff reist«, schreibt Schliemann, »der betet um gutes Wetter, wer auf einem Segelschiff reist, um schlechtes, denn nur dann ist der Wind kräftig genug für schnelle Fahrt.« Er erlebte diesmal keinen Sturm, 30 Tage lang trieb man im Nebel umher, nur an vier Tagen wehten starke Winde. Auf dem Ozean gab es wenig Zerstreuung, kein anderes Schiff war zu sehen, dafür Wale und Delfine, seltener Haie. Die Tiefe des Ozeans wurde damals auf 5000 Meter geschätzt.

In jenen Tagen der Windstille und des Ausweichens vor unangenehmen Reisegenossen, isolierte sich Schliemann und suchte Zuflucht im Schreiben. An jenem Gegenpol zu Sankt Petersburg, wo er keine Zukunft mehr sah und das als düstere Familienlast an ihm hing, schrieb er, fernab aller denkbaren Heimaten, sein erstes Buch.

Dabei hatte er immer schon geschrieben, auch Reiseberichte, sein erster Brief aus Amsterdam war nichts anderes, sein amerikanisches Tagebuch, das Tagebuch der Nilreise von 1858, und etliche seiner Briefe waren ausführliche Reiseberichte. Nun aber tat er es für die Öffentlichkeit. Seine Suche, sein Reisetrieb ins Unbekannte, seine ziellose Fahrt erhielten eine neue Richtung. Und es geschah auf einem Schiff, auf dem Stillen Ozean. Meeresstille und glückliche Fahrt. Eine Ouvertüre für Schliemann.

Was er in China und Japan wirklich erlebte und was er wiederum nur aus anderen Quellen übernahm, ist nicht so bedeutsam. Entscheidend ist, dass er sich schreibend neu erfand, jetzt aber für ein (noch unbestimmtes) Publikum. Er tat es in einer ausweglosen Situation, am äußersten Punkt, am toten Punkt seiner Reise und seines Lebens angekommen, zwischen zwei fremden Kontinenten (aber vielleicht ist auch das nur eine schöne Geschichte, die er uns erzählt?).

Zwischen seinen Briefen, seinen privaten Tagebüchern und seinem veröffentlichten Buch besteht unleugbar Kontinuität, vom Stil, den Themen und den Interessen her; sein Schreiben wie auch später seine Ausgräberei waren Folgen seines Reisens. Dieser Mensch war sehr kohärent in seinen Widersprüchen. Wenn er für sich schrieb, formulierte er nicht viel anders als im Buch, nur wurde dort die Tendenz zur verschönernden Bearbeitung, zum Erfinden von Pseudo-Erinnerungen noch stärker. Und es zeigt sich, dass der Gestus, den er im Zusammenhang mit seinem troianischen Traum an den Tag gelegt hat, schon ausgebildet ist – die imaginäre Rückbindung eines großen Erlebnisses an seine Kindheit. Auf diesem Schiff nach San Francisco, wo er doch schon einmal erfolgreich gewesen war, müssen wir uns Heinrich Schliemann als glücklichen Menschen vorstellen.

In Kalifornien hatte sich Schliemann seinerzeit eine positive Meinung von den Chinesen gebildet, aber in China selbst fand er sie nur schmutzig und dekadent, vom Opium verweichlicht. Auch die Städte und Tempel und selbst den Kaiserpalast beschrieb er als verkommen und verfallen.

In Chee-Fou lernte er ein berühmtes Sprachgenie kennen, dessen Namen er schon in Kanton und in Shanghai vernommen hatte, Robert Thomas, der außer seiner Muttersprache Englisch auch Russisch, Schwedisch, Deutsch, Französisch, Portugiesisch, Italienisch, Spanisch, Japanisch und Chinesisch sprach. Thomas, von Beruf Pfarrer gewesen, war von der englischen Regierung als Missionar nach China geschickt worden, denn man war sicher, dass er die ungeheuren Schwierigkeiten der chinesischen Sprache überwinden und bald auf Chinesisch predigen könnte. Dank seiner besonderen Lernmethode – einer Mischung aus Imitation und Kreativität – hatte er das in einem Jahr geschafft. Er schrieb kleine Geschichten, die er sich selbst ausdachte, ließ sie von einem Chinesen korrigieren und lernte sie dann auswendig. Bald schon konnte er sich elegant über jedes Thema äußern. Das entsprach ziemlich genau der »Methode Schliemann«.

Allerdings birgt dieses intensive – oder soll man sagen exzessive? – Sprachenlernen auch Gefahren. Denn indem man so verfährt, verwandelt man seine Persönlichkeit, beschreibt sein Leben in der anderen Sprache und verändert es dabei. So geschah es bei Heinrich Schliemann. Aus Sprachübung wird Biografie, aus freier Nacherzählung ein anderes Leben, in dem sich das wahre Leben spiegelt. Gedächtnis ist alles, aber Gedächtnis und Variation, und Schliemann besaß ein Gedächtnis wie die Rhapsoden der Vergangenheit, er lernte das Epos seines falschen Lebens, seines Traumlebens.

Auch jener Robert Thomas war beim Lernen des Chinesischen ein anderer Mensch geworden. Predigen, Missionieren – das schien auf Chinesisch keinen Sinn zu haben. Der Geist der fremden Sprache hatte ihn verwandelt. Das starke Gedächtnis hatte einen schwachen Charakter oder eine ungewisse Identität unterhöhlt. Und so hatte Thomas das Metier gewechselt, war Dolmetscher in der Zollstation von Chee-Fou geworden und dort schon zwei Monate im Amt, als Schliemann eintraf. Man brauchte im Zollwesen Ausländer, weil die chinesischen Beamten zu korrupt waren. Man versuchte sogar junge Leute aus Europa und Amerika anzulocken und bezahlte ihnen die lange Anreise.

Und was wollen wir davon glauben? War es eine wirkliche Begegnung, vielleicht mit einem Abenteurer, der Schliemann einen Bären aufgebunden hat? Oder erfand er, mit oder ohne Vorbild, einen Doppelgänger, der auch ein positiv gewendetes Bild des Vaters war: ein Prediger, der sein Amt für die Wirtschaft aufgab, aber über den glücklichen Weg des Lernens in der Fremde, also jemand, der die Eigenschaften von Vater und Sohn in einer Person vereinte? Ein Robert Thomas ließ sich in der chinesischen Zollbehörde nicht nachweisen. Man hat das Gefühl, ein Romanmotiv zu analysieren, das Motiv eines Lebensromans auf jeden Fall, denn immer wieder traf Schliemann solche Sprachgenies. Und selbst wenn es diesen nicht mehr gläubigen Thomas wirklich gegeben haben soll, in dieser Gestalt spiegelte sich Schliemanns eigenes Streben.

Ausgerüstet war Schliemann, wie auf allen Reisen, mit Zollstock, Fernrohr, Thermometer (in Réaumur) und Barometer (zur Höhenmessung). Unterwegs in China aß er Reis und Eier und gelegentlich Schaffleisch. Am 30. April kam Schliemann um sechs Uhr abends in Peking an. Er beschrieb die Mauern der dreigeteilten Stadt, kaiserlich, tartarisch, chinesisch. Und er bezog sich auf ein historisches Vorbild: Als ich an einem der neun Tore von Peking ankam, notierte er, und die gewaltige Mauer zu beiden Seiten sah, da spürte ich mich durchdrungen von derselben Bewunderung, von der Marco Polo bei seiner Rückkehr nach Venedig sprach, als er die Stadt des großen Khan beschrieb. Marco Polo hatte es ihm vorgemacht, diese Mischung aus Reisen, Abenteuern und aufbauschenden Flunkereien. Horizonterweiterung und wirkliche Entdeckung, die aber im Reisebericht bis ins Imaginäre reicht. Als sei die Reise in eine unbekannte Welt noch nicht genug, vielleicht weil sie die fantastischen Wünsche (die Wünsche nach Erleben des Fantastischen) nicht wirklich erfüllen kann. Und man sieht: Schliemann reiste auf den Spuren mythologischer Vorbilder, identifizierte sich zur Probe mit ihnen – und suchte dabei immer noch den richtigen Mythos.

In Peking erlebte Schliemann nur Enttäuschungen. In seiner Vision war Peking im Verfall begriffen, eine sterbende Stadt, die schon zur Ruinenlandschaft wurde. Statt großer Hotels fand er nur Kutscherherbergen, die vor Schmutz starrten. Der Schmutz ist das Leitmotiv seiner Beobachtungen in China. Er trat in einen Buddha-Tempel ein, dessen Priester ihm ein Nachtquartier gewährten. Den Preis musste er von zwölf auf sechs Francs pro Tag herunterhandeln, für ein Zimmer von vier Quadratmetern, das er mit anderen teilte; zum Schlafen fand sich nur eine gemauerte Bank. Der Boden war sandig, ohne Pflaster; um den Staub zu binden, hatte man Wasser gesprengt und ihn damit in Schlamm verwandelt.

Schliemann besichtigte eine Sternwarte, bestaunte astronomische Instrumente aus Bronze und einen Himmelsglobus. Das Observatorium war 1620 von dem deutschen Missionar Johann Adam Schall (Köln 1592 – Peking 1666) gegründet worden und längst außer Dienst. Schall hatte für 420 Jahre den chinesischen Kalender eingerichtet, alle Mond- und Sonnenfinsternisse bis 2066 aufgelistet, und das noch ohne Teleskop. Auf dem katholischen Friedhof besuchte Schliemann das Grab von Schall; es war leicht zu finden, denn sein Grabstein überragte alle anderen Steine um das Fünffache.

Die Chinesen bekundeten ihren Respekt für das Gedächtnis großer Männer nicht nur durch die Größe des Grabmals, sondern auch durch den Abstand zwischen Grabstelle und Stein oder Kreuz. Das Grab des berühmten Schall lag zehn Meter vom Stein entfernt, gegenüber den üblichen zwei Metern. Dachte Schliemann in diesem Moment daran, wo einst des Wanderlustigen letzte Ruhestätte sein würde? Die Vision von einem Jahrhunderte überdauernden Ehrengrab in der Fremde war ihm nicht fremd. Aber sein Land musste er noch finden.

Schliemann durchstreifte die Kaiserliche Stadt. Den Palast sah er nur von außen, denn er war unzugänglich und eher das Gefängnis des Herrschers, der ihn nie verlassen durfte. Der Kaiser lebte eingeschlossen, in der Schlaffheit der Verehrung der Mandarine, wie konnte er dort das Wissen erwerben, um eine Bevölkerung zu regieren, die anderthalb mal so groß ist wie die ganz Europas? 1860, so Schliemann, hätten die Engländer und die Franzosen auch diesen Palast zerstören müssen, dieses Staats-Gefängnis, nicht nur den Palast von Yuen-ming-yuen. Das wäre ein Gewinn für China und für die Menschheit gewesen, ein großer Schritt hin zur Zivilisation. Aber vielleicht würden ja die Mauern eines Tages von allein zerfallen, da sie seit 200 Jahren nicht mehr repariert worden waren. Schliemann schaute von einem benachbarten Turm und erblickte mehrere Paläste, Tempel, Pavillons in Gärten, aber alles war verfallen, dekadent, voller Unkraut, die Marmorstatuen allesamt beschädigt.

Sich vorzustellen, dass der Kaiser von China sein Reich nie sieht, nur vom Hörensagen kennt, dass er gar nicht sicher sein kann, dass dieses Reich überhaupt existiert und dass er der Kaiser ist, dass man ihm nicht etwas vorgaukelt! Ein reines Innenleben mit Luxus und gelegentlichen Botschaften von draußen, Schlachten, Hungersnöte, Leben, als wäre es nur ein Spiel. Der arme Kaiser: das größte Reich regieren, aber eingeschlossen sein wie ein Maulwurf! Da hatte es Schliemann besser, sein Reich umfasste die ganze Welt, ohne Palast, ohne Interieur – vorerst. Er musste alles erobern, hatte nichts geerbt, war nicht prädestiniert, alles musste er sich antrainieren, alles musste er erwerben und arrangieren. Ihn trieb nur seine Besessenheit und eine unklare Ahnung von seiner Bestimmung. Jetzt trieb sie ihn einmal um die ganze Welt.

Ein Bild seiner Suche zeigt die im Hinblick auf seine Zukunft wichtigste Passage aus diesem Reisebuch, an dieser unscheinbaren Stelle und vielleicht deswegen stets übersehen. Wer sich aber für Schliemanns Weg interessiert, seine Entwicklung, seine Persönlichkeit, seine Verhaltensweisen, darf die Episode von der Chinesischen Mauer nicht übergehen, weil sich hier erstmals der wichtigste Topos in Schliemanns Selbstdarstellung findet, die Grundformel für seine Entdeckungen.

Als Ausgangspunkt seiner Erkundung nennt er die Stadt Kou-pa-kou, die als sauberste Stadt Chinas galt, an der Grenze zur Mandschurai in einem Tal zwischen hohen Bergen, wohin sich selten ein Fremder verirrte. Unvorsichtigerweise hatte sein Diener Atshon als Reiseziel die Große Mauer genannt. Das rief allgemeines Lachen hervor, denn wie konnte man so verrückt sein, vielfältige Strapazen zu erdulden, um einen Haufen alter Steine anzuschauen?

Schliemann erklomm die Mauer, langzopfige Männer folgten ihm, aber nicht zu weit, es wurde zu anstrengend. Bald auch verließ ihn der Diener, und so kletterte er allein über schmale, teils verfallene Mauerteile, auch da, wo sie über Berge verlief. Es gab steile Passagen mit bis zu 60 Grad Neigung, er kroch auf allen vieren, ohne zurückzublicken, erreichte endlich den höchsten Punkt. Dort sah er, dass die Mauer noch viel höhere Felsen überquerte, so trieb es ihn weiter und weiter in großer Anstrengung. Er beschreibt die Bauweise der Mauer, das Steinwerk, sechs bis neun Meter hoch, sechs Meter dick oder mehr, die Ziegeldicke, die Schießscharten. Nach mehr als fünf Stunden erreichte er gegen Mittag einen zinnenbewehrten Wachturm. Vor ihm tat sich das Hochplateau der Mandschurei auf. Mit dem Fernrohr konnte er den Verlauf der Mauer in ihren zahlreichen Windungen über 60 km hinweg verfolgen. Nach Osten hin blickte er über 200 Wachtürme. Ich habe viele schöne Panoramen gesehen, schreibt er, die Vulkane auf Java, die Gipfel der Sierra Nevada in Kalifornien, die Gipfel des Himalaja in Indien, die Hochplateaus der Cordilleren in Südamerika, aber nirgends so ein splendides Panorama. »Voller Bewunderung und Begeisterung ertrug ich es kaum, ein solches Wunderwerk zu sehen, diese große Chinesische Mauer, von der ich schon in meiner frühesten Kindheit nicht erzählen hören konnte, ohne ein starkes Gefühl der Neugier zu empfinden, sie sah ich nun vor mir, hundertmal großartiger als ich sie mir vorgestellt hatte, und je mehr ich diese ungeheure Befestigungsanlage mit ihren zinnenbewehrten Türmen anschaute ... desto mehr erschien sie mir als das sagenhafte Werk eines vorsintflutlichen Geschlechts von Riesen.« Für ihn ist sie das größte Menschenwerk auf Erden und zugleich das Grabmal einer verflossenen Größe, ein Protest gegen die Dekadenz Chinas zu seiner Zeit. Er konnte sich kaum losreißen von diesem Anblick, nur Hunger, Durst und die brennende Sonne trieben ihn in beschwerlichem Abstieg zurück.

Kou-pa-kou ist in keinem Atlas zu finden, es gibt ein Zhangjia-kou, das aber nicht zu seiner Lagebeschreibung passt (er hätte einen Fluss überqueren müssen). Die genauen Angaben über Mauerdicke und Maße der Ziegel kann er nur aus irgendeiner Quelle haben. Der Name des Dieners Atshon will zu keiner bekannten Sprache passen ... schon beginnen die kritischen Fußnoten zur schönen Schilderung. Aber nur auf die kommt es an, wenn man sich ein Bild machen will – von Schliemann.

In der zitierten Passage probierte er eine Formel aus, die er später auf Troia anwenden wird. Was ihm staunenswert vorkam, in höchste Ekstase brachte, was er der Welt als Erlebnis und Finderglück mitteilen wollte, setzte er in Verbindung mit einer Erinnerung aus der Kindheit. Nur gab er noch nicht an, wer in Ankershagen wohl von der Chinesischen Mauer erzählt haben mag. Auch hier war es jedenfalls eine alte, mächtige Mauer, die er als Motiv auswählte. Dies zeigt, wie das Imaginäre bei Schliemann konstruiert ist: als eine Verbindungslinie zwischen einer Kindheitserinnerung und einer großen Entdeckung draußen in der Welt. Genau so wird er später von seinem Weg nach Troia sprechen, doch von Troia war 1865 noch lange nicht die Rede. Die Form der Darstellung war schon da, bevor er das ideale Thema für sie gefunden hatte.

Aus Peking schrieb er am 1. Mai 1865 einen sehr langen Brief an den Vater, er schilderte Eindrücke aus früheren Etappen. Darin erinnerte er nicht an frühere Erzählungen des Vaters, der aber gedanklich sehr wohl präsent war. Erst auf dem Schiff, erst im französisch geschriebenen Text, gestaltete Schliemann das Erlebnis auf der Mauer als Episode mit Rückbindung an die Kindheit. Das war die Art, wie er seinen Lebensroman erfand. Er wollte etwas sehr Bekanntes und zugleich tief Verborgenes in der Realität auffinden und den anderen zugänglich machen. Mythische Anziehungskraft und Realitätsbeweis, ja ein Realitätsbedürfnis, gehörten zusammen. Und er selbst schuf die Brücke zwischen mythischer und realer Welt, bereicherte die Wirklichkeit um eine neue Sphäre.

Hier war ein Verlangen, ein Trieb, ein Begehren am Werk, das sich seine Anlässe erst noch suchte oder selber schuf. Am Anfang war das Reisen. Nachdem er überall gewesen war, einmal rundherum, sah er, dass er anderes suchen musste, sich nicht irgendwo auf dem Globus verlieren durfte. In Troia konzentrierte sich schließlich das Wesen seiner Suche. Das Ziel Troia fand er unvorbereitet, unterwegs. Er machte es erst nachträglich zum Hauptziel und stellte erst dann die Verbindung zu seiner Kindheit her. Nach und nach baute Schliemann diese Legende aus, in der ersten Fassung 1869, in der zweiten 1881, aber diesmal so konsequent, dass er seine ganze Vorgeschichte im Lichte dieser Zielsetzung darstellte. Daran stimmte nur, wie die Episode von der Chinesischen Mauer schon zeigt, dass er sich stets, wie weit er sich auch von seinen Anfängen entfernte, auf seine Herkunft bezog. Diese unverhüllte und fast naive Art des Mythomanen ist es, die Schliemann zu einem unvergleichlichen Fall, zu einer wesentlichen Figur macht. Schliemann der Held, wie es nach seinem Tode hieß, das war gar nicht falsch, der Held einer idealen Geschichte, die er selbst gewoben hatte.

Des Lebens ganze Fülle schilderte uns Schliemann aus Peking, Hochzeitsprozessionen und Begräbnisse, Bettler und Soldaten, an den Pranger gestellte Verbrecher und Hinrichtungsplätze, Theater und Restaurants. Er beschrieb auch das Schönheitsideal der chinesischen Frau und unter welch schmerzhaften Prozeduren die kleinen Füße geformt werden (er muss es selbst gesehen oder aus einer guten Quelle abgeschrieben haben). Er vermerkte den häufigen Gebrauch von Papier und die Rolle der Papierindustrie, er beschrieb das schmutzige und unhandliche chinesische Geld, Kash genannt, Münzen aus Zink und Blei, so groß wie ein Sou, mit einem viereckigen Loch in der Mitte, auf Schnüren gebunden zu Rollen à 250 Stück. 1000 Kash entsprachen dem Wert von sechs Francs oder einem mexikanischen Piaster. Da die chinesischen Münzen aber zu schwer und zu schmutzig waren, um sie mit sich zu führen, wurden große Summen in mexikanischen Piastern bezahlt, welche allerdings im Landesinnern nicht anerkannt wurden, dort zahlte man mit abgewogenen Silberstücken unterschiedlicher Größe.

Schliemann blieb ein paar Tage in Peking, dann mietete er ein Schiff, auf dem er gegen starken Wind den Fluss Peiho abwärts gezogen wurde. Drei Tage dauerte die Fahrt im dichten Regen, er hockte wie ein Gefangener in einer kleinen Kabine. Seine Strapazen schilderte Schliemann immer sehr anschaulich. In Tien-kien bestieg er ein Dampfschiff nach Shanghai, das einer englischen Reederei aus Hongkong gehörte. An Bord wurde er zuvorkommend behandelt und erholte sich von den Zumutungen Chinas. Er scheute keine Unbequemlichkeiten, wusste aber Komfort zu schätzen. Da man die englische Kohle bezahlen musste, war das Billet mit 900 Francs sehr teuer. Schliemann stellte gleich kaufmännische Berechnungen an, wie Kohle und damit die Schiffspassagen in Ostasien billiger zu machen seien. Man könnte sie nämlich auch in der Nähe von Peking abbauen, wo sie in guter Qualität vorhanden war, nur müssten dort die Förderung modernisiert und dabei allerlei mentale Widerstände überwunden werden. Man ahnt, er hätte an jedem Ort der Welt eine Firma gründen können.

Japan

Schliemann verbrachte drei angenehme Tage auf See. Von anderen Reisenden hatte er schon so Wunderbares über Japan gehört, dass er darauf brannte, dieses Land zu sehen (seine typische Neugierformel). Sein Bericht über Japan im Jahr 1865 könnte von hohem kulturgeschichtlichem Wert sein, wenn wir nur etwas mehr Zutrauen in seine Wahrhaftigkeit haben dürften, wenn wir wüssten, ob er aus eigenem Erleben berichtete oder nur aus Quellen abschrieb, etwa aus den Büchern des britischen Diplomaten Sir Rutherford Alcock, ›The Capital of the Tycoon‹, in zwei Bänden 1863 in London erschienen und mit sehr schönen Abbildungen gerade auch über das Alltagsleben in Japan versehen.

Schliemann schilderte mehr, als er in zehn Tagen erlebt und gesehen haben konnte; vergleicht man die täglichen Notizen mit dem späteren Buch, so sieht man, wie stark er überarbeitet und ergänzt hat, etwa die Beschreibung eines Vulkanausbruchs, den er vom Meer aus beobachtet haben will.

Japan war damals noch ein verschlossenes und geheimnisvolles Land. Ob es wirklich so gefährlich war für Fremde, wie Schliemann es schilderte, ist eine andere Frage. Bemerkenswert aber, dass er insgesamt ein sehr positives Urteil über Japan fällte, weil es ihm vor allem »sauber« vorkam, ja als »die sauberste Nation der Welt«, und keine Spur der chinesischen Dekadenz zeigte. Die Schlichtheit, Sauberkeit, Ordnung der gepflegten japanischen Tempel gefielen ihm viel besser als die überladenen und verkommenen Tempel in China.

Er schildert den Alltag, das Essen, die Kleidung und die öffentlichen Bäder, in denen Männer und Frauen unbekleidet nebeneinander badeten, was alltäglich und gewöhnlich war. »Es ist aber sehr schwierig, ein Urteil über die Moral eines Volkes im Vergleich mit der eines anderen Volkes auszusprechen.« Er beschreibt das Defilee des Kaisers und seines großen Gefolges, gibt auch eine Analyse der Schichten der japanischen Gesellschaft, und spätestens in diesen sehr unpersönlichen Stellen wird deutlich, dass er aus anderen Büchern abgeschrieben haben muss.

In Begleitung von sechs Engländern besichtigte er eine Manufaktur im Seidendistrikt. Die Hauptstadt Edo (Tokio) galt für Fremde als besonders gefährlich, so dass Schliemann seine ausführlichen Besichtigungen nur mit einer Polizeieskorte unternehmen konnte. Er übernachtete in Botschaftsgebäuden, in die nur eingelassen wurde, wer die täglich neue Parole wusste.

Es durften ohnehin nur Botschafter großer Staaten in die Stadt sowie deren Gäste. Aber es gab so viele Attentate gegen sie und ihre Leute, dass sich fast alle aus Edo nach Yokohama zurückgezogen hatten. Einzig der Bevollmächtigte der USA, Pryune, war geblieben sowie sein Vertreter Portman, von dem Schliemann eingeladen worden war. Die amerikanische Gesandtschaft war in einem großen Tempelbezirk untergebracht, dessen Name »ewiges Glück« bedeutete.

Schliemanns Wunsch, Edo zu sehen, war so groß, dass er dem

Regen bei seiner Ankunft trotzte und nach kurzem Bad sofort aufbrach, wieder eskortiert von vier Polizisten, zwei vorn, zwei hinten, Schliemann in der Mitte. So können wir uns ihn gut vorstellen: Schliemann reitet durch Edo/Tokio, begleitet von berittenen Polizisten, für ihn natürlich Offiziere. Das Ganze beleuchtet von heller Sonne, denn das Wetter besserte sich rasch. Jeder Fremde erregte Aufsehen, »todsin« wurde ihm nachgerufen, ein altes Wort für Europäer oder Amerikaner. Der Menschenauflauf war so groß, dass die Eskorte Mühe hatte, einen Weg zu bahnen.

Wir erfahren einiges über die Ernährung, die Japaner essen weder Fleisch noch Butter noch Milch, über die Einrichtung der Häuser fast ohne Möbel, über vielfältige und schöne Spielzeuge für Kinder (künstliche Vögel, hunderte Arten von Kreiseln), über Kunsthandwerk und Kleidung, Boutiquen für Sandalen, Regenschirme, Papierlampen, über Büros, in denen die Angestellten im Hocken schreiben, über japanisches Theater (Kabuki), über Kurtisanen (das Wort Geisha kannte er nicht). Das Tagebuch gibt Hinweise auf mindestens zwei Bordellbesuche in Japan. Schliemann erwarb größere Mengen lackierter Kästen, um sie in Paris weiterzuverkaufen.

Er besuchte auch das Grab des ermordeten amerikanischen Dolmetschers Henry Heusken, des einzigen Fremden, der je korrekt Japanisch lesen und schreiben lernte. Deshalb auch wurde er ermordet (vermutlich ein Alptraum für das Sprachgenie Schliemann, diese Sprachlerngeschichte mit ungutem Ausgang). Man hatte Angst, Heusken könnte alles zu gut verstehen und die Geheimnisse der Regierung enthüllen. Der Friedhof, auf dem der Dolmetscher lag, wurde nicht mehr benutzt, da ihn die Einheimischen daraufhin als unrein ansahen.

In Sankt Petersburg würde man ihn nach seinem Urteil über die japanische Zivilisation befragen. Aber was heißt überhaupt Zivilisation, fragte er sich selbst auf dem Schiff, das ihn über den Pazifik trug. Aus materieller Sicht waren die Japaner überaus zivilisiert. Sie verzeichneten den höchsten Stand in der Produktion von Industriegütern, der sich ohne Dampfkraft erreichen ließ. Schulische Erziehung war hier allgemeiner verbreitet als in Europa, wohingegen alle anderen asiatischen Völker ihre Massen in

Unwissenheit hielten. In Japan konnten alle Männer und Frauen schreiben und lesen, chinesische und japanische Zeichen. Aber geistliche Zivilisation? Religion? Daran fehlte es bei ihnen, darin waren sie nicht zivilisiert, herrschte noch zu viel Aberglauben. Die repressive Tendenz des feudalen Regimes unterdrückte die freie Entfaltung der Energien, dazu kam das entsetzliche Spitzelwesen; Denunziation galt als die wirksamste Waffe des Taikun-Systems. Der Kaiser wollte die Außenbeziehungen ausbauen, aber die Adelskaste hinderte ihn daran, denn sie fürchtete um ihre feudale Macht. Sie hetzte das Volk gegen die Fremden auf. Ungeachtet der abgeschlossenen Verträge wurde außer mexikanischen Piastern kein ausländisches Geld anerkannt, und das nur in drei Häfen zu schlechtem Kurs. So lautet Schliemanns Lagebericht.

Zum Schluss schildert er noch die Beisetzung eines Adligen in einem Sarg aus dickem Papier. Die Farbe der Trauer in Japan ist Weiß.

Depression

Für Minna Meincke oder andere Menschen aus seiner Heimat Mecklenburg war es ein großes Erlebnis, wenn sie einmal zur Kur nach Rügen oder mit der neuen Eisenbahn nach Berlin fuhren. Heinrich Schliemann aber reiste nicht nur einmal quer durch die Enge von Mittelamerika, sondern dreimal, nachdem er zuvor zum zweiten Mal in Kalifornien gewesen war. Den weiteren Verlauf seiner Reise kennen wir nicht mehr aus dem Ostasien-Buch, sondern nur aus Briefen und Tagebüchern.

In Sacramento suchte er das Grab seines Bruders, der Friedhof war aber längst eingeebnet und überbaut, der Grabstein zerkleinert und anderweitig verwendet worden. Schliemann reiste ins Yosemite Valley und hatte dort großartige Naturerlebnisse. Er sagte Kalifornien eine glänzende Zukunft voraus, es habe die besten Aussichten: das Klima von Italien, den Boden von Ägypten, das Silber von Peru, energische Menschen wie in Neuengland –

so dachte er seine Erinnerungen zu einer einzigen Welt zusammen.

Auf dem Weg nach New York durchquerte er Nicaragua, er wollte nicht noch einmal die Hölle von Panama erleben. Lag es an dem Gefühl der Wiederholung, einem öden *déjà vu*, dass er in New York dieses Mal nicht besonders glücklich war, sondern, des Reisens überdrüssig, krank wurde? War seine Krankheit psychosomatisch bedingt? Hatte er Angst vor der Heimkehr, der großen Enttäuschung, die er bei den seinen erleben würde, vor dem schweren Entschluss, zu dem ihm noch der Mut fehlte?

Er lag in New York mit Malaria in einem Hotelzimmer, wurde von einem deutschen Arzt mit Kaffee und Chinin kuriert, dachte nach über die Nutzlosigkeit des Reisens, das ihn nicht von seiner verfluchten Umtriebigkeit und Ruhelosigkeit heilen konnte. Was sollte aus ihm werden? Er wusste es noch nicht. Aber er wusste, dass er etwas Neues brauchte, etwas ganz anderes.

Und trieb dann doch, kaum genesen, seinen Universaltourismus weiter, reiste nach Kanada, besichtigte die Niagarafälle, nahm die Eisenbahn nach New Orleans und sogar nach Mexiko. Mit dem Schiff ging es nach Kuba, wo er Gelder in die neuen Eisenbahnlinien investierte, und unterwegs kam dann auch die Reiselust wieder. Anfang 1866 war er zurück in Europa. Nach einem Zwischenstopp in London wechselte er nach Paris, das sein neues Domizil und der Ausgangspunkt zu einem völlig neuen Leben werden sollte, für das er gar kein Beispiel hatte.

Peer Gynt

Oder vielleicht doch?

Der umtriebige Vater war ein Lüstling und ein Lügner gewesen, hatte Haus und Hof versoffen und war längst verschwunden. Der Sohn war zunächst auch nur ein Maulheld und Aufschneider, der lauter fantastisches Zeug in die Welt setzte. Bald hielt er es nicht mehr in der engen Heimat aus, trieb sich als Abenteurer in der Welt herum, wo er ungeahnte Qualitäten entwickelte, erfolgreich war, eine erstaunliche Wandlung durchmachte. Er suchte Gold in Kalifornien, wurde ein reicher Kaufmann, wandelte sich schließlich zum kulturell interessierten Dilettanten, machte Ausgrabungen in Ägypten, träumte von Reisen zu mythologischen Orten wie Babylon oder Troia – aber es war nicht Schliemann, nur ein erfundener Bruder im Geiste, eine Theaterfigur, es ist Peer Gynt. Aber wer war wessen Modell?

Eine direkte Verbindung zwischen Henrik Ibsen und Heinrich Schliemann lässt sich nicht nachweisen. Dennoch ist die Ähnlichkeit von quicklebendiger Theaterfigur und lebendem Romanhelden frappierend, vor allem angesichts der Zeitgenossenschaft. Ibsens Stück entstand 1867; Schliemanns Lebenswende vom Kaufmann zum Archäologen vollzog sich 1868. Dieses Lebensmodell lag also gleichsam in der Luft.

Der Norweger Henrik Ibsen lebte seit Juni 1864 in Italien, zunächst in Rom. Hier schrieb er 1864/65 das Lesedrama ›Brand‹, die Geschichte eines Idealisten. Bald entwickelte er das Projekt einer lebensvollen Gegenfigur zu Brand, einer Figur, die auf der Grenze zwischen Legende und Realität lebt. Es sollte eine Satire und Kritik gewisser Züge des norwegischen Charakters sein. Er glaubte, außerhalb seines Landes könne man das sowieso nicht verstehen.

Seit Januar 1867 arbeitete er an dem neuen Text. Mitte Oktober 1867 war das Stück fertig: ›Peer Gynt‹. Zu jenem Zeitpunkt lebte Ibsen in Sorrent.

Brand ist ein fanatischer Idealist, Gynt ein egoistischer, ruheloser Fantast. Er kann Wahrheit und Lüge nicht unterscheiden, will es auch nicht. Er beteiligt sich am griechischen Unabhängigkeitskrieg – dieser und andere Züge verweisen auf das Leben von Lord Byron. Gynt besitzt auch viele Züge von Ibsen selbst, wie dieser auch zugab. Er fand die Figur in einer norwegischen Märchensammlung, verlieh ihr aber auch Züge von Zeitgenossen, etwa eines Kapitäns, den er kannte, ebenso wie die eines Theaterdirektors; auch an Autoren wie Søren Kierkegaard oder Ludvig Holberg kann man denken.

Peer Gynt war Geschäftsmann in den Vereinigten Staaten,

überlebte eine Schiffsexplosion, trieb sich in Arabien und Ägypten herum. Auch Troias Wälle sind als Ziel einer Reise zu frühgeschichtlichen Schauplätzen erwähnt, von der er träumt, die er aber nie antritt (dort wollte er Stein für Stein erkunden). Archäologie und Fantasie finden hier im Endstadium eines Kaufmanns und Weltreisenden zueinander, der diese Sucht und Suche seinen »Hellenismus« nennt. Vielleicht hatte Ibsen dabei auch einen norwegischen Ägyptologen namens Lieblein im Auge, der es gewagt hatte, seinen ›Brand‹ abfällig zu kommentieren. ›Brand‹ war Ibsens erstes Stück, das ins Deutsche übersetzt wurde (aber Schliemann konnte ja alle Sprachen lesen).

Auch an Schliemann konnte man die Frage richten, die der fremde Passagier Peer Gynt stellte: »Vet De ingen ane, son er mig lik?« (Erinnere ich Sie vielleicht an jemand anderen? Gibt es vielleicht jemanden, der mir gleicht?) War nicht auch Schliemann »eine halb mythische, halb märchenhafte volkstümliche Gestalt unserer Zeit«, um mit Ibsen zu reden?

Die zeitgenössische Kritik beurteilte Ibsens Stück zurückhaltend, Gynt sei exotisch, zu weltbürgerlich, kein echter Norweger mehr. Man monierte den fehlenden Wirklichkeitsbezug – aber man kannte ja Schliemann noch nicht. Ibsen selbst verwandelte sich durch den Erfolg seines Stückes vom Bohemien zum Dichterfürsten, zog 1868 nach Dresden und wurde 1869 als Vertreter Norwegens zur Eröffnung des Suezkanals geschickt, folgte also seiner Figur nach Ägypten, das er die Wiege der menschlichen Kultur genannt hatte. Auch Schliemann wird ein starkes Interesse an Ägypten entwickeln.

Die reine Chronologie würde nahe legen, dass Schliemann Ibsens Stück, von dem schon 1867 Besprechungen zirkulierten, gelesen hat. Mit der Freiheit eines Romanciers könnte man eine Begegnung ausmalen, in Berlin im April 1864 oder später in Dresden, vielleicht ein Gespräch im Opernfoyer. Immerhin besaß Schliemann ein norwegisches Sagenbuch (›Nordiske Oldsager‹ von 1859).

Nicht nur die Archäologie hätte Schliemann in Ibsens Stück finden können, sondern auch die Idee der unvergessenen Jugendliebe (Minna = Solveig), die daheim auf den Helden wartet, bis zuletzt. Aber das Motiv kannte er ja auch schon aus ›Paul und Virginie‹. Lebte Schliemann immer nur nach literarischen Modellen?

Ein Mecklenburger in Paris

»Jeder will es Ihnen schon als Kind angesehen haben, dass Sie zu einem großen Mann bestimmt seien«, hieß es in einem Schreiben vom 28. Dezember 1866 an Heinrich Schliemann, der vielen Verwandten und Bekannten in langen Briefen über seine Erlebnisse auf der Weltreise berichtet hatte. Diesmal gab es ein lebhaftes Echo, die Briefe wurden weitergereicht, fanden eine zahlreiche Leserschaft, und man begann zu ahnen, dass es mit diesem kleinen Heinrich etwas Besonderes auf sich hatte. Hepner, der einstige Helfer und Berater in Amsterdam, schaute nun zu ihm auf, empfand sogar eine Art Stolz, sich Schliemanns näherer Bekanntschaft rühmen zu dürfen. »Unwillkürlich musste ich mir nach der Durchlesung Ihres Briefes wiederholen: welch ein interessanter Mensch, als das lebendige Beispiel, was fester Wille und Ausdauer zu schaffen vermag.« (18. April 1866)

Auf Lateinisch schrieb ihm Carl Andreß aus Neustrelitz, erbat weitere finanzielle Unterstützung, die er auch erhielt, und machte dafür in diesem Frühjahr 1866 ein besonderes Geschenk. Er schickte das Buch ›Mecklenburgs Volkssagen‹ nach Sankt Petersburg (von August Niederhöffer, Leipzig 1858). Für die Geschichten darin sollte Schliemann noch eine ganz besondere Verwendung haben und für den Namen des Verfassers ebenfalls.

Das auf Französisch geschriebene Buch über China und Japan erschien erst 1867, als Schliemann sich in Paris schon besser auskannte, in sehr kleiner Auflage und auf Kosten des Autors (›La Chine et le Japon au temps présent. Par Henry Schliemann, 221 Seiten, Librairie Centrale, 24 Bd. des Italiens‹). Paris wurde sein Lebensmittelpunkt. Hier sollte ein neues Leben beginnen – als Student an der Sorbonne, aber als Student mit Hausbesitz an der Place Saint-Michel, ein Haus für 40 000 Francs. Später wird er vier

Häuser in Paris besitzen, alle in bester Wohnlage, die hohe Mieteinkünfte sicherten. Immobilien bedeuteten im prosperierenden Zweiten Kaiserreich eine gute Investition.

Am 1. Februar 1866 schrieb Schliemann sich als Teilzeitstudent an der Sorbonne ein. Mit seinen 44 Jahren benötigte er eine Sondererlaubnis des französischen Erziehungsministeriums. Er belegte eine unglaubliche Zahl an Kursen: Moderne Französische Literatur und Sprache, Französische Dichtung des 16. Jahrhunderts, Petrarca und seine Reisen, Vergleichende Sprachwissenschaft, Arabische Sprache und Literatur, Griechische Philosophie und Literatur, Ägyptologie, Archäologie – ein wahrhaftes Studium Generale und damit ein Bild seiner weit gespannten Interessen, die eben noch kein Zentrum kannten; Archäologie war nur ein Fach unter vielen.

Zehn Tage lang scheint er die Kurse wirklich besucht zu haben. An eine Schwester schrieb er: Paris mit all seinen Attraktionen zähle nicht viel für einen Weltreisenden, der Indien, Japan, Mexiko gesehen habe. Gleichwohl stürzte Schliemann sich in das Pariser Leben. Er besuchte Pferderennen und feine Gesellschaften, Museen und Theater zogen ihn an und er lernte berühmte Gelehrte kennen. Dieser Umgang mit anerkannten Größen seiner Zeit, den er immer erträumt und erhofft hatte, hier in Paris erfuhr er ihn wohl erstmals wirklich, auch wenn seinen Briefpassagen darüber ein Hauch von Übertreibung anhaftet, wenn er jene schon bald seine Freunde nennt. »Nach und nach ist es mir gelungen, mir hier einen Kreis von Freunden zu bilden, die Membres de l'Institut de France sind und eben so als ich für Wissenschaften schwärmen, aber hundertmal weiter als ich darin fortgeschritten sind. Ganz besonders interessant für mich ist mein Freund Ernst Renan, der Verfasser des Lebens Jesu, und seine Frau Cornelia, seine getreue Gehilfin bei allen seinen Werken.« (8. August 1869)

Abgesehen davon, dass er Renan, einem der führenden Wissenschaftler seiner Zeit, den Vornamen seines Vaters gibt (statt Ernest) und dass die Mitglieder der Akademie alles Berufswissenschaftler sind und keine schwärmenden Dilettanten, wie es sich hier anhört, zeigt Schliemann in diesen Zeilen, dass er nicht nur ein neues Lebensideal, sondern auch ein neues Frauenideal entwickelt hat: die Gattin als Mitarbeiterin beim wissenschaftlichen Werk.

Joseph-Ernest Renan (1823–1892) war einer der bedeutendsten Philologen und Historiker im Frankreich des 19. Jahrhunderts, der eigentliche Begründer der modernen Bibelkritik, zudem jemand, der sehr intensiv deutsche Philosophie und Geschichtswissenschaft rezipiert hatte. Er hatte als Priesterschüler begonnen, sich aber bald republikanisch-fortschrittlichen Kreisen angeschlossen. Hebräischstudien galten seine ersten Arbeiten, außerdem unternahm er 1860/61 und noch einmal 1865 archäologische Erkundungen in Palästina, besaß also Erfahrungen als Ausgräber. Seit 1851 arbeitete er an der Nationalbibliothek, 1862 sollte er am Collège de France Hebräisch lehren, wurde aber wegen seiner bibelkritischen Äußerungen suspendiert und konnte erst nach dem Ende des Zweiten Kaiserreichs dort weiterwirken. 1878 wurde er Mitglied der Académie Française. Die Anzahl seiner Veröffentlichungen stieg bald ins Unüberschaubare; am erfolgreichsten wurde sein Buch über ›Das Leben Jesu‹.

Manchmal durchzuckte Schliemann noch der Gedanke, wieder nach Sankt Petersburg zu gehen und in den Geschäften weiterzumachen; es war wie eine Gewohnheit, die er nicht abzulegen vermochte. Da er sich jedoch nur noch für kurze Aufenthalte dorthin begab, hielt sich die Gefahr des Rückfalls in sein früheres Leben als Händler in Grenzen.

Hoffte er noch, seine Frau und Kinder könnten zu ihm ziehen? Im Sommer 1866 reiste er nach Sankt Petersburg, aber bei seiner Familie hielt ihn nichts. Nach zwei Jahren ohne einen einzigen Brief traf er Katharina wieder, die ihn beim Abschied vor der Weltreise nicht einmal umarmt hatte. Alle Einigungsversuche wies sie ab und riet ihm, sich eine Geliebte zu nehmen. So fuhr er gleich weiter nach Moskau und Nishni Nowgorod und die Wolga abwärts bis zum Kaspischen Meer. Nach einer Kur wollte er in den Kaukasus und weiter nach Persien, als könne er seinen Reisetrieb nicht mehr zügeln, doch vereitelte eine Krankheit diesen Plan. Nach der Genesung brach er zur Krim auf, fuhr dann die Donau aufwärts und schließlich nach Dresden.

Dresden gefiel ihm gut, hier kaufte er ein Haus und hier fand er

Schulen, auf die er gern seine Kinder geschickt hätte, aber Katharina lehnte es in wütenden Briefen ab, nach Dresden zu ziehen (als Kompromiss auf halbem Wege zwischen Paris und Sankt Petersburg). Sie würde Russland niemals verlassen, ließ sie ihn wissen.

Noch Ende 1866 schrieb er immer wieder Briefe an seine Frau, beschwor sie, nach Paris zu ziehen oder wenigstens nach Dresden, erklärte ihr die ökonomischen und persönlichen Gründe für seinen Weggang aus Russland. Sankt Petersburg jedenfalls sei zu gefährlich für ihn, es könnte ihn in Versuchung führen, schon aus Gewohnheit, aber auch wegen seines gesellschaftlichen Status dort: »Ich kann nicht in Sankt Petersburg leben, ohne mein früheres Importgeschäft fortzusetzen.« (5. Mai 1867)

Schliemann verfiel in Depressionen über sein gescheitertes Privatleben, er drohte damit, seine Kinder von der Polizei holen zu lassen oder sie zu enterben, dachte auch wieder daran, sich in Amerika scheiden zu lassen. Dann schlug er vor, mit der ganzen Familie nach Amerika auszuwandern und dort neu anzufangen. Den homerischen Groll von Katharina der Hartnäckigen konnte er nicht überwinden. Er war vielleicht der Krösus von Europa und ein Gesprächspartner von Renan und anderen. Für seine Frau war er ein Nichts.

Amerikanisches Zwischenspiel

Heinrich Schliemann hatte den Traum vom Leben für die Wissenschaften verwirklichen können. Gleichwohl füllte ihn das neue Leben in Paris keineswegs aus. Wie wenig zielgerichtet seine neue Existenz war, zeigt seine Reise nach Amerika im Winter 1867/68. Sie diente vor allem der Information über die wirtschaftliche Lage in den USA nach dem Ende des Bürgerkriegs, der Zukunft seiner Investitionen dort, aber auch Plänen zur Veränderung seines privaten Lebens. Wenn es eines Beweises bedarf, dass er gedanklich noch weit entfernt war von Troia, so liefert ihn diese Reise, eine typische Schliemann-Reise, mit schnell wechselnden Stationen, mit vielen Briefen und Notizen, einem Tagebuch, in dem sich Erlebtes und vermutlich in Zeitungen und anderswo Gefundenes vermischen.

Zwar dachte er nicht daran, jemals wieder Kaufmann zu werden, doch auch von Paris aus hatte er sich stets über die wirtschaftliche Entwicklung in der Welt informiert. Er verfolgte das Börsengeschehen in New York, London und Paris, vergaß also die Verwaltung und Vermehrung seines Vermögens keineswegs, aber nun war das seine Nebenbeschäftigung. Ihn beunruhigten vor allem die Krise des internationalen Geldmarktes, der Verfall des Goldpreises, aber auch die Frage des weiteren Ausbaus der amerikanischen Eisenbahnen.

Ein vorrangiges Ziel war der Erwerb der amerikanischen Staatsbürgerschaft, wohl im Zusammenhang mit den Plänen zu seiner Scheidung. Schon 1851 in Kalifornien hatte Schliemann die Staatsbürgerschaft beantragt, aber nicht erhalten. 1867 in New York versuchte er es erneut. Doch er konnte nicht die dazu geforderten fünf Jahre Aufenthalt in den USA nachweisen, so dass auch dieser Versuch erfolglos blieb. Den Gedanken an eine Übersiedlung hatte er wohl noch nicht aufgegeben, denn in New York wie in Chicago erkundigte er sich über das Schulwesen und bewunderte die dort praktizierte Koedukation, die auch den Mädchen eine in Europa undenkbare Ausbildung garantierte.

Schliemann reiste durch mehrere Staaten, immer mit Eisenbahngesellschaften, von denen er Aktien erworben hatte oder erwerben wollte. Virginia, Tennessee, Alabama, Mississippi und Louisiana standen auf seinem Reiseplan. Die Stadt Chicago begeisterte ihn besonders, in mehreren Briefen beschrieb er die technischen und industriellen Wunder, die er dort erlebte, zehn Bücher könne man über diese Stadt schreiben. Er schilderte seine ausführlichen Gespräche mit dem Präsidenten Andrew Johnson, dem Finanzminister McCulloch und dem Kriegsminister General Grant in Washington, aber vielleicht hatte er auch diese Begegnungen wieder nur erfunden.

In einem Brief an Hepner vom 2. Dezember 1867 aus New Orleans heißt es: »Ich stehe jetzt am entferntesten Punkt meiner Reise.« Dass die Vorstellung der größtmöglichen Entfernung von realen oder imaginären Ausgangspunkten zu seinem Denken (und zum Antrieb seines Reisens) gehört, hatten wir schon auf der Überfahrt von Japan nach Kalifornien gesehen.

Nach seiner Visite verkaufte Schliemann diverse Papiere im Wert von 300 000 Dollar und investierte alles in Eisenbahnaktien. An die Firmen Schröder in London und in Amsterdam berichtete er über seine Eindrücke von der Wirtschaftslage. Manche Reportagen und Analysen hatte er gewiss aus der Zeitung abgeschrieben, etwa über die Lage der Afroamerikaner und die Folgen ihrer Emanzipation für den Arbeitsmarkt. Er meinte, man müsse sie durch indische Kulis ersetzen. Zwar hatte er auch zuweilen rassistische Anwandlungen, doch schrieb er wiederholt, dass auch die Schwarzen zu höherer Bildung fähig seien. Die »Neger« seien nicht faul, sondern genauso arbeitswillig und energisch wie weiße Arbeiter; moralisch und intellektuell überträfen sie ihre früheren Herren bei weitem. In New Orleans hatte er einige beeindruckende schwarze Persönlichkeiten kennen gelernt und deren rednerische Begabung und Temperament bewundert.

Entsetzt war Schliemann über das Ausmaß der Zerstörungen und die große Zahl der Kriegsinvaliden. Er äußerte sich zum Wiederaufbau der Südstaaten und die weitere Entwicklung der Märkte für Reis, Zucker und Baumwolle. Und er schilderte Besuche auf riesigen Soldatenfriedhöfen. Friedhöfe scheinen seit je große Anziehungskraft auf ihn ausgeübt zu haben. Die Fantasie der Analytiker findet in diesem Zug reichlich Nahrung für Theorien über seine (spätere) Leidenschaft für die »Spatenwissenschaft«. Das Grab der Mutter, das Grab des Bruders, Grabmonumente für in der Fremde Gestorbene (und am Ende seines Lebens sein eigenes gigantisches Grabmonument) haben ihn sehr beschäftigt. Ist das Graben und Ausgraben für ihn unbewusst mit dem Grab (der Mutter) verbunden? Hat schlicht die Nähe des Friedhofs von Ankershagen so stark auf ihn gewirkt? Was wollte er wieder aus der Erde holen? Was sollte wieder lebendig werden? Die eindringliche Beschreibung vom Soldatenfriedhof in den Südstaaten gibt solchen Überlegungen eine Grundlage.

Ein weiterer Abstecher führte ihn im Dezember 1867 nach Kuba. Auch dort erkundigte er sich über die Wirtschaftslage und äußerte sich schockiert über die Lage der Schwarzen und der Chinesen.

10 000 Chinesen waren dort nach nur kurzem Aufenthalt umgekommen. Seine Idee, statt ihrer Hindus und Molukken zu holen, die das Klima besser ertragen könnten, beruhte allerdings mehr auf Berechnung als auf Philanthropie. Er wie die Schröders hatten viel Geld in die kubanischen Eisenbahnen investiert, deren Ertrag vom Erfolg der Zuckerplantagen abhing, und für die waren billige Arbeitskräfte vonnöten.

Klima und Landschaft gefielen ihm außerordentlich, er wäre am liebsten gleich da geblieben und musste sich schließlich losreißen wie Odysseus von Kalypso. Aber ein heimlicher Traum scheint diese Insel geblieben zu sein. Er sollte noch einmal wiederkommen.

Zurück in New York hatte er ein Erlebnis, das vielleicht zu den unerkannten starken Einflüssen in seinem Leben gehörte: eine Lesung von Charles Dickens, der vor großem Publikum in mehreren Theatern in Boston wie in New York seine Weihnachtsgeschichte ›A Christmas Carol in Prose‹ vortrug, die Geschichte des reichen und kalten Geschäftsmannes Scrooge, dessen hartes Herz am Ende doch erweicht wird, weil er einsieht, dass er trotz seines Reichtums nur ein armer Mensch ist. Die Zeitungen in New York berichteten ausführlich über das Ereignis, so dass Schliemann vielleicht nur indirekt erfuhr, was Literatur bewirken und wie ein großer Autor gefeiert werden kann.

Oder ging ihm der Inhalt dieser Geschichte, dessen Hauptgestalt auch auf ihn gemünzt sein konnte, zu Herzen? Am 6. Januar, seinem Geburtstag und dem Datum des russischen Weihnachtsfestes, saß er unglücklich in seinem Hotelzimmer, dachte an seine drei Kinder in Sankt Petersburg und vergoss Tränen. 100 000 Dollar hätte er dafür gezahlt, an diesem Abend bei ihnen sein zu dürfen. Nach seiner Rückkehr nach Europa war er bereit, sich mit seiner russischen Familie wieder auszusöhnen, aber Katharina wollte nichts mehr von ihm wissen.

Im Gepäck seiner Amerikareise führte Schliemann eine Locke und einen Liebesbrief seiner unverheirateten Cousine Sophie aus Kalkhorst mit. Mit der Gleichaltrigen hatte es seit einiger Zeit einen regen Briefwechsel gegeben. Aber in diesem Jahr 1868 verstarb Sophie überraschend. Mit 46 Jahren war Heinrich Schliemann steinreich und herzensarm.

Die Verwandlung

Im Sommer 1868 unternimmt Schliemann wieder einmal eine Reise, besucht Rom und Neapel, lernt dort einiges über neuere Ausgrabungsmethoden, besichtigt in Süditalien und auf Sizilien Orte, die in den homerischen Epen eine Rolle spielen, ebenso dann auf Ithaka, in Mykene und anderswo auf dem griechischen Festland. Schließlich fährt er an die Dardanellen und besichtigt den Hügel, den ein kurz zuvor in Paris erschienenes Buch (fälschlich) als den Ort des sagenhaften Troia ausgibt. Schliemann beschreibt in Briefen seine Rührung angesichts so vieler mythologischer Orte, nimmt am 14. August den Dampfer nach Konstantinopel und reist langsam nach Paris zurück. Er schreibt vielleicht ein kleines Buch über diese Reise, wendet sich dann anderen Interessen zu und fragt sich, was sich seit 1864 wirklich in seinem Leben verändert hat.

So hätte es sehr leicht kommen können. Schliemann hätte den großen Inhalt seines Lebens verfehlen können, hätte er nicht am 14. August in der kleinen Stadt Çannakkale das Schiff nach Konstantinopel verpasst. So musste er auf den nächsten Dampfer warten, und das hieß, zwei Tage länger bleiben und sich ein Zimmer nehmen. Am nächsten Tag, am 15. August 1868, hatte er dann eine schicksalhafte Begegnung, deren Folgen sein ganzes Leben in eine andere Perspektive stellte, das bisherige wie die ihm verbleibenden 22 Jahre.

Oberflächlich betrachtet ließe sich Schliemanns Leben so erzählen: Ein armer Mann vom Lande kommt in die weite Welt und wird unermesslich reich. Als er der Geschäfte überdrüssig ist und auch seine privaten Probleme lösen kann, wendet er sich der Archäologie zu, zunächst als reisender Dilettant. Er mag etwas spleenig sein, aber das müssen geniale Menschen ja, er wird allerdings mehr und mehr zum Fachmann, der dann mit seinen troianischen Grabungen wirklich Epoche macht, ein Dilettant, der eine noch junge Wissenschaft auf eine neue Stufe hebt, indem er den Mythos Troia in die historische Wirklichkeit überführt.

Aber ganz so war es eben nicht.

Schaut man sich seine Geschichte in der Zeit vor Troia an und achtet dabei auf den markantesten Zug an ihm, die stete Weiterentwicklung seiner selbst gestrickten Lebenslegende, so sieht man bald, dass Troia erst spät und schlagartig zu einem Thema seines Lebens wurde, dass er jedoch zuvor, vom ersten schriftlichen Zeugnis an, bestimmte Attitüden, Interessen und Methoden der Selbstdarstellung entwickelt hatte, die mit dem neuen Thema in eine andere Phase überführt wurden.

Troia kam zu einem bestimmten Zeitpunkt hinzu, als Endpunkt und Krönung einer langen und ziellosen Suche. Und da er immer schon alles Wichtige auf seine Herkunft bezogen hatte, so schuf er auch für die neue Leidenschaft eine lebensgeschichtliche Erklärung.

Es war auch nicht so, dass ihn die Realität von Troia schließlich von seinem Spleen geheilt hätte; vielleicht wäre es so gekommen, hätte er nicht den Schatz des Priamos gefunden oder was er dafür hielt. Dieses große Ereignis brachte ihn vollends zurück in die Sphäre der Mythomanie, die seine eigentliche Konstante war. Sie spielte ständig in sein Leben hinein, sie war kein Ärgernis und keine Nebenerscheinung, sie war der Kern seiner Persönlichkeit, der alles beeinflusste, seine Bücher, seine Deutungen, sein Verhalten, bis zuletzt. Und eben dieser Zug, der für Archäologie und Wissenschaft anstößig sein mag, bedingt das Interesse an der Persönlichkeit Schliemanns. Er ist einer der komplexesten und kompletttesten Fälle von Mythomanie, die sich finden lassen.

Troia war nicht der Traum, den er immer schon gehegt hatte; wir können rekonstruieren, wie es dazu wurde, wie er dorthin kam. Aber Troia war die Pointe zu einer Entwicklung, die immer schon begonnen hatte. Durch Fénelons ›Telemach‹ kam das Thema Troia in sein Leben, aber erst nachträglich erkannte er, was es für ihn an Möglichkeiten bereithielt.

Schliemann erfüllte sich nach 1868 nicht endlich einen alten Traum. Nach langen Jahren des Suchens und Irrens, in denen für ihn der Satz von Peer Gynt galt: »Fürs Erste mach ich Weltbereiser«, fand er auf einer dieser Reisen durch Zufall und in letzter Sekunde den Ort und das Thema, aus dem er dann den Mythos seines Lebens wob, bis er schließlich einen Fund machte (oder inszenierte), der auch seinen persönlichen Legendenschatz krönte.

Troia bot alles, was zu Form und Inhalt seiner Suche passte: ein Vergangenes, das gegenwärtiges Erleben werden konnte, Mythos und Wirklichkeit zumal, Anlass zu philologischer und praktischer Tätigkeit, ein Thema von internationaler Aufmerksamkeit, das Ruhm und Glanz für den Entdecker versprach. Und hier konnte er alles ins Spiel bringen, was er zuvor geleistet, gelernt und erworben hatte. Sein Vermögen sicherte seine völlige Unabhängigkeit und Handlungsfreiheit, seine vielfältigen Kontakte in ganz Europa sicherten ihm internationale Aufmerksamkeit, seine Art des enzyklopädischen Reisens und des permanenten Schreibens und Notierens diente seiner publizistischen Arbeit, sein Vermögen als Sprachentalent und Zeichner und seine planerischen Fähigkeiten erleichterten die groß angelegten Ausgrabungskampagnen. Von seiner persönlichen Entdeckung Troias her erschien alles Bisherige als Vorbereitung, als harte, umwegreiche, aber sinnvolle Vorgeschichte. Wenn es wirklich ein alter Traum gewesen wäre, hätte er ihn sich ja gleich 1865 erfüllen können; er fand das Thema, als es reif war, durch die Vorarbeiten anderer.

Es musste eine blitzartige Eingebung gewesen sein, die sein bisheriges Leben in neuem Licht erscheinen ließ. Aber das konnte er nicht zugeben, er hatte seit je eine andere Lebenskonstruktion gewählt. Wie zufällig es war, zeigt die Tatsache, dass er im Sommer

1868 beinahe an seinem Idealziel vorbei gereist wäre. Sein Leben bestand immer aus entschlossen ergriffenen Möglichkeiten, Situationen, in denen er sich selbst plötzlich enthüllt wurde, aus einer endlosen Kette von unglaublichen Glücksfällen.

Was ihn nach Troia und zum Entschluss des Ausgrabens brachte, war seine Unruhe, seine Suche und Offenheit, und seine Mythomanie, seine Methode, alles in Ich-Geschichten umzugestalten. Und diese Mythomanie hat er nie überwunden, sie wirkte fort bis ins Herz seiner Ausgräberei und bis an sein Lebensende. Dieser Zug seines Charakters erklärt, dass er, bevor er Troia ausgrub, erst sein ganzes Leben änderte, seine Lebenskonstruktion umbaute, in einer aufwändigen Aktion zwischen Indianapolis und Athen, deren einzelne Schritte Züge seines Charakters bloßlegen. Diese Art, sich über Zeit und Raum hinwegzusetzen, gehörte auch zu seiner Mythomanie.

Nicht Heinrich Schliemann hatte Troia, sondern das Thema Troia hatte ihn gefunden. Aber wo lag Troia?

Götter, Hügel und gelehrte Theorien

Die wundervolle Stadt Troia, welche die Meerenge des Hellespont beherrschte, war den Göttern sehr lieb und sie wollten ihren Bestand für alle Zeiten verbürgen. Deshalb schickten sie aus ihrem Kreis Apollon und Poseidon auf die Erde, damit sie unerschütterliche Mauern für jene Ansiedlung bauten. In der Gestalt der beiden Götter war die natürliche Kraft von Erde und Meer gepaart mit höchster strategischer und ökonomischer Intelligenz.

Troias König Laomedon aber wusste nicht, dass es Götter waren, die ihn als Baumeister aufgesucht hatten, für ihn waren sie nur nützliche Handlanger, die er nach geleisteter Arbeit um ihren Lohn prellte und schimpflich verjagte. Dieser Undank der Menschen erboste die Götter. Undank, Hochmut, Göttervergessenheit erforderten Strafe. Somit war der Untergang der Stadt schon beschlossen. Troia musste fallen.

Jedoch waren die Mauern nun einmal errichtet und sie waren Götterwerk, von Menschenhand waren sie nicht zu zerstören. Somit bedurfte es der Verwicklung vielfacher Schicksalsstränge, also einer indirekten Methode, um die Stadt, die in Hektor zudem einen großen Feldherrn besaß, zu bestrafen. Angreifer wie Verteidiger mobilisierten ganze Völkerschaften und große Helden, aber nur durch eine List konnte Troia fallen, nur wenn es gelänge, in die Stadt zu kommen, zum Beispiel durch ein hölzernes Pferd, in dem sich Krieger versteckten.

Wie Troia fiel, davon erzählte ein Dichter, den die Griechen Homeros nannten, in zwei Epen, wenn auch nur indirekt. Das eine, die ›Ilias‹, schilderte einige Episoden aus dem zehnjährigen Krieg vor und um Troia, wobei Zwietracht im Lager der Griechen, nämlich ein Streit zwischen ihrem Anführer Agamemnon und ihrem größten Helden, dem jungen Achilles, sowie das Duell des Achilles mit Hektor im Mittelpunkt stehen, und das andere Epos, die ›Odyssee‹, erzählte von den zehnjährigen Irrfahrten und Abenteuern des griechischen Heerführers Odysseus auf seinem Heimweg. Diese Geschichten müssen in der griechischen Welt sehr bekannt gewesen sein, denn schon sehr frühe Vasenbilder zeigten Szenen aus beiden Epen.

Diese Heldenlieder aus dem 8. Jahrhundert v. Chr. bildeten die Grundlage der altgriechischen und später der römischen, ja der gesamten abendländischen Literatur. Sie waren so etwas wie die Bibel der alten Griechen, als Mythensammlung, als vorbildliche Dichtung, als sprachlicher Horizont. Schon die Kinder im alten Athen wurden in ihren Schulen mit diesen Versen traktiert. Und schon in der Antike haben sich Historiker, Philosophen, Geografen und Philologen mit der Frage befasst, ob der Troianische Krieg ein historisches Ereignis war, wo die Stadt Troia gelegen haben mochte und auch, wer jener Homer gewesen war, und sie waren über diese Fragen durchaus unterschiedlicher Meinung.

Über die Jahrhunderte hinweg spielte dieses Problem immer wieder eine Rolle, denn der Mythos von Troia blieb unvergessen. Antike Herrscher von Alexander dem Großen bis zu den römischen Kaisern, aber auch schon der persische König Xerxes, erwiesen der Heldenstadt und ihrem vermeintlichen Ort in der

Ebene an den Dardanellen, der so genannten Troas, ihre Reverenz.

Ob Mecklenburger eine besondere Affinität zu dieser Frage nach Homer und Troia haben, sei dahingestellt, jedenfalls erschien im Jahre 1798 in Neustrelitz ein Buch des Gelehrten Carl Gotthold Lenz mit dem barocken Titel ›Die Ebene von Troia nach dem Grafen Choiseul-Gouffier und anderen Reisenden nebst einer Abhandlung des Hrn. Major Müller in Göttingen und Erläuterungen über den Schauplatz der Ilias und die darauf vorgefallenen Begebenheiten‹.

Militärs waren natürlich besonders kompetent, denn man stellte sich vor allem die Frage, wo man die von Homer geschilderten Heerlager und Kämpfe in der Troas ansiedeln könnte. Damit hatte sich auch 1795 der französische Botschafter in Konstantinopel, Graf Choiseul-Gouffier, befasst, der mit mehreren »geschickten jungen Leuten« die Ebene bereist hatte, Architekten, Astronomen, Malern und Ingenieuren, von denen er Karten und Skizzen anfertigen ließ. Zu den wichtigsten Helfern des Grafen gehörte der aus der Normandie stammende Jean-Baptiste Lechevalier, der sich mit seinem Vorgesetzten bald »wegen des Anteils, den jeder an diesen Entdeckungen haben sollte«, zerstritt. Um ihn loszuwerden, schickte der Botschafter den Untergebenen auf gefährliche Missionen, die dieser aber überlebte. Man ahnt den dazugehörigen Abenteuerroman. Lechevalier hatte große Visionen, denen auch seine troianischen Forschungen dienen sollten; er wollte »einst den Geist aller Völker Europas in ein großes Gemälde zusammenfassen«. Die Idee vom vereinten Europa mit Homer als Ahnherren ließ sich zwar nicht verwirklichen, die Troia-Frage aber erlebte eine neue Konjunktur. »Seit dem Grafen Choiseul ist es bei allen europäischen Gesandten Mode geworden, einmal nach Troia zu wallfahrten, und auch andere Reisende sind dorthin auf Entdeckungen ausgegangen und gehen noch darauf aus«, schrieb Lenz und führte Beispiele von Leuten an, die mit Homer in der Hand die Gegend bereisten. Er selbst, Lenz, saß nur zu Hause und arbeitete mit den ihm zugänglichen Quellen und

Berichten und verfasste doch eine nützliche und zuverlässige Übersicht.

Aber gerade in jenem Jahre 1795 vertrat der deutsche Gelehrte Friedrich August Wolf aus Halle in seinen ›Anmerkungen zu Homer‹ die These, dass es nie einen Dichter dieses Namens gegeben habe, dass die beiden Epen lediglich Teil eines überlieferten Legendenschatzes seien. Seither konnte man die Dichter und die Philologen danach unterscheiden, ob sie an die persönliche Existenz eines Epikers namens Homer glaubten. Goethe hat in der Frage mehrfach seine Meinung gewechselt, für Hölderlin stand die historische Realität Homers außer Zweifel, ebenso für Wilhelm von Humboldt und für Schelling, Friedrich Schlegel hingegen verteidigte Wolf.

> Farewell, old Homer's Troy
> The song of men and boy!

So heißt es in einem englischen Gedicht von 1797 (das Lenz zitiert), in dem auch die alte Klage des Troia-Besuchers Alexander von Makedonien aufgenommen wurde: Wo einst die von Homer besungene heldenhafte Stadt gelegen habe (»ubi Troia fuit«), erstreckten sich nun Kornfelder, die jede beliebige Sichel niedermähen könne. War von Troia wirklich nichts übrig geblieben?

Von der Insel Lesbos aus gesehen, also vom Süden kommend, war die Ebene der Troas, folgt man Eindrücken von Reisenden um 1850, zunächst ein langes Stück Ufer, das im Westen von einer kleinen Erhebung abgeschlossen wurde. Segelte man hinein in die Meerenge der Dardanellen, die Wasserstraße zwischen Europa und Asien, in der Antike Hellespont genannt, dann wurde hinter dem Kap ein zweites noch längeres Ufer sichtbar. Von jenem Ufer aus erkannte man in der Mitte der Ebene eine leichte Anhöhe, kaum mehr als 30 Meter hoch, der man zunächst weiter keine Bedeutung beimaß. Am östlichen Ende der Ebene sah man einen mittleren Höhenzug sich auftürmen, das Ida-Gebirge, aus dem der eine oder andere vorgelagerte Hügel sich abhob. Auf manchen standen kleine Windmühlen aufgereiht. An der Küstenlinie, aber auch an einzelnen Stellen der Ebene fielen markante Kuppen auf, die günstige Ausgucke aufs Meer oder ins Umland boten; von alters her waren sie mit den Namen antiker Helden belegt, als deren Grabstätten sie galten.

In breiten Flussbetten strömte das Wasser aus der Ebene ins Meer. Zwei Flüsse nennt Homer: Skamander und Simoeis, und zwei Flüsse entdeckten die Reisenden in der Ebene, die auf Türkisch Küçük Menderes und Dümrek hießen. Entsprachen sie den homerischen Flüssen? Konnten sie helfen, die Lage Troias zu klären? Im Sommer war der »kleine« Menderes ein schmaler ruhiger Fluss, im Winter konnte er reißend werden und breit. Am Ufer standen Weiden und Pappeln, bewässerte Gärten und Wiesen wechselten mit Obstanbau, überwiegend aber war die Landschaft von trockener Steppe geprägt.

Die Ebene der Troas war eigentlich recht klein, vom türkischen Schloss Kumkale an der Küste bis zu dem Hügel, den die Seeleute das Grab des Ajax nannten, war sie keine vier Kilometer breit, bis zu fünf Kilometer tief in Richtung des ersten Hügels, an manchen Stellen auch nur zwei Kilometer. 13 Kilometer vom Meer entfernt, gleich neben einer Anhöhe mit einem steilen Felsen, trat der Fluss Menderes aus dem Ida-Gebirge, hier noch als Gebirgsfluss mit klarem Wasser, erst weiter unten führte er Schlamm mit.

Von Konstantinopel kommend, bestieg man das Schiff im Hafen von Galata und fuhr durch das tiefblaue Wasser der Dardanellen. Das europäische Ufer zur Rechten wirkte karg und ärmlich, das asiatische stärker bewachsen, man erkannte bewaldete Berghöhen im Hintergrund. Vom Schloss von Chanak Kalessik, einer kleinen Stadt mit engen verwinkelten Straßen, fuhr man mit einem kleinen Boot weiter nach Kumkale, am äußersten Ende der Meerenge, einem ärmlichen Dorf, dessen Burg einzustürzen drohte.

Der nördlichste Teil der Ebene war Schwemmland mit weit auslaufendem, sandigem Strand und wurde nach Westen hin begrenzt durch das Vorgebirge Sigeum (Jenischehr), östlich durch den Hügel Intepe (Grab des Ajax). Das flache Land war sehr sumpfig, stellenweise fanden sich Äcker mit Weizen und Gerste zwischen armseligen Dörfern. Auf den flachen Dächern der niedrigen Steinhäuser nisteten die Störche. Näherte man sich dem

Ida-Gebirge, erkannte man auf einzelnen Anhöhen weiße Minarette, die Vegetation wurde dichter, es gab zahllose Quellen und Brunnen. Hier wuchsen Platanen, Weiden, Eichen und Ölbäume, dazwischen weideten Büffel, Schafe und Pferde.

Bei der Suche nach Troia ging man von der Vorstellung aus, dass die Stadt auf einem vorgeschobenen Hügel über der Ebene gelegen habe, nicht allzu weit vom Meer entfernt. Der erste, etwas niedrige Hügel, den man gleich von der Küste aus erblickt, war in der Antike lange Zeit als möglicher Ort genannt worden (von Herodot, Xenophon, Plutarch und anderen). In römischer Zeit hatte dort eine Nachfolgestadt gelegen, Ilium Novum genannt, Neu-Troia. Doch schon damals wurde Widerspruch laut. Demetrius von Skepsis, der selbst aus der Troas stammte, hatte in einem umfangreichen Homer-Kommentar alle bisherigen Ansichten zu der Frage resümiert und für einen näher am Gebirge gelegenen Hügel plädiert. Der römische Autor Strabo verlieh dieser skeptischen Theorie in seinen geografischen Abhandlungen besondere Autorität.

Seit der Renaissance wurde Troia wieder zum Anziehungspunkt. Vor Schliemann haben etwa 200 Reisende schriftliche Zeugnisse hinterlassen. Schon 1846 erschien in Paris ein Buch von Louis Vivien de Saint-Martin, das die lange Geschichte der Reiseberichte aus der Troas zusammenfasste. Nach Schliemann wurde es geradezu eine Mode: allein im Jahrzehnt nach seiner ersten Veröffentlichung erschienen von 70 verschiedenen Autoren über 100 Publikationen in Europa zum Thema Troia.

Der erste Reisende der Neuzeit, der Franzose Pierre Belon du Mans (Bellonius), hielt im Anschluss an Strabo 1548 einen näher am Ida-Gebirge gelegenen Hügel für das alte Troia. Nach 1600 unterhielten alle großen Mächte Botschaften in Konstantinopel, mit der Folge, dass immer mehr Besucher in die Troas kamen, die meisten Reisenden waren Engländer. Bald auch schon gab es erste, noch sehr ungenaue Karten.

1718 besichtigte Lady Mary Wortley Montagu, die Frau des englischen Botschafters in Konstantinopel den Ort; ihre gefühlvollen homerischen Reminiszenzen wurden erst 1763 veröffentlicht. Der erste deutsche Reisende war 1768 Johann Hermann von Riedesel, ein Schüler von Winckelmann.

Meist blieb es bei einer allgemeinen Besichtigung der Ebene, ohne spezielle Lokalisierungen. Anhaltspunkte waren die als Gräber der einzelnen Helden bezeichneten Hügel, dazu die Ebene, in der die Kämpfe stattgefunden haben mochten, sowie die beiden wichtigen Flüsse, deren genaue Identifizierung aber problematisch war. Schon damals kam der Gedanke auf, dass sich die Geografie der Ebene und der Verlauf der Flüsse seit der Antike geändert haben könnten.

Erst gegen Ende des 18. Jahrhunderts ging es präzise ans Kartografieren und die genaue Lagebestimmung. Die unternahm der schon genannte Jean-Baptiste Lechevalier, Gelehrter und Geschäftsmann, der an die französische Botschaft in Konstantinopel berufen worden war. Seine erste Visite machte er 1785, auf der Hinreise. 1786 und 1787 schickte ihn der Botschafter erneut dorthin, nun in Begleitung eines Malers; Lechevalier gab eine klare Lokalisierung: den felsigen Hügel Balli Dağ oberhalb des Dorfes Pinarbasi (traditionell Bunarbaschi geschrieben) gleich am Ausgang des Ida-Gebirges, also über zehn Kilometer von der Küste entfernt. Zugleich identifizierte er die beiden Flüsse, den Menderes als Homers Simoeis und den Demrük als Skamander.

Nachdem Lechevalier die erste Troia-Theorie aufgestellt hatte, wurde er vom Botschafter mit anderen Missionen betraut, weil dieser sich die Vaterschaft der Erkenntnisse aneignen wollte; zudem unternahm er Ausgrabungen am so genannten Grab des Achilles. Lechevalier setzte sich ab und ging während der Revolution nach Edinburgh, wo sein Buch über Troia ein großes Echo fand.

Marie Gabriel Florent Auguste Graf von Choiseul-Gouffier hatte 1782 ein Reisebuch aus Griechenland veröffentlicht (›Voyages pittoresques en Grèce‹), und war 1784 Botschafter in Konstantinopel geworden. 1792 floh er vor der Revolution an den Hof des russischen Zaren, lebte erst ab 1802 wieder in Paris, wo er 1809 eine neue Ausgabe seines Reisebuches veröffentlichte, nun auch mit Abhandlungen zur Troia-Frage. Aber die wesentliche Arbeit war von Lechevalier geleistet worden, dessen Identifizierung für das 19. Jahrhundert der Maßstab aller Dinge in Sachen Troia wurde. Widerspruch gab es nur vereinzelt und an sehr versteckter Stelle.

Nach 1800 erhielt die Region der Dardanellen strategische Bedeutung, was zu verstärkten Anstrengungen der Kartografen führte; nun waren Briten und Türken gegen Napoleon verbündet, der seine Armeen nach Ägypten geschickt hatte, sehr zum langfristigen Vorteil der Archäologie übrigens.

Zu den neuen britischen Reisenden gehörte Edward Daniel Clarke, der sich gegen die Lokalisierung von Lechevalier aussprach und nach kleineren archäologischen Sondierungen zu der Auffassung kam, das antike Troia habe auf einem anderen Hügel gelegen, nämlich jenem näher am Meer unweit des Dorfes Tevfikiye gelegenen, der von den Einheimischen Asarlik oder auch Hissarlik genannt wurde; letzteres ist der in der Literatur eingebürgerte Name, er bedeutet Burghügel. Dieser lag ursprünglich vielleicht acht Meter über dem Plateau, dessen äußerste Spitze er bildete, und bis zu 30 Meter über der Ebene, die sich bis zum Meer vor ihm erstreckte. Damit war Clarke auf den in der Antike zuerst genannten Ort zurückgekommen, an dem auch das römische Neu-Troia gelegen hatte. Diese Deutung setzte eine andere Identifizierung der beiden Flüsse voraus. Der Menderes entsprach dem Skamander, dem troianischen Fluss schlechthin, der Dümrek dem kleineren Simoeis.

Der englische Diplomat William Turner besuchte 1812 und 1816 die Troas; er kannte die Theorien von Lechevalier und von Clarke und kam nach mehreren Besichtigungen zu der Auffassung, dass man noch gar keine Entscheidung fällen könne, solange es keine zuverlässige Karte der gesamten Ebene gebe (›Journal of a Tour in the Levant‹, London 1820).

Turners Wunsch erfüllte sich erst 1839/40 durch ein ganzes Team unter der Leitung von Vizeadmiral Thomas Spratt und Commander Graves. Das Ergebnis war eine sehr detaillierte Karte, die dann 1844 von der britischen Admiralität veröffentlicht und zur Grundlage aller folgenden Reisen und Forschungen wurde, wobei Spratt und die seinen aber bei der Theorie von Lechevalier blieben und Bunarbaschi als Troia annahmen. Zu den Kartografen hatte auch der Kieler Altertumsforscher Peter Wilhelm Forchhammer gehört, der 1850 eine ›Beschreibung der Ebene von Troia‹ veröffentlichte.

Des Rätsels Lösung sehr nahe kam ein junger Deutscher, Carl Gustav von Eckenbrecher, der 1840 dreimal die Ebene inspizierte. Er sah gute Gründe, das alte Troia mit der Nachfolgestadt Novum Ilium zu identifizieren. Aber seine in einer kleinen Broschüre erschienene Darstellung (›Über die Lage des homerischen Ilion‹, 1842) wies einige geografische Ungereimtheiten auf.

Vom puren Augenschein der Topografie her war keine Entscheidung möglich, die suggestiven Beschreibungen Homers hätten auf viele andere Ebenen und Hügel auch gepasst. Das Seltsame war, dass kaum jemand ernsthafte Ausgrabungen gemacht hatte, dass immer nur mit den strategischen Befunden aus der ›Ilias‹ argumentiert wurde (wo war das Schiffslager der Griechen, wo fand welche Auseinandersetzung statt), was ja unterstellt, dass das Epos auch im Detail ein reales Geschehen wiedergibt. Wenn niemand auf die Idee gekommen war, die historische Frage nach Troia mit dem Spaten (oder feineren Werkzeugen) zu entscheiden, so deshalb, weil die Feldarchäologie noch eine sehr junge Wissenschaft war.

Der Erste, der es mit dem Spaten versucht hatte, war Choiseul-Gouffier gewesen. Die Erlaubnis dazu war nur schwer zu bekommen, Ausgräber waren als Schatzsucher verdächtig oder gar als Spione. Dass diese Befürchtung der Türken nicht so unberechtigt war, zeigte sich im Ersten Weltkrieg, als 1915 und 1916 englische, australische und französische Truppen einen Landungsversuch an den Dardanellen unternahmen und nach verlustreichen Gefechten abgewehrt wurden, allerdings auf der europäischen Seite, von einem kleinen Vorstoß französischer Truppen auf der asiatischen Seite abgesehen. Beinahe also wäre Troia noch einmal zum Schlachtfeld geworden.

Die erste systematische Ausgrabung mit dem Ziel, die Lage von Troia festzustellen, unternahm 1864 der österreichische Konsul für das östliche Griechenland, Johann Georg von Hahn, begleitet von dem Astronomen Julius Schmidt und dem Architekten Ernst Ziller. Er grub an dem Ort, den Lechevalier angegeben hatte, auf dem Hügel Balli Dağ oder Balli Kaya (Honighügel), eine Erhebung, die von einem unzugänglichen Felsen von 150 Meter Höhe gekrönt wird.

Von Hahn fand aber nach einem Monat Arbeit nichts, was die Existenz einer alten Stadt belegt hätte und folgerte daraus, es habe das alte Troia in der Realität gar nicht gegeben. »Ich gehöre nämlich zu denjenigen, welche den Sagen der ›Ilias‹ (wie aller echten Sage überhaupt) als dem ausschließlichen Erzeugnis der Fantasie unserer Urväter jede geschichtliche Bedeutung absprechen.« Übereinstimmungen von Topografie und Epos zeugten nur davon, dass Homer die Örtlichkeiten gekannt hatte, nicht aber von der geschichtlichen Wahrheit der von ihm erzählten Ereignisse. Homer (er)fand nur einen realen Schauplatz für eine schon bekannte und anderswoher überlieferte Sage (›Die Ausgrabung auf der Homerischen Pergamos‹, Leipzig 1865).

Eine deutsche Kommission unter der Leitung des Archäologen Ernst Curtius kam 1871 nach flüchtiger Besichtigung gleichwohl zu dem hochamtlichen Ergebnis, Troia habe dennoch da gelegen, wo von Hahn es nicht gefunden hatte. Diesen akademischen Fachleuten sollte es sehr schwer fallen, eine ganz andere Theorie zu akzeptieren, mit der sie bald konfrontiert werden sollten, und zwar auf der Basis konkreter Funde.

Im Jahr 1869 hielt in Basel Friedrich Nietzsche seine Antrittsvorlesung über die Persönlichkeit Homers (»Homer und die klassische Philologie«). Nietzsche glaubte aus ästhetischen Gründen an den einen großen Dichter von ›Ilias‹ und ›Odyssee‹, aber Homer war für ihn keine historische Gestalt, sondern nur ein mythischer Name, in einer langen Tradition entstanden (wie Orpheus oder Dädalus). War man nach 70 Jahren Erforschung der Troas wieder bei Wolfs These angekommen?

»Of Dardan tours let Dilettanti tell«, dichtete Lord Byron, der 1810 zwei Wochen lang die Troas erkundete, ohne eine Spur von

Troia zu entdecken. »Dilettanten« war dabei kein abfälliges Wort, sondern der auch historisch korrekte Begriff für die englischen Reisenden, die von Schauplätzen und Bauwerken der Antike angezogen wurden. 1732 war in London die Society of Dilettanti gegründet worden, eine Gesellschaft zur Erforschung antiker Bauruinen und historischer Schauplätze. Ihre Mitglieder, meist englische Adlige, reisten durch Italien oder Griechenland und brachten Beschreibungen, Zeichnungen und Berichte mit. Auch setzten sie sich für den Erhalt historischer Stätten ein. Von Ausgraben war noch keine Rede.

Der französische Arzt Jacques Spon (1647–1685) aus Lyon, auch er ein früher Troia-Reisender (1675) gebrauchte erstmals 1685 das Wort *Archaeologica* statt des zuvor üblichen *Antiquaria*. Gemeint wurde mit beiden Begriffen die historische Einordnung von Kunstgegenständen und Sammlerstücken aus der Antike. Als Wissenschaft galt die Archäologie erst seit Winckelmann, sie blieb aber weitgehend ästhetische Anschauung, Beschreibung, Systematisierung. Starke Impulse erhielt sie durch Napoleons Expedition nach Ägypten 1798/1801. Die wichtigsten Ausgrabungsstätten waren aber unzweifelhaft Pompei und Herkulaneum, wo man schon seit dem 17. Jahrhundert immer wieder Funde gemacht und auch gezielte Grabungsaktionen unternommen hatte. Neben Rom waren sie der Entwicklungsort der Archäologie schlechthin, doch ging es dabei meist nur um die Suche nach Skulpturen und Schätzen, selten um die Klärung historischer Fragen.

Im 18. und frühen 19. Jahrhundert gab es zumeist nur Schatzgräberei und Raubgrabungen. Nur wenn Aussicht auf wertvolle Objekte bestand, konnte man auf staatliche Förderung oder auf Käufer hoffen. In Ägypten etwa führte nach 1815 Giovanni Belzoni Grabungen durch, ein Abenteurer und Geschäftemacher, der nicht zögerte, in altägyptische Statuen seinen Namen einmeißeln zu lassen. Um verschiedene Grabungsplätze in Ägypten oder Babylonien gab es Rivalitäten wie um Goldgräberclaims sowie räuberische Verlagerungen von Statuen, die dabei oft beschädigt wurden oder verloren gingen.

Seit 1811 fanden erste Grabungen in Griechenland statt. Nach der Unabhängigkeit von der Türkei hatte die griechische Regierung aber, anders als die türkische, jede Ausfuhr von Kunstwerken verboten.

1828 wurde in Rom das Istituto di Corrispondenza Archeologica gegründet, zu dessen Mitgliedern Gelehrte und Diplomaten zählten, aber auch Künstler aller Länder, wie etwa Goethe. Das römische Institut ging 1859 in eine preußische Institution über, 1874 wurde es vom Deutschen Reich übernommen. Im selben Jahr kam es auch zur Gründung des Deutschen Archäologischen Instituts in Athen, wo ein entsprechendes Französisches Institut schon seit 1846 existierte (die Ecole Française d'Athènes).

1860 veranlasste das endlich vereinigte Italien einen neuen Anlauf bei den Ausgrabungen in Pompei. Für einige Monate ernannte Garibaldi den französischen Schriftsteller Alexandre Dumas zum Leiter der Stätten, sein Nachfolger wurde aber bald Giuseppe Fiorelli, der völlig neue Methoden der Archäologie einführte wie die Freilegung von Wohnblöcken oder die Konservierung am Fundort.

1867 zeigte die Pariser Weltausstellung Sammlungen mit vor- und frühgeschichtlichem Material und erregte damit großes Aufsehen. Erst in diesen Jahren nach 1860 reifte die allmähliche Erkenntnis, dass die Geschichte der Menschheit älter als 6000 Jahre sein musste, wie man auf biblischer Basis errechnet hatte. »Wir wissen nicht, wann die Menschheit begonnen hat, ... die Geschichtswissenschaft gibt es erst seit gestern«, schrieb Emile Burnouf in seinen gesammelten Abhandlungen zur Antike (›Mémoires sur l'Antiquité‹), die 1879 erschienen und erstmals nach Schliemanns Grabungen die Troia-Frage neu aufrollten. Dieser Satz zeigt, wie unsicher das Gelände war, auf dem man sich bewegte, denn die Feldarchäologie war eine noch jüngere Wissenschaft als die Geschichtswissenschaft.

In den gelehrten Auseinandersetzungen um die Lage von Troia war kaum beachtet worden, dass ein Autodidakt aus Edinburgh schon 1822 das Rätsel gelöst hatte. Charles Maclaren hatte am heimischen Schreibtisch, auf der Basis von Studien der antiken Autoren, dafür plädiert, Novum Ilium, also Hissarlik, als Ort von Troia anzunehmen. Erst 1847 reiste er in die Troas, und 1863, im Alter von 80 Jahren, publizierte er eine Monografie zu diesem Thema. Charles Maclaren (1782–1866) war Autodidakt und Journalist, gab die Zeitung ›The Scotsman‹ heraus und wurde 1820 Mitherausgeber der ›Encyclopaedia Britannica‹, später auch Vorsitzender der Geografischen Gesellschaft von Edinburgh.

Der barock lange Titel seiner Abhandlung enthielt schon seine These: ›Beschreibung der Ebene von Troia und Beweis der Identität von Homers Ilion mit Strabos Neu-Ilium durch Vergleich der Angaben des Dichters mit den Gegebenheiten der Topographie‹. Troia lag für ihn auf dem Hügel von Hissarlik, womit er sich der Theorie von Lechevalier klar entgegenstellte. Den Troianischen Krieg schätzte Maclaren als reales Ereignis ein. Seine Schrift von 1863 wurde der entscheidende Anstoß für den eigentlichen Entdecker von Troia, dessen Name heute nur noch die Fachleute kennen.

Der Entdecker

Wir müssen uns Frank Calvert als hageren, wortkargen, leicht mürrischen, vielleicht etwas verschroben wirkenden Mann vorstellen. Dabei war er gewiss kein Sonderling, er besaß durchaus Wirklichkeitssinn, nur verstand er es nicht, seine Ideen und seine Verdienste geltend zu machen. Bescheidenheit und Hilfsbereitschaft erwiesen sich in seinem Fall nicht unbedingt als Tugenden. Auch war er es zu sehr gewohnt, sich seinen älteren Brüdern unterzuordnen.

Die Calverts, eine weit verzweigte englische Familie, waren schon länger an den Dardanellen ansässig. Verschiedene Mitglieder aus dieser Familie hatten zu verschiedenen Zeiten dort konsularische Befugnisse, in seinen späteren Jahren auch Frank Calvert. Er wurde 1828 auf der Insel Malta geboren, besuchte dort bis zu seinem 16. Lebensjahr die Schule und zog dann zu einem Onkel und mehreren Brüdern nach Renkioi (Erenköy) in die Troas.

Vom ersten Tag an befasste er sich mit der Landschaft seiner neuen Heimat und schien eine wahre Leidenschaft für Geografie zu hegen.

Auch sein Bruder Frederick war viel unterwegs, doch er dachte mehr an die guten Geschäfte. In der Ebene fand man sehr leicht Kunstgegenstände, Vasen und Münzen, die man an die wachsende Zahl der Reisenden verkaufen konnte, auch in Konstantinopel oder in Smyrna. Frank Calvert diente zahlreichen Besuchern als Führer. Kaum jemand kannte die Gegend so gründlich wie er. Auf der Familienfarm gab es eine große Sammlung an Altertümern zu besichtigen. »Das Calvert'sche Haus an den Dardanellen ist gleichsam das Hauptquartier aller troischen Forschungen. Dort ist ein reiches Museum von Altertümern der Landschaft, dort die größte Detailkenntnis aller Mauerreste, Funde und Fundstätten«, schrieb Ernst Curtius nach einem Besuch.

Frank Calvert las sehr viel, machte sich mit den beiden Theorien über die Lage Troias vertraut, begann auch Artikel über seine Erkundungen zu schreiben, stets sehr knapp und konzentriert. Später wurde er sogar Ehrenmitglied der Königlichen Archäologischen Gesellschaft.

Am 20. Februar 1853 lernte er Charles Thomas Newton kennen, einen bedeutenden Gelehrten, der in Oxford studiert hatte und seit 1860 im Britischen Museum die Abteilung für griechische und römische Antike leitete. Newton ließ sich nach Bunarbaschi begleiten, das auch Calvert noch für Troia hielt, zeigte sich aber weder von diesem Hügel noch von Hissarlik als Ort des historischen Troia überzeugt. Calvert glaubte einen Förderer für künftige Forschungen gefunden zu haben, doch maß ihm Newton keine weitere Bedeutung in dieser Sache bei. In seinem erst 1865 erschienenen Buch über diese Reise erwähnte er Calvert nicht. Newton hielt jedoch den Kontakt aufrecht, da er über die Calverts günstig antike Skulpturen und Münzen erwerben konnte.

1863 las Calvert die Studie von Maclaren, die für Hissarlik plädierte. Und als er im Jahr danach miterlebte, dass der Konsul von Hahn in Bunarbaschi nicht fündig wurde, war er endgültig überzeugt, dass Troia nur auf dem Hügel Hissarlik gelegen haben konnte, auf dem er sogleich ein Stück Land erwarb. Probegrabungen stützten diese Ansicht, doch wurde ihm rasch klar, dass er die nötigen Arbeiten ohne finanzielle und organisatorische Hilfe nicht bewältigen konnte. Er schrieb an Newton in London und beantragte Unterstützung beim British Museum. Newton versprach, den Antrag an eine Kommission weiterzuleiten, sorgte aber selbst dafür, dass der Antrag abgelehnt wurde. Bei einem Besuch in Smyrna, wo Calvert ihn sprechen wollte, ließ sich Newton verleugnen. Calvert wollte uneigennützig arbeiten, alle Funde sollten dem Museum in London zugute kommen. Allerdings ging er nicht lauthals mit der Idee hausieren, dass er schon Troia gefunden hatte, denn es war noch Hypothese. Unnütze Vorsicht.

Zehn Jahre lang belagerte Calvert den einflussreichen Herrn Newton in London, aber der ließ ihn nicht einmal wissen, dass sein Antrag längst abgelehnt worden war. Seine Androhung, sich an Frankreich oder an Preußen zu wenden, machte Calvert nicht wahr. Immerhin wurden seine Artikel veröffentlicht, er wurde zum regelmäßigen Mitarbeiter von Murrays ›Handbuch für Griechenlandreisende‹ in London, auch korrespondierte er mit dem Premierminister Gladstone, der ein Homer-Experte war.

Als 1867 sein Bruder Frederick wegen dienstlicher Vergehen verhaftet und zu zwei Jahren Gefängnis verurteilt wurde, geriet Frank erst recht in eine schwierige Situation. Wer würde ihm jetzt noch helfen? Seine Chance war vertan, das Leben würde an ihm vorübergehen. Welche Schmach, die Wahrheit zu wissen und ohnmächtig zu sein, für die Verwirklichung einer nicht unbedeutenden Idee von anderen Leuten und vom Schicksal abhängig zu sein.

Das Britische Museum aber hatte es versäumt, den Ruhmestitel der Entdeckung Troias auf seine Fahnen zu heften und einer Straße in London zum Namen von Frank Calvert zu verhelfen. Denn nicht Calvert, der bis 1908 lebte, wurde als Entdecker von Troia berühmt, sondern ein anderer, in dessen Geschichte er nur eine Nebenfigur blieb.

Vermutlich war Heinrich Schliemann übler Laune, als ihn am Nachmittag des 15. August 1868 im Hafen der Küstenstadt Çannakale ein hoch aufgeschossener Engländer ansprach, der seinen erstaunlich kleinen Kopf mit einem Tropenhelm schützte. Schliemann hatte seinen Dampfer nach Konstantinopel verpasst und musste nun zwei Nächte in einem schäbigen Hotel zubringen, ehe wieder ein Schiff abging. Seine Besichtigung der Troas hatte ihn eher ratlos gemacht. Hatte er nun Troia gesehen oder nicht? War das wirklich so wichtig, den genauen Ort zu kennen, hatte er nicht Großes gefühlt auf jenem Hügel, der seit 70 Jahren als Ort Troias genannt wurde?

Frank Calvert stellte sich ihm vor, erzählte, dass er schon lange Reisende nach Troia begleitet habe. Troia – aber wo liegt es? Ich glaube, ich weiß es, hat Calvert vielleicht geantwortet. Was, nicht auf dem Balli Dağ bei Pinarbasi? Aber in Paris ist doch gerade ein Buch darüber erschienen! Alles falsch, Sie müssen etwas ganz anderes lesen. Sind Sie sicher? Ich kenne mich aus, glauben Sie mir, ich habe schon auf dem wahren Hügel gegraben, dort besitze ich übrigens ein Stück Land. Das müssen Sie mir genauer erzählen. Kommen Sie in mein Haus, ich kann Ihnen ein paar schöne Stücke zeigen …

Wir wissen nichts von jenem Dialog der beiden Autodidakten, aber wir gäben viel dafür, ihn zu kennen. Ein Schliemann-Roman müsste gerade jene Szene ausmalen, in der die wichtigste Entscheidung seines Lebens seit dem Verbleib in Amsterdam fiel.

Falls sie dort schon fiel.

Calvert gegenüber gab Schliemann gewiss mit seinen wissenschaftlichen Kontakten in Paris an, und Calvert, gedemütigt noch von der Behandlung durch Newton, äußerte sich nur sehr vorsichtig, er befürchtete, Schliemann könne ihn nicht mehr ernst nehmen, wenn er erführe, dass er nie studiert und die Schule mit 16 Jahren verlassen hatte. Dabei war Schliemann nur bis 14 zur Schule gegangen.

Schliemann wusste nur wenig von Troia, Calvert nichts von

Schliemann, der eine ein zupackender Mann von schnellem Entschluss, der andere ein Träumer und Zauderer – ein Hochstapler und ein Tiefstapler auf der Spur einer Wahrheit. Calvert gab sein ganzes Wissen preis, sprach von Maclaren und von Hahn, von seinen Erkundungen auf dem Hissarlik, mit der Verzweiflung eines Menschen, der seine letzte Chance ergreift, indem er einen reichen Touristen für seine Idee zu gewinnen sucht. Haben sie hier schon eine gemeinsame Ausgrabung, eine Partnerschaft und Teilung der Funde verabredet? Denn gewiss hielt Calvert sich für gleichberechtigt, er wusste nicht, was Schliemann auch persönlich in seine Projekte investierte und dass er nie Geschäfte mit Kompagnons machte.

Gesehen hat Schliemann nur die Sammlungen im Hause Calvert. Für eine erneute Besichtigung des Hügels Hissarlik, den er zuvor wohl nur sehr flüchtig wahrgenommen hatte, blieb keine Zeit mehr. Und so erklärt sich, dass jener Schicksalshügel in seinem Buch über die griechische Reise nur kurz und ungenau erwähnt wird. Er schrieb es in Paris bis zum Ende des Jahres, unter brieflicher Anleitung von Calvert.

Calvert besaß seit 1863 eine begrenzte Grabungserlaubnis der zuständigen Instanzen in Konstantinopel, ein so genanntes Firman. Nach der Begegnung mit Schliemann wandte er sich an den britischen Konsul William Wrench mit der Bitte, bei den türkischen Behörden eine umfassende Erlaubnis zu erwirken, da ein Archäologe bereit sei, viel Geld zu investieren. Ziel der Arbeit sei die Bestimmung der Lage von Troia (in dieser neuen Vorgabe sieht man den Einfluss von Schliemann: Man muss mit goldenen Namen locken, nicht vorsichtig untertreiben). Außenminister Safvet Pascha aber hatte kurz zuvor einen Stopp aller Grabungen und Exporte von Kunstschätzen verfügen lassen, weshalb das Gesuch Ende Januar 1869 abgelehnt wurde und Schliemann Zeit fand, sich seinen Privatangelegenheiten zuzuwenden.

Von Paris aus begann Schliemann einen intensiven Briefwechsel mit Calvert, der seine Fragen ausführlich beantwortete und auch schon konkrete Anregungen für die Durchführung der Grabungen gab. Ungeduld spürte man auf beiden Seiten. Calvert bot Schliemann in einem Schreiben vom 1. November 1868 sein gesamtes Land auf dem Hügel an. Auf dieses noch öfter wiederholte Angebot ging Schliemann niemals ein. Im Dezember kündigte Schliemann an, im nächsten Frühjahr mit der Arbeit zu beginnen.

Frank Calvert war sehr überrascht, als er 1869 Schliemanns Buch las: Schliemann war schon seit seiner Kindheit an Troia interessiert? Er hatte die Frage nach der Lage Troias nach Besichtigung und Probegrabungen klar entschieden? Vielleicht wäre er noch überraschter gewesen, hätte er gewusst, dass Schliemann mit diesem Buch, in dem er sich als Entdecker von Troia darstellte, akademische Würden gewinnen wollte.

In dem Buch über seine Griechenlandreise, das 1869 in Paris erschien, behauptete Schliemann tatsächlich, er habe bei seiner Reise durch eigene Inspektion die Lage Troias auf dem Hügel Hissarlik in Übereinstimmung mit der Theorie von Calvert erkannt. Die Tagebücher der Reise und einige Briefe sprechen eine andere Sprache. Wenn Schliemann durch eigenen Augenschein den Hügel identifiziert hatte, wie konnte er dann in einem Brief nach seiner Rückkehr bei Calvert anfragen, ob der Hügel 20 oder 120 Fuß hoch sei? In seinen Tagebuchnotizen schrieb er sowohl den Namen Calvert als auch den Namen Hissarlik zunächst mehrfach falsch.

Schliemann hatte auf seiner Reise 1868 Troia-Hissarlik eben nicht identifiziert. Er hatte den Hügel Bunarbaschi besichtigt, dort möglicherweise Ausgrabungen gemacht, jedoch erinnert alles, was er schildert, so sehr an den Bericht des Konsuls von Hahn, dass auch hier wohl nur eine identifizierende Übernahme geschah.

Schliemann hatte sein Wissen vorerst nur aus Calverts Bericht und aus dessen nachgeschickten Briefen bezogen. In einem Brief vom November 1874, nachdem es zwischen ihnen zu schweren Verstimmungen gekommen war, an denen allein Schliemann die Schuld trug, erinnert sich Calvert: »1868 besuchte Herr Dr. Schliemann erstmals die Troas. Er fragte mich nach meiner Ansicht über die wahre Lage von Troia und gab dabei zu, dass er dieser Frage bisher noch nicht viel Aufmerksamkeit gewidmet habe. Ich aber teilte ihm offen die Ergebnisse meiner Untersuchungen mit.« Und im August 1875 schrieb Calvert, nachdem Schliemann ihm widersprochen hatte: »Im August 1868 war das Thema Hissarlik als wahrscheinlicher Lageort von Troia völlig neu für ihn.« Erst durch ihn habe Schliemann von der maßgeblichen Literatur über Troia erfahren.

In Paris arbeitete sich Schliemann in das Thema ein, las die Bücher, die ihm Calvert genannt hatte, und begriff erst jetzt, am Schreibtisch, was an dem Thema lag und was für ihn daran liegen könnte.

Und warum brachte er im Vorwort zu seinem Buch seine Autobiografie ins Spiel? Vordergründig vielleicht, um Calvert zu überbieten, der ja nun wirklich von jungen Jahren auf mit der Troia-Frage befasst war, um also eine eigene moralische Rechtfertigung zu konstruieren. Zwar bestand die formale Notwendigkeit eines Lebenslaufes, wenn er in Rostock mit dem Buch promovieren wollte, wie er es schließlich tat, doch eine so ausführliche Lebensschilderung, wie Schliemann sie im Vorwort gab, war dafür natürlich nicht erforderlich.

Das Interessante an diesem Buch ist aber nicht die Lösung des größten Rätsels der Menschheit, wie Schliemann es nannte, sondern die Art, wie Schliemann sich dort in Szene setzte. Nun war der Augenblick gekommen, in dem seine Lebensgeschichte öffentlich wurde und in dem sie ihr nachträgliches Leitthema erhielt: der Traum vom wiedergefundenen Troia.

Es war nicht einfach ein weiterer Dilettant, der von seiner Reise an die Dardanellen berichtete, es war der Glückstraum eines Mythomanen. Das Buch zeigt, mit welchem Gepäck Schliemann seine Laufbahn als Ausgräber begann. Dabei behauptete er noch vor seinem ersten Spatenstich, das Problem schon gelöst zu haben. Gelöst hatte er vorerst nur den Gordischen Knoten seiner umtriebigen Existenz. In Sachen Troia mussten die Zeugnisse erst noch geliefert werden, und das sollte sich als nicht so einfach erweisen, wie es das Schliemann'sche Tempo verlangte.

Verhängnisvoll für seine spätere Arbeit war dabei weniger, dass er Calverts Erkenntnisse rasch als eigene ausgab, sondern dass er später nicht genug auf Calvert hörte. Das hätte ihn nämlich vor dem entscheidenden Irrtum bei der Datierung seiner späteren

Funde bewahren können. Und so hat es einen Hauch von höherer Gerechtigkeit, dass Schliemann zwar den Ruhm des Troia-Entdeckers erntete, aber das eigentliche Troia niemals identifizieren konnte.

In Homers Welt

»Ich selbst muss dagegen als gewöhnlicher Tourist reisen und mich mit einer oberflächlichen Anschauung begnügen, indem mir die zu wissenschaftlichen Untersuchungen notwendigen Kenntnisse fehlen.« Dieser Satz aus einem Brief von Schliemann an eine Bekannte aus Mecklenburger Zeit ist vielleicht ein Zeugnis seines untergründigen Humors, denn er zeigt ja nur, wie sehr er auf anderes hoffte, anders sein wollte (18. April 1868). Doch war Schliemann kein gewöhnlicher Tourist mehr, als er zu seiner Sommerreise des Jahres 1868 aufbrach, aber was er eigentlich war, das ist nicht leicht zu sagen.

Einst stand er allein in der Welt und hatte Angst, alles erschien ihm fremd und rätselhaft, und er war von allem Großen und Verlockenden ausgeschlossen, als Junge in Ankershagen, als Schüler in Neustrelitz, als Ladendiener in Fürstenberg. Die Welt war ein finsteres Rätsel, bot Reichtümer und Güter und Chancen, in der Nähe und in der Ferne, in der Gegenwart und in der Vergangenheit, die ihm nur in Träumen zugänglich waren. Aber nun war ihm alles erreichbar, nun reiste er mit seiner enzyklopädischen Auffassungsgabe und wusste die ganze Welt zu entziffern, nichts blieb ihm unverständlich, kein Geheimnis verborgen. Aus jedem Wort, das er schrieb, sprach restlose Deutbarkeit der Dinge und Verhältnisse, als habe er heimliche Angst vor dem Unbestimmten. Zweifeln und Fragen war seine Sache nicht.

In Paris hatte er die Weltausstellung von 1867 besucht, zu der eine große Abteilung Altertumskunde und Archäologie gehörte. Im darauf folgenden Winter hatte er der Vorstellung eines neuen Buches beigewohnt. Der aus Kreta stammende M. Georgios Nicolaïdes hatte in seiner ›Topographie et Plan stratégique de L'Iliade‹ mit Hilfe komplizierter Karten die Truppenbewegungen von Griechen und Troianern sowie ihrer jeweiligen Verbündeten in der Ebene der Troas nachgezeichnet. Für den Autor war es evident, dass Troia nur in Bunarbaschi gelegen haben konnte, die Hissarlik-Theorie tat er als lächerlich ab. Im Vorwort schwärmte ein Gustave d'Eichthal: »Diese Arbeit wirft ein neues Licht auf die ›Ilias‹ und fügt dem so oft gerühmten Zauber der Dichtung und der Erfindung den so starken Reiz der Realität hinzu.« Das war es auch, was Schliemann lockte, etwas Imaginäres als real auszuweisen und vorzuführen. So eingestimmt, brach er zu seiner Reise auf. Es gibt keinen Hinweis darauf, dass er die Absicht hegte, Ausgrabungen irgendwelcher Art zu unternehmen.

Von Schliemanns Reise existiert ein Tagebuch von 158 Seiten, dessen erster Teil auf Italienisch geschrieben ist; mit Eintritt in den griechischen Einflussbereich wechselt es mitten im Satz ins Neugriechische über. Viele Einträge sind rückdatiert. Schliemann kannte als literarische Form ohnehin nur das Tagebuch (allein in ›Ilios‹ 1881 wird er eine andere Form benutzen), doch schrieben auch andere Archäologen damals weitgehend tagebuchartig.

In Rom interessierte sich Schliemann für große mythologische und historische Gestalten wie Nero, Kleopatra, Marc Aurel, Cicero, auch für Personen aus der Renaissance wie Beatrice Cenci, ein Opfer väterlicher Gewalt. Er besuchte ihr Gefängnis und ihre Grabstelle. Mythische Orte mit einer gewissen Theatralik zogen ihn an; dies entsprach dem Stil der Zeit, aber auch seiner Neigung.

Eine wichtige Etappe bildete Neapel, wo er den Leiter der Ausgrabungen in Pompei, Giuseppe Fiorelli kennen lernte. Schliemann verbrachte mehrere Tage in Pompei und Herkulaneum und erkundete ausgiebig das Nationalmuseum in Neapel. Er hörte Vorträge und besuchte die Schule von Pompei, eine archäologische Lehr- und Forschungsstätte.

Weiter in Süditalien begann Schliemann sich für homerische Orte zu interessieren, und hier wie später in Griechenland benutzte er Murrays ›Handbuch für Griechenlandreisende‹. Leicht lässt sich nachvollziehen, wo er manche Abschnitte direkt übernommen hat, wie er den dort vorgeschlagenen Wegen folgte und manche Passage aus dem Handbuch in die erste Person setzte. Hier kann man ihm einmal auf die Schliche kommen.

Das Buch von Nicolaïdes hatte Schliemann in Paris liegen lassen und musste es sich nach Athen nachschicken lassen. Dort lernte er den Architekten Ernst Ziller kennen, der bei den Ausgrabungen des Konsuls von Hahn mitgewirkt hatte. Ziller sollte in Schliemanns Leben noch eine wichtige Rolle spielen. In der Troas folgte dann die Begegnung mit dem »berühmten Archäologen Frank Calvert« – seine Art, von Leuten zu reden.

Im Tagebuch finden sich keine Reflexionen über die Frage des Verhältnisses von epischer Dichtung und Geschichte. Alles wird unmittelbar identifiziert, Laërtes Garten wie das Haus des Nero. Geschichte und Mythos sind für Schliemann ein und dasselbe. Das Tagebuch widerspricht den später im Buch gemachten Angaben über seine Erkundungen in der Troas; vor allem gibt es keinen Anhaltspunkt für eine große Darbietung auf Ithaka, wo er den Einheimischen Homer vorgelesen haben will. Still für sich wird er gelesen haben, wohl die anrührende Stelle über das Wiedersehen von Odysseus mit seinem Vater Laërtes im 24. Buch der ›Odyssee‹.

Und doch interessiert uns seine ausufernde Fabel mehr als die Wahrheit, denn nirgends sonst hat sich der Mythomane Schliemann so deutlich zu erkennen gegeben wie hier, auf der letzten Etappe vor seiner Zeit als Ausgräber. Das gilt sowohl für sein autobiografisches Vorwort wie für die mythografischen Szenen, die er für Ithaka imaginiert.

Sein Buch erschien auf Französisch unter dem Titel ›Ithaque – Le Péloponnèse – Troie. Recherches Archéologiques, par Henry Schliemann‹ (Paris 1869, C. Reinwald, Libraire-Editeur, Rue des Saints-Pères, 15). Der Titel ordnet die ersten drei Wörter untereinander, das mittlere ist das größte, also nicht Troia. Als Motto wird ein Vers aus der ›Ilias‹ zitiert (20, 307f.):

»Jetzo soll Äneias' Gewalt obherrschen den Troern
und die Söhne der Söhn', in künftigen Tagen erzeuget.«

Was kündigt dieses Motto an? Einen Machtwechsel? Die Herrschaft des Sohnes über die Stadt der Väter? Suchte der Mann, der seine Kindheit verdrängte, eine ganz andere Vergangenheit?

Von der französischen Ausgabe, auf Kosten des Autors gedruckt, wurden 700 Exemplare verkauft. Die deutsche Fassung, die unter dem Titel ›Ithaka, der Peloponnes und Troia. Archäologische Forschungen‹ 1869 in Leipzig erschien, besorgte Carl Andreß. Das Vorwort, datiert auf Paris, 31.12.1868, 6, Place Saint-Michel, ist die mythologische Geburtsurkunde des Helden Schliemann – für die Öffentlichkeit. Darin spricht er von sich, seinem Vater, seiner Kindheit; er verdrängt nicht, er vergoldet. Als er seinem Vater zu Weihnachten 1832 aus Kalkhorst einen in schlechtem Latein geschriebenen Aufsatz über die Hauptbegebenheiten des Troianischen Krieges schickte, da habe er nicht denken können, dass er sich 36 Jahre später über dasselbe Thema für ein gelehrtes Publikum zu diesem Thema äußern würde. Diesmal also auf gut Französisch.

Der erste Name, der fällt, ist der von Kalkhorst, wo er seinen Vetter Adolph griechische Verse deklamieren hörte; das Weihnachtsmotiv ist schon vorhanden; in der nächsten Fassung der Autobiografie wird er aber ein früheres Datum als 1832 wählen und die troianische Urszene ausführlicher gestalten, doch der Vater ist von vornherein assoziiert. 1869 ist nur von den Sagen von Odysseus und Agamemnon die Rede, noch kein Wort vom Ausgraben, vom vorrangigen Interesse für Troia. Ithaka zieht ihn viel mehr an. Immerhin stützt er seine Darstellung mit einer psychologischen These; lange vor Freud sagt er: »Die ersten Eindrücke, die ein Kind empfängt, bleiben ihm ein Leben lang erhalten.« Wobei er dies auf die ersten zehn Lebensjahre zu beziehen scheint.

Reichlich naiv heißt es hier noch: »Sobald ich sprechen gelernt, hatte mir mein Vater die großen Taten der homerischen Helden erzählt.« Und: »Ich liebte diese Erzählungen; sie entzückten mich, sie versetzten mich in hohe Begeisterung.« Es wurde nichts aus einer wissenschaftlicher Laufbahn, »für welche ich eine außerordentliche Neigung in mir verspürte«. Er wurde nur Lehrling. In jener Zeit aber siedelt er den Müllergesellen an, der Verse aus Homer aufsagte, ein pittoreskes Detail mehr. Einen Namen gibt Schliemann dieser Gestalt hier noch nicht, es war schlicht der missratene Sohn eines Pfarrers aus Teterow, der vom Vater bestraft und gezwungen wurde, Müller zu werden – eine Gestalt aus Schliemanns Arsenal der Doppelgänger. Literarisch sind wir hier näher bei E. T. A. Hoffmann als bei Ibsen.

»Obwohl ich kein Wort davon verstand, so machte doch diese Sprache einen tiefen Eindruck auf mich und ich weinte bittere Tränen über mein unglückliches Schicksal.« Der unglückliche Lehrjunge spendierte dem Müller drei Glas Branntwein. »Von diesem Augenblick an habe ich nie aufgehört Gott zu bitten, es möchte mir durch seine Gnade gelingen, noch Griechisch zu lernen.«

Er berichtet dann von Hamburg und seinem Anheuern als Schiffsjunge, dem Schiffbruch vor Texel (die Mannschaft wurde gerettet, sagt er hier), der Überfahrt nach Amsterdam. »Ich sah es als meine Bestimmung an, in Holland zu bleiben und beschloss, nach Amsterdam zu gehen und Soldat zu werden.« Weil er mittellos war, ging er in ein Hospital. Die Zeit in Amsterdam wird voll suggestiver Details und bei aller Niedrigkeit des Jobs als Bürodiener bei F. C. Quien als gut genutzte Zeit dargestellt, sie war kein Herumlungern (der einstige Vorwurf des Vaters klang nach). Doch auch in Amsterdam kam die große Chance erst nach langem Warten und fast durch Zufall, als er nämlich eine neue Anstellung erhielt und mit seiner originellen Methode, die er ausführlich darstellt, Russisch lernte. »Im Anfang des Jahres 1846 sandten mich meine braven Vorgesetzten als Agenten nach Sankt Petersburg.« Bald schon führte er ein Handelshaus auf eigene Rechnung. Während der ersten neun Jahre war er dort mit Arbeit überladen, schreibt er und lässt die Zeit in Amerika völlig unerwähnt, ebenso seine russische Ehe.

Sein Interesse für das Griechische erscheint hier als gefährliche Versuchung und Verlockung, als wäre es etwas Unanständiges. »So groß mein Wunsch auch war, das Griechische zu lernen, so wagte ich doch das Studium desselben nicht eher zu beginnen, als bis ich einen gewissen Wohlstand erreicht hätte; denn ich fürchtete, dass diese Sprache einen zu großen Reiz auf mich ausüben und mich dem Handel entfremden würde. Als ich indes meiner Lernbegierde nicht mehr widerstehen konnte ...« – da lernte er mit Hilfe zweier Lehrer im Jahre 1856 in sechs Wochen Neu- und in drei Monaten Altgriechisch.

Schliemann erwähnt seine Reise von 1858, auch dass er Arabisch lernte, den Nil, Jerusalem, Syrien und Athen besuchte. »Und war eben im Begriff, nach der Insel Ithaka abzureisen, als ich in eine Krankheit verfiel und gezwungen wurde, nach Sankt Petersburg zurückzukehren.« Was war so gefährlich an Ithaka?

1863 war er dann »im Besitz eines Vermögens ..., nach welchem zu streben mein Ehrgeiz niemals gewagt hatte«. Der Himmel hatte seine Handelsunternehmungen gesegnet. »Ich zog mich vom Handel zurück, um mich ausschließlich den Studien, welche den größten Reiz für mich haben, zu widmen.«

Aber wenn er immer schon Troia mit der Seele gesucht hatte, warum unternahm er dann erst so viel anderes? »Im Jahre 1864 war ich auf dem Wege, das Vaterland des Odysseus und die Ebene von Troia zu besuchen, als ich mich veranlassen ließ, Indien, China und Japan zu besuchen und die Reise um die Welt zu machen.« Als sei das so einfach.

Seit 1866 wollte er in Paris »meine übrige Lebenszeit den Wissenschaften widmen und mich vorzugsweise mit der Archäologie beschäftigen«. Diese Studien hätten ihn in den schweren Prüfungen des Lebens aufrecht gehalten. Sie werden auch die verbleibenden Tage versüßen. Denn: »Endlich konnte ich den Traum meines ganzen Lebens verwirklichen und mit Muße den Schauplatz der Begebenheiten, welche mir ein so großes Interesse eingeflößt hatten, und das Vaterland der Helden besuchen, deren Abenteuer meine Kindheit entzückt und getröstet hatten.« Und nun schildert er »die Gegenden, in welchen noch so lebendige und poetische Erinnerungen an das Altertum vorhanden sind«.

Es fällt auf, dass Schliemann in dieser Version seiner Autobiografie sein Geburtsdatum nicht angibt, wohl aber den Tag des Schiffsuntergangs vor Holland genau datiert. Außerdem nennt er fälschlich Ankershagen als seinen Geburtsort. Wenn er will, kann er sehr genau sein, ja er ist geradezu ein Fanatiker exakter Zahlenangaben. Man beachte auch, dass er sich bei der Ankunft in Amsterdam als »unwissend, nackt und bloß« darstellt, als wäre er ein Säugling. Eine mythische Neugeburt war es allemal.

Nach der mythischen Überhöhung seiner Kindheit bietet uns Schliemann in seinem Reisebuch einen ganz anderen Mythos: seine Erlebnisse im Vaterland der homerischen Helden. Es handelt sich nur um imaginäre Abenteuer am Schreibtisch, aber diese Erfindungen gehören zu seiner Biografie, zu seiner Persönlichkeit. Die Reise, wie er sie hier schildert, führte ihn ins gegenwärtige Griechenland, aber zugleich in die Vergangenheit. Er besichtigte wirkliche Orte, unter großen Mühen, aber er betrat und erlebte ein verschwundenes, versunkenes, unsichtbares Land. Zumindest wenn er darüber schrieb. Und er geriet dabei in großes Entzücken. Der Boden unter seinen Füßen gab nach, er erlebte die mythische Geografie. Die Gegenwart des Ewig-Mythischen zog ihn hinan. Schliemanns »Reiseschilderung« enthält weitgehend Fiktionen, die wir als literarische Motive behandeln müssen. Sie sind gleichwohl von Bedeutung. Diese homerischen Fantasien zeigen uns das seelische Szenarium seiner privaten Mythenwelt.

Auf Korfu will er den Schauplatz einer der rührendsten Szenen der ›Odyssee‹ besichtigen und wenn er davon schreibt, ahnt man seinen geradezu irrationalen Antrieb. Wenn die Felder überflutet und die Wege unpassierbar sind, steigert das sein Verlangen nach dem Ziel. Er »brennt darauf, zu sehen«, das ist Schliemanns Neugierformel. Er entkleidet sich bis aufs Hemd, lässt die Kleider beim Führer, watet durchs Wasser, das ihm manchmal bis zur Brust reicht, das Flussbett entlang, um dann den eigentlichen Ort allein zu betreten, wie ein Priester das Allerheiligste. Einmal findet Schliemann zwei große Steine, plump bearbeitet, es ist der Waschplatz der Nausikaa, an dem sie mit ihren Dienerinnen weilte, als Odysseus auftauchte. Und er war nackt. »Die örtliche Lage entspricht vollkommen der Beschreibung Homers.« Schliemann zitiert ausgiebig die entsprechenden Stellen der ›Odyssee‹ (er nennt 6,85 ff., es sind wohl eher die Verse 71 ff. gemeint).

Endlich gelangt er nach Ithaka, ans große Ziel. Hier entwickelt er ungeahnte erzählerische Qualitäten. »Ich gestehe, dass ich trotz Ermüdung und Hunger eine unendliche Freude empfand, mich im Vaterland des Helden zu befinden, dessen Abenteuer ich mit der lebhaftesten Begeisterung gelesen und wieder gelesen habe.«

Schliemann trifft auf den Müller Panagis Asproieraka, der ihm samt Gepäck nach Vathy, dem Hauptort der Insel, verhilft und ihm später als Führer und Cicerone bei seinen Erkundungen dient. Unterwegs erzählt er ihm ausführlich und routiniert die Abenteuer des Odysseus, denn seine Familie bewahrte als Einzige am Ort diese Tradition (vermutlich seit Odysseus' Zeiten?). Schließlich beherbergt ihn der gastfreundliche Mann auch, wobei Schliemann das einzige Bett im Haus ablehnt, er schläft auf einer Truhe. Am nächsten Tag mietet er ein Zimmer. Dieser Müller von Ithaka ist natürlich ein literarisches Gegenmotiv zu dem Homer rezitierenden Müller aus Schliemanns Lehrzeit.

Schliemann zitiert Autoren aus Antike und Gegenwart zu der Frage, ob die Insel identisch sei mit Homers Ithaka, er beschreibt die Geografie und die Wirtschaft der Insel, deren Hauptexportartikel Weintrauben sind. Nirgendwo habe sich die Erinnerung an das klassische Altertum so lebendig erhalten wie hier. »Jeder Hügel, jeder Felsen, jede Quelle, jedes Olivenwäldchen mahnt uns an Homer und die ›Odyssee‹ und mit einem einzigen Sprunge fühlen wir uns über hundert Generationen hinweg in die glänzendste Epoche griechischen Rittertums und griechischer Dichtkunst versetzt.«

Auf Ithaka findet Schliemann ein Bild vom Glück. Er lernt einen italienischen Matrosen kennen, der sich hier vor 20 Jahren als Hufschmied niedergelassen hat und mit seiner Frau (Penelope!) und seinen beiden Söhnen (Odysseus und Telemach!) ein beschauliches Leben führt. Der glückliche Mensch! Nach langen Fahrten, Stürmen und Irrungen fand er hier seinen Frieden (so wie von Schliemann einst für sich selbst in fernen Kolonien erträumt).

Auf Ithaka begegnet man lauter tugendhaften, bescheidenen Menschen in malerischer Landschaft. Neun glückliche Tage verbringt Schliemann dort. Nur die Priester kommen nicht gut weg bei ihm, er nennt sie faul, ungebildet, unmoralisch. Die Entwicklung der Insel werde durch 52 Sonntage plus 97 Feiertage gehemmt, also 149 Tage im Jahr ohne Arbeit.

Alles ist so, wie er es sich vorgestellt hat, er bringt die Bilder schon mit, er sieht, was er sucht, er findet, was er sehen will: »In jedem Bauernhause auf der Insel Ithaka sieht man das klassische Altertum wieder aufleben und unwillkürlich wird man an die Beschreibung erinnert, welche Homer vom Gehöfte des göttlichen Sauhirten Eumaios gibt.« (Odyssee 14,5–12)

Beweisen will Schliemann, dass die mündliche Überlieferung auf der Insel ununterbrochen andauerte. Auf diese direkte Verbindung zur verschwundenen Welt kommt es ihm an, er will den Mythos in eigenes Erlebnis übersetzen, die Wirklichkeit des Mythos in eigener Person bezeugen und dessen Glanz auf sich lenken. Und so identifiziert Schliemann auch den Palast des Odysseus, von dem nur noch die Ruine der Erschließungsmauern auf dem geebneten Gipfel des Berges Aëtos zu sehen sind. Dort oben beschließt er, »überall, wo die Beschaffenheit des Bodens es erlauben würde, Ausgrabungen anzustellen«.

Ungeduldig will er sofort ausgraben mit kindlicher Lust und Spontaneität, als wäre das so leicht wie die Identifizierung per Augenschein. Leider muss er bis zum nächsten Tag abwarten, da es zunächst Werkzeug zu beschaffen gilt. Über diese Ungeduld wüsste man gern mehr, sie scheint zu seinem Wesen zu gehören. Fast möchte man den altertümlichen Ausdruck »er wirft sich hinein« gebrauchen. Die Begeisterung, dort oben zu sein, ist so groß, dass er die Hitze vergisst (52 Grad).

Am nächsten Tag mietet er vier Arbeiter, dazu einen Burschen und ein Mädchen, die Wasser und Wein hinauftragen sollen, ein Pferd für sich, einen Esel für das Werkzeug. Wenn das alles stimmt und nicht auch nur eine schöne und sorgfältig ausgestaltete Geschichte ist, dann war der 10. Juli 1868 der erste Tag im Leben des Archäologen Schliemann, der erste Tag in seinem neuen Leben, ein wichtiger Tag in der Geschichte der Archäologie.

Ein mythischer Tag war es auf jeden Fall (in seiner Erzählung). An jenem Morgen hat er das übliche Bad im Meer genommen, eine Tasse Kaffee getrunken, ist so früh aufgebrochen, dass er um sieben Uhr schon auf dem Berg ankam. Er ließ Gestrüpp entfernen und eine Grube ausheben. Er suchte den Platz des herrlichen Ölbaums, aus dem Odysseus sein Hochzeitsbett geschnitzt und um den er sein Schlafzimmer gebaut hatte. Das heißt, er suchte den Ort, an dem Telemach gezeugt und geboren worden war. (Er zitiert ›Odyssee‹ 23, 183 ff. Dort erkennt Penelope, dass wirklich Odysseus zurückgekommen ist und kein Betrüger, denn er allein weiß, warum das Bett unverrückbar ist.) Hier zeigt sich, wie sich Schliemann ursprünglich Archäologie vorstellte und worauf sein Interesse zielte: homerische Versatzstücke suchen, episches Dekor für seine Fantasien. Ohne diesen Antrieb, ohne diesen Willen zur Aufdeckung und Identifizierung, ohne diesen Wunsch, die sagenhaften Orte freizulegen, hätte es nie den Ausgräber Schliemann gegeben.

Und was fand Schliemann? Zerbrochene Ziegel und Töpfe und schon nach 66 Zentimetern den nackten Fels. Er glaubte dennoch, hier hätte ein Ölbaum stehen können. An anderer Stelle fand er Mauerwerk, das aber nicht alt genug sein konnte, schließlich eine Urne mit Brandresten von Menschen, die er leider zerbrach. Seine erste Zerstörung. Dann Vasen mit schönen Malereien, auch für Brandopfer. Er nannte es bezeichnenderweise einen »kleinen Familien-Kirchhof«. Übrigens kaufte er einem Bauern eine antike Vase für sechs Francs ab. Es fällt auch auf, dass er selbst alle bedeutsamen Stücke fand, niemals seine Arbeiter.

Auch die erste Mittagsrast wird in seiner Darstellung zum erlebten Mythos. Es gibt nur trocken Brot, Wein und Wasser, »aber Erzeugnisse des Bodens von Ithaka waren es, welche ich genoss, und zwar im Palast des Odysseus, vielleicht an derselben Stelle, wo er Tränen vergoss, als er seinen Lieblingshund Argos wiedersah«. – »Ich kann wohl sagen, dass ich niemals in meinem Leben mit größerem Appetit gegessen habe als bei diesem frugalen Mahl im Schlosse des Odysseus.«

Der Nachmittag und der nächste Tag bringen keine weiteren Funde, aber Schliemann zweifelt nicht an der Identifizierung des Ortes. Er schreitet die Spuren eines Weges ab, den er für jenen hält, auf dem Odysseus und Telemach zum Garten des Laërtes gegangen waren. Unterwegs stößt er auf einen Quaderstein und stellt sich vor, Odysseus habe diesen Stein berührt (es gibt eine lokale Tradition hierzu). Er orientiert sich an den Ereignissen der Epen, nicht nur an Orten. Das Geschehen hält er für historisch bis in die kleinste Szene hinein.

Überall wird er von Hunden angefallen, die er mit Steinen auf Distanz hält, nur einmal, bei einem Bauernhof im Süden der Insel, wollen sie nicht locker lassen, lassen sich nicht vertreiben, er muss um Hilfe rufen. Da fällt ihm ein, was Odysseus gemacht hätte (Odyssee 14, 29 ff.): Odysseus setzte sich auf die Erde und legte den Stab aus den Händen. Und so tut es auch Schliemann. Die Hunde werden friedlich. Dann eilt ein Bauer herbei und befreit ihn aus der Lage. Das ist eine Demütigung, aber er ist auf Ithaka, er handelt wie Odysseus, in diesem Augenblick ist er Odysseus. Und nur deshalb erfindet er die Szene (die Hunde hat er aus dem Reiseführer von Murray).

Der Bauer, ein Mann von 70 Jahren, entschädigt ihn mit Pfirsichen und Weintrauben. Neugierige Anwohner umringen ihn, befragen ihn, und er erzählt ihnen von Odysseus, liest aus der ›Odyssee‹ vor, übersetzt es in ihren »Dialekt«! Heinrich Schliemann als Rhapsode auf Ithaka. Nun spielt er die Rolle des Müllerburschen von Fürstenberg, ist er selbst ein Mythenverbreiter. Er erlebt ein Märchen. So sollte sein Leben sein. Ein mythischer Triumph. Ein Triumph dank eines Mythos'. Das Dorf versammelt sich um ihn und er, als gehöre er dazu und wisse alles, erzählt ihnen *ihre* Geschichten. Alle sind gerührt und bedanken sich überschwänglich. Im Triumph wird er im Dorf gefeiert: ein Traumbild seines Lebens. Man bewirtet ihn, will ihn kaum wieder gehen lassen, er muss versprechen wiederzukommen. Man bringt ihm alte Münzen, will sie ihm schenken, er besteht auf dem Kaufpreis von 20 Francs. Nur ungern lässt man ihn gehen, jeder küsst ihn zum Abschied.

Im nächsten Dorf eilt ihm sein Ruf als Erzähler voraus, der Triumph wiederholt, ja steigert sich. Man zwingt ihn, aus der ›Odyssee‹ vorzutragen, und er muss sich fügen. Er liest den Anfang von Buch 23: »Odysseus ist gekommen, Odysseus! Und wieder zu Hause, nun endlich.« Der Vielgereiste ist in der idealen Heimat seines Lebens angekommen, in Homers Welt. So oft hat er es gelesen und ist jedes Mal wie entrückt, alle weinen und er weint mit. Sein Herz lebt im Mythos. Es ist die Geschichte, die ihn ergreift – als er sie in Paris so niederschreibt. Unwichtig, dass er es nicht erlebt hat, vielleicht alleine dort in der ›Odyssee‹ gelesen hat. Er deutet und beschreibt seinen Aufenthalt in Ithaka als

Heimkehr eines Helden. Und er empfindet seine Ausgräberei, seinen archäologischen Traum, gewiss als Ausgleich für die unschönen Szenen aus Ankershagen. Das ist der tiefe Sinn der Lebensgeschichte, der Begründung seiner (ganz neuen) Leidenschaft aus seiner Kindheit. Der Inhalt der Geschichte stimmt nicht, hinten nicht und vorne nicht, in Ankershagen nicht und nicht auf Ithaka, aber die Motivation stimmt. Er hat entdeckt, wonach er immer gestrebt hat: die Art von Aktivität, die zu ihm passt und zugleich die Krönung seiner Legende. In diesem Traumbild legt er seine Motive frei. Und wenn er noch so viel und so schön lügt: wer etwas erzählt, gibt sich zu erkennen.

Schliemann singt das Loblied der Einwohner von Ithaka, beschreibt sie mit Begriffen von Homer, nach dem Bild des Odysseus, dessen List und Lügenhaftigkeit er dabei aber unterschlägt, auch dessen Abenteurertum. Es ist nur die Rede von Frömmigkeit, Keuschheit, Freimut, Reinlichkeit, auch Klugheit und Weisheit, Lebhaftigkeit. Ehebruch gelte hier als ein schlimmes Vergehen (dachte er an Katharina?). Aber leider sind sie alle Analphabeten. (Deshalb muss er ihnen vorlesen? Trotzdem wissen sie von Odysseus?) Schliemann sagt selbst, dass die Leute kein Altgriechisch verstehen, nicht einmal die Schulmeister. Doch ihre Vaterlandsliebe ist so groß wie die des Odysseus, sie sind Ithakesier, nicht Griechen! Die Namen Odysseus, Penelope, Telemach seien weit verbreitet (er suggeriert eine ungebrochene Tradition über Jahrhunderte).

Das Problem dabei ist, dass dieser Autor von Reisebüchern das Erlebte seinem Mythenbedürfnis anpasste. Diese Methode war in allen seinen Tagebüchern am Werk und schon im ersten Brief aus Amsterdam. Es war kein abgefeimtes oder dreistes Lügenspiel, sondern eine beinahe unschuldige und sehr kindliche Spielerei mit wahren und erdichteten Elementen. Aber nun kehrte er es nach außen, gab es dem Publikum preis, behandelte die homerischen Orte und sein eigenes Leben nach demselben Verfahren. Und eben das nenne ich seine Mythomanie, das Bedürfnis, Erlebtes poetisch auszugestalten und doch als Wahrheit gelten zu lassen. Es ist das Verfahren, das er immer schon angewandt hat und das auch den Realitätsnachweis von Troia überdauern wird.

Seine Emotion war dabei gewiss echt, nirgends sonst fand seine

Fantasie so ergiebigen Stoff. Insofern und nur insofern hatte er das ideale Thema seines Lebens entdeckt. Von seinen späteren Ausgrabungen her mag dieses imaginäre Theater nebensächlich sein, für die Persönlichkeit Schliemanns ist es von zentraler Bedeutung. Und deshalb stellte sich die homerische Frage für ihn nicht oder ganz anders; es kam nur dem Schein nach darauf an, die Wirklichkeit zu erweisen, für ihn selbst blieb es eine Tätigkeit der Fantasie, ein Hineinspringen ins Imaginäre.

Nach neun glücklichen Tagen bei einem biederen, tugendhaften Volk besteigt Schliemann wieder den Dampfer. Über mehrere Etappen reist er nach Korinth. In den Ruinen der alten Stadt zweifelt er nicht, dass gut geleitete archäologische Ausgrabungen wichtige Entdeckungen brächten, leider gebe es sie in Griechenland aus Geldmangel nicht.

Dann geht es nach Mykene, zum berühmten Löwentor. Von den alten Königsgräbern gebe es keine Spur, aber durch Nachgrabungen würde man sie bestimmt finden können. Er zitiert Pausanias und Thukydides. Er spricht von der »Schatzkammer des Agamemnon«, die er sich von einem Jungen mit Licht ausleuchten ließ und dabei Fledermäuse aufscheucht. Bei Homer stehen diese Tiere für die schwirrenden Seelen. Schliemanns Seele hat die Phase des Umherirrens überwunden.

Auf einem klapprigen Gaul reitet er durch die Landschaft, besichtigte auch die Zitadelle von Tiryns. Stets gibt es genaue Beschreibungen. Nur selten gibt es Anzeichen von Relativierung: »Hier scheint mir der passende Ort zu der Bemerkung zu sein, dass wir nicht den Maßstab unserer Lebensverhältnisse anlegen dürfen, wenn wir die alte Welt beurteilen und uns einen richtigen Begriff von der Lebensweise der alten Griechen bilden wollen.«

Mit dem Schiff geht es nach Piräus und dann nach Athen, wovon er nichts sagen will, außer »dass ich das Glück hatte, in Athen den ausgezeichneten Gelehrten Herrn Theóklitos Vimbos, meinen Freund und ehemaligen Lehrer, jetzt Professor an der Universität zu Athen und Erzbischof von Mantinea und Kynuria, anzutreffen«. Dieser hatte, seit er mit einem geistlichen Amt betraut worden war, seinen Vornamen von Theódoros in Theóklitos geändert. Mit der Titulierung übertreibt es Schliemann wie stets. Acht angenehme Tage verbringen die beiden Männer, in denen sie nur altgriechisch miteinander sprechen.

Am 6. August bricht Schliemann mit dem Dampfer »Nil« zu den Dardanellen auf und erreicht am 8. August Konstantinopel, logiert im Hôtel d'Angleterre. Er verliert keine Zeit, hat es eilig. »Sofort wandte ich mich an den russischen Konsul, Herrn Fonton, dem ich meinen Wunsch kundgab, die Ebene von Troia besuchen zu wollen.« (Er sah sich noch als Russen an!)

Am 9. August mietet er in der Troas einen Führer und zwei Pferde. Schon abends erreicht er Bunarbaschi. Der immer so eilige, zielstrebige Schliemann geht also dorthin, wo er zu diesem Zeitpunkt Troia vermutet! »Bunarbaschi, von dem man annimmt, dass es auf der Stätte des alten Troia liegt, ist ein schmutziges Dorf mit 23 Häusern.«

Da es kein bewohnbares Haus gibt, nächtigt er im Freien. Auf den Dächern nisten Störche, die nützlich sind, weil sie die vielen Schlangen vertilgen. Er hält seinen ersten Eindruck fest, echte Emotion am falschen Ort. »Ich gestehe, dass ich meine Rührung kaum bewältigen konnte, als ich die ungeheure Ebene von Troia vor mir sah, deren Bild mir schon in den Träumen meiner ersten Kindheit vorgeschwebt hatte.«

Aber dann entdeckt er, was alles nicht passt: Der Hügel liegt zu weit vom Meer entfernt, die Lage der Quellen passt nicht zu Homers Beschreibung. Nach langen Erörterungen über Quellen und Flussverläufe heißt es: »Aus all dem ergibt sich, dass Homers Skamander der große Fluss ist, welcher die Ebene von Troia durchströmt.« In einer Fußnote beruft er sich auf seinen »gelehrten Freund Ernst Renan«.

Auch lässt sich der Hügel nicht umrunden (wie es Achill und Hektor in ihrem Zweikampf taten). Schliemann nimmt das in der ›Ilias‹ geschilderte Geschehen als Maßstab, als wirklich historisch. Nun distanziert er sich von den Auffassungen von Nicolaïdes. Mauern dauern: in Mykene und Tiryns sind die Mauern noch da, wie sollten sie in Troia verschwunden sein? Auf diesem Hügel finden sich keine Spuren davon. »Die zyklopischen Bauwerke verschwinden nicht spurlos.« Trotz des negativen Augenscheins macht Schliemann Ausgrabungen, nennt aber die Arbeiten von Hahns und Zillers von 1864. Dieser Test sei seine Pflicht im Interesse der Wissenschaft. Er beschreibt die Mühen, Strapazen, mehrere Tage und Arbeiter, die unsäglichen Beschwerden. »Ich hatte das uneigennützige Ziel im Auge, den törichten und irrtümlichen Glauben mit der Wurzel auszurotten, dass Troia auf den Höhen von Bunarbaschi gelegen habe.«

Auf einem Felsen legt er sich zur Ruhe: »Ich wählte diesen Ort nicht deshalb, damit die Schatten der schönen Troianerinnen mir erscheinen sollten, welche ihre Wäsche in den beiden homerischen Quellen wuschen, sondern um vor Schlangen gesichert zu sein, die mich während der vergangenen Nacht in Furcht gesetzt hatten.« Eros und Ausgrabung – wer weiß, ob er nicht seinen alten Glückstraum wiederholt hat.

Seltsam kursorisch dann die Beschreibung, die sich auf den Hügel Hissarlik bezieht. »Gegen zehn Uhr morgens kamen wir auf ein weit ausgedehntes hoch liegendes Terrain, welches mit Scherben und Trümmern von bearbeiteten Marmorblöcken bedeckt war. … Die weite Ausdehnung des mit Trümmern besäten Feldes ließ uns nicht bezweifeln, dass wir auf dem Umkreis einer großen, einst blühenden Stadt standen, und wirklich befanden wir uns auf den Ruinen von Neu-Ilium, jetzt Hissarlik genannt, welches Wort Palast bedeutet.« Eine halbe Stunde weiter liegt ein Hügel von etwa 40 Metern Höhe, der nach Norden fast senkrecht in die Ebene abfällt und etwa 20 Meter höher ist als der Rücken der Bergkette, deren letzter Ausläufer er ist. Schliemann analysiert nun die Schlachtfelder in der ›Ilias‹, vergleicht die Bewegungen der Truppen in Zeit und Raum, all das passt nur zu diesem Hügel, nicht zu Bunarbaschi. Aber dies sind Ausführungen, die er erst in Paris niederschrieb.

»Der geistreiche Frank Calvert hat durch Nachforschungen in dem Hügel gefunden, dass er zum größten Teil künstlich aus den Ruinen und Trümmern der Tempel und Paläste aufgeworfen worden ist, welche lange Jahrhunderte hindurch nacheinander auf diesem Boden gestanden haben.«

Der entscheidende Satz des Buches ist erstaunlich knapp: »Nachdem ich zweimal die ganze Ebene von Troia aufmerksam untersucht habe, teile ich vollkommen die Überzeugung Calverts, dass die Hochfläche von Hissarlik die Stelle des alten Troia bezeichnet und dass auf dem genannten Hügel seine Burg Pergamus gelegen hat.«

Es folgt eine lange Fußnote im Text, in der er alte Theorien ablehnt, wie von Lechevalier und Clarke, Maclaren dagegen zustimmt, für dessen Buch er das Datum 1822 angibt und nicht die neue Ausgabe von 1863 nennt, sowie Eckenbrecher, auf 1844 datiert.

Seine Überlegung für künftige Grabungen zeigt, dass er den Hügel Hissarlik für zu klein hielt: »Um zu den Ruinen der Paläste des Priamos und seiner Söhne zu gelangen, wird man den ganzen künstlichen Teil dieses Hügels fortschaffen müssen. Alsdann wird sich sicherlich ergeben, dass die Zitadelle von Troia sich noch eine bedeutende Strecke über das anstoßende Plateau ausdehnte.« Das schließe er aus dem Vergleich mit Mykene und Tiryns. Die Bauwerke des heroischen Zeitalters waren von großer Ausdehnung, das garantierten die Epen. Homer, »der immer so wahr und genau ist«, konnte keine falschen oder lügenhaften Angaben gemacht haben. Es gebe keine »lächerliche Lüge« bei Homer, er habe blind an die Weisheit der Götter geglaubt, seine »beständige Wahrhaftigkeit« lasse das nicht zu. Liegt hier eine Verschiebung von Schliemann auf Homer vor? Erinnert das nicht an die eigene Wahrheitsbeteuerung am Ende des Briefes aus Amsterdam?

Es folgen noch weitere antike Zitate und Erörterungen zur Ebene von Troia. Hissarlik kommt im Vergleich sehr knapp weg. Er verwendet mehr Platz auf die Unstimmigkeit der Bunarbaschi-Theorie.

Von einem Hügel bei Sigeum blickt er über die Ebene von Troia. Wir erleben einen Panoramablick à la Schliemann: »Als ich mit der Iliade in der Hand auf dem Dach eines Hauses stand und hinausschaute, war mir, als sähe ich unter mir die Flotte, das Lager und die Versammlung der Griechen, Troia und die Feste Pergamus auf dem Plateau von Hissarlik, die Märsche und Gegenmärsche und die Kämpfe der Truppen in der Ebene zwischen der

Stadt und dem Lager. Zwei Stunden hindurch ließ ich so die Hauptbegebenheiten der Iliade an mir vorübergehen, bis die Dunkelheit und heftiger Hunger mich zwangen hinabzusteigen.« Aber vielleicht geschah das noch mit den Karten aus dem Buch von Nicolaïdes in der Hand. Nach Paris zurückgekehrt, musste er mancherlei umgestalten, vor allem die Tatsache erklären, dass er seine Zeit in der Troas vor allem auf dem falschen Hügel zugebracht hatte.

Dass er in Hissarlik nicht einmal Probegrabungen gemacht hat, erklärt er mit dem schlechten Wetter (von Erlaubnissen war ohnehin keine Rede). Dafür gibt er ausgiebige Schilderungen seiner Strapazen und kleine Anekdoten wie die von dem Huhn, das er kaufte, um es vor der Schlachtung zu retten. Götteropfer nennt er das Nicht-Opfer.

Auch hier führt Schliemann eine Art Doppelgänger ein, einen griechischen Kaufmann, der ein Gelehrter war, allerdings sein Dorf nie verließ, da er verkrüppelte Beine hatte. Er besaß ein großes Vermögen als Kaufmann und hatte eine große Bildung erworben. Vielleicht dachte Schliemann darüber nach, ob er in Ankershagen auch so geworden wäre. Wahrscheinlich hat er hier wieder einmal eine Szene erfunden, er war sehr kontinuierlich in seinen literarischen Lebensmotiven. Der Verdoppelungsspuk ist ein Grenzphänomen zwischen Poesie und Psychiatrie.

Die letzte Szene im Buch schildert interessanterweise einen Betrugsfall. Man vermietet ihm als frisches Pferd genau das, mit dem er sich schon gequält hatte. »Nun sah ich wohl ein, dass mich ein Spitzbube betrogen hatte.« Aber Schliemann sorgt dafür, dass der Übeltäter bestraft und das Geld erstattet wird.

Er wartet auf ein Dampfboot, verbringt noch drei Tage an den Dardanellen. Er macht sich Gedanken über die vielen Schildkröten, die man als kulinarische Spezialität nach Frankreich exportieren könnte. Als Abreisedatum nennt er im Buch den 21. August, laut Tagebuch war es aber der 16. Er berichtet von seinem Nachtlager auf dem Strand, das er von zwei Griechen gegen Bezahlung bewachen ließ, da ihm das Hotel nicht behagte. Laut Tagebuch allerdings schlief er im Hotel, doch er muss uns zuletzt diesen Bären aufbinden. Warum nur? Er muss die Wahrheit über die zufällige und so folgenreiche Begegnung mit Calvert verschleiern (die ergibt sich nur aus dem Tagebuch). Im Pariser Manuskript heißt es nur, er habe die Zeit bis zur Abfahrt des Schiffes mit der Besichtigung der Sammlungen des »geistreichen und unermüdlichen Archäologen Frank Calvert« verbracht. Immerhin gilt jenem das letzte Wort in Schliemanns zweitem Reisebuch.

Schliemanns Reisen in die Fremde waren immer auch eine seelische Drift in die Vergangenheit, in die eigene Kindheit und schließlich in den Mythos an geeigneten Schauplätzen. Dieser biografische Pakt mit dem homerischen Mythos gab seiner Suche ein Ziel, das imaginär und real zugleich war. Diese Verbindung sollte er niemals kappen, daran hing sein Leben, sein Ruhm, seine Einmaligkeit.

Doktor Schliemann

»Ich bin nun völlig entschlossen, den ganzen künstlichen Hügel von Hissarlik abzutragen«, schrieb Heinrich Schliemann an Frank Calvert am 26. Dezember 1868 aus Paris. Man stelle sich vor, er hätte es wirklich getan, er hätte allen »Schutt« beseitigt, um darunter Troia zu finden – eine Katastrophe der Archäologie! Calvert riet, zuerst einen Graben anzulegen, was Schliemann anfangs ablehnte, später dann aber tat. Zugleich schickte er Calvert eine detaillierte Liste mit Fragen zur Planung der Ausgrabungen. Er behandelte ihn schon wie einen Mitarbeiter und verwies darauf, dass in seinem Buch der Name des »bedeutenden Gelehrten Frank Calvert, dem die Wissenschaft der Archäologie so viele wertvolle Entdeckungen verdankt« pflichtschuldigst vermerkt sei.

Dass Schliemann die Sache etwas hemdsärmelig anpackte, ist nicht weiter verwunderlich; in ganz Europa gab es nur wenige erfahrene Archäologen. Wichtiger ist, dass er mit einer Vorstellung an die Aufgabe heranging, die seiner Fantasie entsprungen war: das historische Troia liegt zuunterst und er muss bis zum »jungfräulichen Boden« durchgraben, um es zu finden. Diese Formulierung tauchte über die Jahre hin immer wieder bei ihm auf.

Calvert versicherte seinen Willen zur guten Zusammenarbeit und schickte am 13. Januar 1869 eine ausführliche Antwort; abzuschließende Verträge, Werkzeuge, Waffen – alles wurde bedacht. Noch einmal verteidigte er seine Idee vom großen Graben zwecks erster Sichtung und berief sich dabei auf Erfahrungen, die man in Ninive gemacht hatte.

Ganz so schnell, wie Schliemann gedacht hatte, ließ sich seine neue große Idee nicht realisieren. Die Erlaubnis aus Konstantinopel war nicht leicht zu erlangen. Ein ganzes Jahr noch dauerten seine Vorbereitungen, und es waren Vorbereitungen, wie man sie nur im Zusammenhang mit seinem mythischen Selbstbild verstehen kann. Ehe Schliemann zum Ausgräber von Troia wurde, baute er in einer komplizierten Aktion sein ganzes Leben um, zunächst in einer neuen Fassung seiner Legende (im Vorwort seines Reisebuches), dann im zivilen Leben (durch eine neue Ehe an einem neuen Ort).

Mit seinem Sohn Sergej führte Schliemann von Paris aus eine Korrespondenz auf Französisch. Er erzählte ihm, dass er Chicago für die interessanteste Stadt der Welt halte, weil man dort technische Wunder vollbringe, zum Beispiel in überschwemmungsgefährdeten Stadtteilen Häuser mittels hydraulischer Pumpen höher schrauben könne. Und er berichtete, dass er an einem archäologischen Werk arbeite. Er halte Vorträge vor der Archäologischen Gesellschaft und hoffe, sich eine gewisse Reputation als Autor zu verschaffen. Nichts Schöneres könne er sich denken als das Verfassen seriöser Bücher, beim Schreiben fühle er sich glücklich, zufrieden, konzentriert – als Autor wohlgemerkt, nicht als Ausgräber. (1. November 1868)

Damit der Vater nicht dem widersprach, was im Buch an Erinnerungen aus Heinrichs Kindheit dargestellt wurde, musste Ernst Schliemann entsprechend instruiert werden, was in einem Brief vom 9. 12. 1868 aus Paris geschah. Leider ist dieser bedeutende Brief in der Ausgabe von Schliemanns Korrespondenz nur unvollständig abgedruckt. Viele der Briefe, die er in den folgenden Jahren in die alte Heimat sandte, sind als Absicherung seiner Legende zu verstehen. Dem Vater schrieb er: »Die Vorrede habe ich dazu benutzt, meine Biografie zu geben und damit angefangen zu sagen, dass ich als ich zehn Jahre alt in Kalkhorst, auf schlechtem Latein, an Dich, Vater, die Geschichte des Troianischen Krieges und die Abenteuer von Agamemnon und Ulysses als Weihnachtsgeschenk schickte, nicht daran dachte, dass ich nach 36 Jahren über denselben Gegenstand in Paris vors Publikum treten würde. Ich habe überdies gesagt, dass Du an allem diesem Unheil schuld bist, weil du mir als Kind immer von den homerischen Helden erzähltest und weil die ersten Eindrücke, die das Kind empfängt, das Leben hindurch andauern.«

Dieser Brief ist sehr aufschlussreich, weil er einmal klar zeigt, dass es sich bei der Kindheitserinnerung um ein literarisches Konstrukt handelt, warum sonst sollte er den Vater dermaßen anweisen? Zum andern zeigt die scheinbar ironisch benutzte Formulierung vom Unheil, an dem der Vater schuld sei, woran er in Wahrheit zu denken Grund hat.

Im Januar 1869 hielt Schliemann sich zum letzten Mal in seinem Leben in Sankt Petersburg auf. Er suchte eine Begegnung mit Katharina, die ihn aber nicht anhören wollte und über seine schriftstellerischen Versuche nur lachen konnte. Ihr Abschied fügte diesem Familiendrama nur eine weitere hässliche Szene hinzu. Katharina verließ mit den Kindern die Stadt und denunzierte ihn bei der politischen Polizei, was Schliemann zu einer überhasteten Abreise zwang. Hätte sie in Kauf genommen, ihn für Jahre eingesperrt zu sehen? Wie ein Flüchtling musste Schliemann die Stadt verlassen, in der er ein Vermögen erworben, aber nicht das Glück gefunden hatte.

Bei einem Abstecher in die alte Heimat suchte er seinen Kalkhorster Vetter auf, Justizrat Dr. jur. Adolph Schliemann (1817–1872), seit 1855 Anwalt in Schwerin. Dessen Rat benötigte er in zwei Angelegenheiten: Er wollte sich in Amerika scheiden lassen und er wollte mit seinem neuen Buch an der Universität Rostock den Doktorgrad erlangen. Dieser Art von Reputation und auch Legitimation bedurfte es für die kommenden Vorhaben.

Dies hielt Schliemann nicht davon ab, dem Vetter seine Spielleidenschaft vorzuhalten; dessen Schulden allerdings beglich er. Kartenspiel sei das Laster der untersten Volksklasse, wie könne sich ein gebildeter Mann dem hingeben? Und er erteilte ihm Ratschläge für intellektuelle Tätigkeiten (er solle den Leuten etwas erzählen – also sein eigenes Laster nachahmen?). Adolph Schliemann beendete seine Laufbahn trotz seiner Manie als Gerichtsrat in Leipzig.

Die Promotion erwies sich als unproblematisch. Die Universität Rostock sah ein Verfahren vor, bei dem gegen eine Gebühr von 70 Talern auch Bewerber ohne Abitur und abgeschlossenes Studium *in absentia* promoviert werden konnten. Den dafür nötigen Lebenslauf konnte man ja Schliemanns Buch entnehmen, er schrieb zu allem Überfluss noch eine lateinische und eine altgriechische Kurzfassung, musste sich darin allerdings manchen sprachlichen Schnitzer vorwerfen lassen. Gleichwohl votierte die Fakultät einstimmig für die Promotion dieses »Autodidakten mit vorwiegend archäologischer Neigung«. Auf der Basis seiner Bücher über Ostasien und über Griechenland wurde Heinrich Schliemann am 27. April 1869 zum Doktor der Philologie und der freien Künste ernannt. Zu diesem Zeitpunkt befand er sich schon in Amerika und war mit ganz anderen amtlichen Vorgängen befasst, etwas weniger redlich allerdings.

Amerikaner

Der Weg zum wahren Ich führte durch lauter Fälschungen. In Boston schwor am 29. März 1869 der Zeuge John Bolan, dass Mister Henry Schliemann seit mehr als fünf Jahren in den USA lebe, sich seit mehr als einem Jahr in New York aufhalte und die Prinzipien der amerikanischen Verfassung achte (den Punkt »pursuit of happiness« gewiss). Schliemann weilte erst seit zwei Tagen in New York, doch durch diesen (gut honorierten) Meineid eines für alle Gelegenheiten käuflichen Zeugen wurde Heinrich Schliemann amerikanischer Staatsbürger. Das sollte ihm bei den Arbeiten in Troia nützen, vor allem aber bei der Scheidung von seiner russischen Frau. Um diese Scheidung in Indianapolis, einer Stadt mit

40 000 Einwohnern im Bundesstaat Indiana, vollziehen zu können, engagierte Schliemann umgehend fünf Anwälte. Im ›Indiana Weekly State Journal‹ vom 9. April 1869 wurde sein Scheidungsersuchen veröffentlicht.

Um den Eindruck einer dauerhaften Ansiedlung zu erwecken, kaufte Schliemann ein Haus und eine Fabrik in Indianapolis. Die Scheidung erging am 30. Juni auf der Basis von Briefen Katharinas, in denen sie sich geweigert hatte, mit ihm in den USA zu leben. Ihre russischen Briefe hatte Schliemann selbst »übersetzt«, später, als Katharina die Scheidung anfocht, ließ er sie verschwinden. 1873 wurde das Scheidungsrecht in Indiana geändert, da wäre diese Art Scheidung *in absentia* nicht mehr möglich gewesen.

Die Fabrik verkaufte Schliemann gleich wieder, das Haus in Indianapolis, das auch später zu seiner Erbmasse gehörte, behielt er. Die Vereinigten Staaten hatte er aber (genau wie Russland) in diesem Jahr 1869 zum letzten Mal besucht – er besaß ja die Staatsbürgerschaft, das genügte.

Die Zeit in Amerika nutzte Schliemann zu Studien. Am 20. Mai 1869 verfasste er einen ausführlichen Essay über ›Tausendundeine Nacht‹, das Meisterwerk der arabischen Literatur. Der Amerikanischen Philologenversammlung schickte er am 29. Mai ein langes Memorandum über die Spracherziehung, in dem er seine eigene Methode empfahl. Aus Indianapolis schrieb Schliemann an Ernest Renan (14. April 1869), der ihn um einen Bericht aus Amerika gebeten hatte. Er schilderte technische Attraktionen aus New York, etwa eine Straßenbahn, die auf Schienen lief und von Pferden gezogen wurde. Kleine Jungen kämen herein und verkauften Hefte mit kolorierten Zeichnungen, also wohl eine Art frühen Comic. Er wollte einem Jungen einen ganzen Dollar geben, was der stolz ablehnte (Ich bin Verkäufer, kein Bettler!), es sei denn, Schliemann nähme alle 60 Hefte ab, die er ihm auch sogleich abzählte. Hoffentlich sei der Dollar der Grundstock eines großen Vermögens, eines Tages wirst du vielleicht ein Banker sein, sagte Schliemann, der seinen Sinn für Anekdoten behalten hatte.

Am 11. April schrieb er an seinen Vetter Adolph: »Wie glücklich würde ich mich hier in diesem Gewühl des Handels unter diesen praktischen Amerikanern gefühlt haben, wenn ich vor 27 oder auch nur 24 Jahren hierher gekommen wäre.« Meinte er, er hatte das falsche Land gewählt? Andererseits habe er nun schon über zwei Jahre lang das herrliche Leben in Paris genossen, fügte er hinzu, und er sehne sich nach Europa.

Als endlich die Scheidung ausgesprochen war und er in ein neues Leben starten konnte, muss eine große Last von Schliemann abgefallen sein. Die folgenden Briefe klingen heiter, ja ungeniert, aus manchem Schreiben meint man den frivolen Ton seines Vaters herauszuhören. Das mag auch daran liegen, dass er nun seine zweite Heirat plante, zügig wie alle seine Angelegenheiten. Das Motiv *cherchez la femme* hatte bei Schliemann eine andere Bedeutung als sonst. Bei ihm hieß es, dass er erst die richtige Frau finden musste, um seinen großen Plan verwirklichen zu können.

Von New York aus hatte Schliemann nach Athen an Bischof Vimbos geschrieben und ihn um Hilfe bei der Suche nach einer Frau gebeten, einer richtigen Griechin. Ich würde gerne eine Frau heiraten, die denselben »engelhaften Charakter« hat wie Ihre Mutter oder Ihre Schwester, schrieb er. »Meine Hauptbedingung aber ist ein gutes und liebreiches Herz.« Er wolle keine Französin heiraten, die er leicht finden könnte, aber er fürchte eine Wiederholung des russischen Unglücks; er wünschte sich einen griechischen Typus, schwarzhaarig, sie soll aussehen wie Eure engelhafte Schwester, soll arm sein, aber gebildet, Homer muss sie kennen, kann Waise sein oder Gouvernante, bitte schicken Sie mir Fotos. Der Geistliche betätigte sich als Heiratsvermittler und sandte zwei Fotos und ließ nicht unerwähnt, dass er hohe Schulden habe. Schliemann wies ihm sogleich 1000 Francs an.

Das erste Foto zeigte eine Italienerin namens Polyxena Gousti, eine Lehrerin, die zwar einige Vorzüge aufwies, aber nicht in Schliemanns Bild passte. Auf dem zweiten Foto sah er die sechzehnjährige Sophia Engastroménos, Tochter einer Cousine von Vimbos, die im Hochzeitskleid der älteren Schwester abgelichtet worden war. Schliemann fragte bei Vimbos nach: Welche Haarfarbe hat sie, spielt sie Klavier, kann sie Sprachen, versteht sie altgriechisch und liebt sie Homer, ist sie für die griechische Wiedergeburt, reist sie gern, würde sie mich nach Paris und Ägypten begleiten? Sophia wurde nicht gefragt und bekam kein Bild von Schliemann zu sehen. Sie hatte das beste Lyzeum des Landes absolviert. Die Eltern besaßen ein Haus, aber eine große Mitgift war nicht zu erwarten, eher Ansprüche an den Schwiegersohn. Sie war so groß wie Schliemann, wuchs später noch, überragte ihn um einen Kopf.

Schliemann aber hegte Bedenken. War sie nicht zu jung? »Mädchen glauben, dass Himmel und Paradies in der Erfüllung ihrer körperlichen Wünsche liegen.« (Soll man daraus folgern, dass Katharina unbefriedigt geblieben war?) Er schrieb an Vimbos, dass Sophia nicht in Frage komme. Aber schon am nächsten Tag schickte er einen schwärmerischen Brief hinterher: er sei bereits ganz verliebt in das bezaubernd schöne Bildnis. In einer Nacht hatte Schliemann eine existenzielle Entscheidung getroffen, wie er einst Spekulationsgeschäfte über Nacht ausgeklügelt, wie er sich gleichsam über Nacht für die Grabung in Troia entschieden hatte. Allerdings, schrieb er an den griechischen Geistlichen und einstigen Kameraden aus Sankt Petersburg, wolle er zunächst in Paris testen, ob sein Liebesvermögen und die Fortpflanzungsfähigkeit durch sechs Jahre Enthaltsamkeit gelitten hätten. Er hatte aber wohl schon einen Versuch mit einer schwarzen Hausdienerin unternehmen wollen, was auf deren entschiedenen Widerstand gestoßen war und zur Kündigung geführt hatte.

Dem Vater teilte er mit (18. Mai 1869), dass ihm der »Erzbischof von Griechenland«, sein Freund Vimbos, Porträts von mehreren Frauen aus Athen geschickt habe. Er wolle sich eine davon aussuchen, denn er glaube, er könne nur mit einer Griechin glücklich werden. »Ich werde sie aber nur dann nehmen, wenn sie Sinn für Wissenschaften hat, denn ich glaube, ein schönes, junges Mädchen kann nur in dem Falle einen alten Mann ehren und lieben, wenn sie für Wissenschaften schwärmt, in denen er viel weiter fortgeschritten ist als sie.« Für ihn könne man wohl nicht schwärmen, schien er anzunehmen.

Auf dem französischen Dampfer »St. Laurent«, der ihn Ende Juli von New York nach Le Havre brachte, schrieb er an einen Bekannten: »Ich beabsichtige in 14 Tagen nach Griechenland zu reisen, um mich dort nach einer anderen Frau umzusehen, denn dort habe ich den ungeheuren Vorteil, dass die Mädchen arm wie Ratzen sind, jeden Fremden als unermesslich reich ansehen und daher Jagd auf ihn machen, gerade wie ich vor zehn Jahren in Ägypten den Enten nachjagte, und sintemal alles, was uns leicht zu Gebot steht und besonders, was sich von selbst anbietet, nur wenig Wert für uns hat, so kann ich ja die Damen dort kaltblütig und mit aller Muße genau kennen lernen, und sollte ich eine Griechin finden, deren Alter noch Hoffnung auf Nachkommenschaft lässt, die ... außerdem für altgriechische Sprache und Literatur, für alte Weltgeschichte, Archäologie und Geografie schwärmt ..., dann nehme ich sie zur Frau, aber auch nur dann ...; Gott sei Dank ist die Auswahl in Griechenland groß und die Mädchen schön wie die Pyramiden von Ägypten.«

Und wenn er sich auch stärker brüstete, als es der Sache zukam (er hatte schließlich nur zwei Vorschläge erhalten), so war doch die Ausgangslage für alle Konflikte bereitet. Seltsam nur, dass bei ihm hier deutlich ägyptische Fantasien hineinspielten. Wer weiß, was er dort alles erlebt hatte. Aber diese Zeit des ziellosen Reisens war vorbei. Nach einem langen Irrweg war er endlich im richtigen Leben angekommen.

Lehrjahre eines Ausgräbers

»Man tritt in Athen ein wie in ein Bankhaus, von dem man weiß, dass es schon am Konkurs stand«, schrieb der deutsche Politiker Friedrich Naumann in einem Reisebuch von 1898. Die Griechen kamen ihm vor wie »die jetzigen Stiefkinder Europas, ein armes Volk, gleichsam heruntergekommener Adel«. Sie seien ein altes Volk mit den Manieren von Kindern, demoralisiert durch die lange Türkenherrschaft hätten sie alle Laster der alten Griechen, aber keinen ihrer Vorzüge. In der Stadt fand Naumann alle Straßen und Plätze besonders staubig, deshalb gebe es so viel Schuhputzer wie nirgends auf der Welt. »Der brandenburgische Sand ist in unseren Augen kein so bedeutendes Hindernis geschichtlicher Größe wie dieser Geist und Leib, Kleid und Kunst verfolgende Staub.«

Sophia

Am Rande des Konkurses standen wohl auch die Geschäfte des Tuchhändlers Konstantínos Engastroménos, der bereit war, seine Tochter Sophia an den fremden Kaufmann zu vergeben, der in jenem September 1869 geradewegs aus Amerika anreisen sollte. Auch seine Frau Viktoría schien keine Einwände gehabt zu haben.

Heinrich Schliemann behauptete zwar später in einem Brief an die Schwester, er habe in seinem Hotel 150 mögliche Bräute defilieren lassen, die alle hinter ihm und seinem Geld her gewesen seien, wahrscheinlicher als diese Slapstickszene aber ist, dass er sich zielstrebig wie immer zum ländlichen Athener Vorort Kolonós begab, wo sich die potenzielle Schwiegerfamilie aufhielt. Allerdings wird auch der Name einer dreißigjährigen Witwe genannt, Kleopatra Lemoni, für die er sich ebenfalls interessierte, die aber ihre Chance nicht zu nutzen wusste.

Dass er es gleich mit einer ganzen Sippschaft zu tun hatte, missfiel Schliemann, es erinnerte ihn zu sehr an die feindlichen Verhältnisse in Sankt Petersburg, die er auf keinen Fall noch einmal erleben wollte. Er drang darauf, mit Sophia allein zu sprechen, was sich nach griechischen Sitten jedoch nicht schickte. Im Hafen von Piräus gab es dennoch ein kurzes Zwiegespräch am Bug eines Schiffes, an dessen Heck die Mutter mit einer Verwandten wartete. Der eingeschüchterten Sophia schenkte Schliemann keine Blumen, sondern sein Buch über Ithaka und Troia, er prüfte sie wie ein Lehrer, ließ sie einen Abschnitt aus der ›Ilias‹ vorlesen und fragte schließlich: »Warum wollen Sie mich heiraten?« Sophia antwortete: »Meine Eltern wollen es, weil Sie reich sind.« So viel Aufrichtigkeit missfiel dem reichen Fremden überaus, der doch auch »wegen meines Wertes als Mensch« von der Unbekannten geliebt werden wollte; er kam zu der Erkenntnis, dies sei nicht die richtige Braut, und reiste kurz entschlossen ins Athener Hôtel d'Angleterre zurück.

In der Familie Engastroménos musste danach helle Aufregung geherrscht haben. Sophia hatte mit ihrer dummen Ehrlichkeit ein gutes Geschäft verdorben, man beschwor sie, einen wohlwollenden Brief zu schreiben, was sie auch tat: »Verehrter Herr Heinrich, bitte verlassen Sie Athen nicht ohne mich, mein Leben lang will ich Ihnen dankbar sein, Sie sollen mein Lehrer und ich Ihre beste Schülerin sein, für Sie will ich eine Dame der Pariser Gesellschaft werden, für Sie will ich meine Heimat verlassen und meine Familie, denn Sie sollen alles für mich sein, Bruder und Vater, Liebender und Gatte, Held und Gott.« Man hatte sie gut beraten.

Vielleicht wollte Schliemann ja gar nicht absagen, vielleicht hatte er nur wie ein Händler agiert, der den Preis drücken wollte. Zugleich konnte er seine Position ihrer Familie gegenüber stärken, man sollte ihn bitten müssen, nicht er eine Beute entreißen.

Ehen wurden in Griechenland rasch geschlossen und schon fünf Tage nach Schliemanns Zusage wurde am 23. September 1869 die

Hochzeit nach griechisch-orthodoxem Ritus gefeiert, in der Melétioskirche in Kolonós. Der unorthodoxe Mann heiratete zweimal orthodox und ließ auch alle seine Kinder nach orthodoxem Ritus taufen (durch dreimaliges Untertauchen).

Im Ehevertrag wurde vereinbart, dass Sophia und ihre Eltern auf Vermögensansprüche verzichteten, dass Sophia nur erben sollte, wenn er sie im Testament bedenken würde. Über eigenes Geld verfügte sie nicht, ihr Mann würde ihre Rechnungen begleichen, ein ehemaliger Direktor der Nationalbank würde ihr das von ihrem Ehemann zugestandene Geld bei Bedarf überbringen. Dennoch gab es Ärger mit der Verwandtschaft, denn Sophias Vater, vor allem aber eine Tante von ihr, behaupteten, Schliemann habe gegenüber Vimbos zugesagt, 150 000 Francs in Diamanten zu übergeben sowie weitere Zahlungen zu leisten. Schliemann lehnte ab, drohte damit, den Brauthandel öffentlich zu machen: Töchter zu verkaufen sei sehr unchristlich. Er bot aber Sophias Vater einen Kredit oder eine bezahlte Anstellung als sein Agent in Athen an. Nach einer großen Auseinandersetzung, in deren Verlauf Sophia ausrief: »Lieber will ich sterben, als an der Seite dieses Mannes leben«, ließ sich Schliemann dazu herab, nachträglich die Kosten für die Hochzeitsfeier mit 200 Gästen zu begleichen. Vimbos erhielt eine erneute Geldzuwendung von 1000 Francs für »kirchliche Zwecke«. Großzügigkeit war bei Schliemann immer auch Investition ins Wohlwollen der anderen.

Empörte Reaktionen kamen auch aus Sankt Petersburg. Katharina übersandte eine Klageschrift, denn nach russischem Recht galt Schliemann nun als Bigamist. Da sein Wohnsitz noch Paris war, ging die Klage zunächst an ein französisches Gericht, das sich aber für unzuständig erklärte, weshalb sie nach Athen weitergereicht wurde. Als Schliemann einwilligte, Katharina eine jährliche Apanage von 4000 Rubeln zu zahlen, war auch dieses Problem beseitigt. Ende 1871 wurde die amerikanische Scheidung auch in Sankt Petersburg anerkannt.

Im Lauf des Jahres 1869 hatte Schliemann also sein Leben grundlegend verändert; auch die griechische Heirat muss man als Teil seiner Vorbereitungen für Troia sehen, als Moment in seiner imaginären Geschichte, die es neu zu arrangieren galt.

Die Hochzeitsreise mit Sophia führte an Bord des Dampfers »Aphrodite« zunächst nach Sizilien, Neapel und Rom. Sophia wurde mit Antikentourismus geradezu überfüttert. Über Florenz, Venedig und München ging es nach Paris, wo Sophia schlimmes Heimweh bekam. Diese Reise erwies sich als eine einzige Überforderung für sie. Schliemann aber, der wohl nicht in der Lage war sich vorzustellen, dass Reisen für andere Menschen eine Zumutung bedeuten könnte, schrieb beglückt an die seinen: »Ich spreche Griechisch mit ihr, die Sprache der Götter.« Und: »Sie liebt mich wie eine Griechin, mit ungeheurer Leidenschaft.« Schliemanns Bedürfnis, die andern wissen zu lassen, wie es ihm erging, war unbezwingbar.

Einige Wochen lebten sie in Schliemanns Pariser Wohnung. Sie fühlte sich unwohl, musste aber Sprachlektionen und Abendgesellschaften erdulden. »Wenn Heinrich seine gelehrten Freunde um sich hat, dann sitze ich da wie ein unwissendes Kind«, schrieb sie an die Eltern. Schliemann engagierte für seine Frau einen Konversationslehrer für Deutsch und Französisch, kontrollierte aber ihre Lernerfolge. Sie musste die Methode Schliemann anwenden, die unter Aufsicht nicht funktionierte, doch er wusste nur den Zwang weiterzugeben, den er gegen sich selbst ausübte. Es musste immer nach seinem Willen gehen. So hatte er Katharina vorgeworfen, die Kinder zu verweichlichen, aber die ließ sich nicht beirren. Dafür bekam Sergej dann und wann eine briefliche Kopfnuss von seinem Vater verabreicht, der enttäuscht war, dass dieser so gar keine Fortschritte machte. »Im menschlichen Leben muss man ständig voranschreiten, sonst wird man leicht entmutigt. Versuche dem Beispiel deines Vaters zu folgen, der in allen Lebenslagen gezeigt hat, wie viel ein Mensch mit eisernem Willen erreichen kann. In den vier Jahren in Amsterdam von 1842 bis 1846 habe ich wahre Wunder vollbracht. Ich habe etwas geleistet, was noch niemand geleistet hat und auch niemand jemals leisten wird.« (24. Juni 1870)

Um den Sohn zur Nachahmung anzuhalten, beschrieb er ihm ausgiebig, wie einmalig er selbst in allem gewesen sei. Nie habe ein Händler aus Sankt Petersburg auch nur ein Buch schreiben können, er aber habe eines geschrieben, das man in vier Sprachen übersetzt habe und das überall bewundert werde. Als Händler in Sankt Petersburg war er der geschickteste und gewiefteste an der Börse, als Weltreisender war er ein Reisender par excellence, und nun setze er als Archäologe die Welt in Erstaunen durch seine Entdeckung der alten Stadt Troia, die alle Archäologen seit 2000 Jahren vergeblich gesucht hätten.

Während dieser ersten Zeit mit Sophia in Paris, am Ende des Wendejahres 1869, erreichte Schliemann aus Sankt Petersburg die Nachricht, dass seine Tochter Natalia gestorben war. In einem Brief an Sergej bezeichnete er dies als Gottes Strafe an der Mutter, die ihn so sehr verachtet hatte.

Positive Zuwendung, Zärtlichkeit, Einfühlung waren Schliemann nicht möglich, aber auch Genuss und Ruhe nicht. Er war kein Pädagoge, kein Vater; er hatte das tyrannische Gemüt des Vaters gegen sich gekehrt und in maßlosen Ehrgeiz verwandelt, das hatte ihn (erfolg)reich gemacht, aber hart. Schlaffheit war ihm ein Graus, der Anblick von Bequemlichkeit unerträglich, ob bei den Indios in der Hängematte, bei den Opium rauchenden Chinesen oder bei seiner Frau auf einem bequemen Sofa.

Nach drei Monaten erlebte Sophia einen Zusammenbruch. Es folgten eine eilige Abreise, weitere Krisen, die bis zu Selbstmorddrohungen Sophias und Scheidungsabsichten bei Heinrich gingen, und schließlich eine Kur bei Dresden, bei der der zuständige Arzt dem Paar zeitweilige Trennung verordnete. Schliemann machte Sophia krank.

Die ersten Jahre mit Schliemann mussten sehr bitter gewesen sein für sie, glücklos in jeder Hinsicht. Sie erlitt mehrere Fehlgeburten. Krisen und Kuren füllten ihre Tage und der vergebliche Versuch, sich an einen exzentrischen Lebensstil zu gewöhnen, an einen unruhigen, ungeduldigen Partner, der sie in allem, was nicht für Geld zu haben war, nur enttäuschen konnte. Einmal wurde sogar Vimbos um Vermittlung gebeten, immerhin hatte der einen kirchlichen Eheratgeber geschrieben.

Heinrich und Sophia passten eigentlich nicht zusammen, das triste Hochzeitsfoto macht es augenfällig. Ein ausgemergelter älterer Herr im Frack mit stechendem Blick, den hohen Zylinder in der linken Hand, steht in hilflosem Abstand, verlegen nach rechts hinübergeneigt, neben einem Mädchen, das wie zur Probe ein weißes Brautkleid trägt. Ihr strenger Mittelscheitel ist mit Blumen bedeckt, um den Hals trägt sie die Korallenkette, die er ihr nach der Zusage geschenkt hat. Kein Lächeln ist zu erkennen. Seine Liebe zu ihr war eine Fiktion, ein Willensakt, wie alles in seinem Leben, das einer einzigen gewaltigen Anstrengung gleichkam, etwas anderes zu werden als sein Herkommen nahe legte.

Da Sophia von der ersten Reise krank zurückkehrte, unternahm Schliemann die nächste Reise allein, denn auf das Reisen verzichten konnte er nicht. In Paris erfuhr er, dass es ihr sehr schlecht gehe, da eilte er zurück nach Athen, nahm in Marseille das Dampfschiff »Niemen«, verzichtete auf eine Zwischenstation in Neapel. Doch bald ließ er seine Frau wieder allein. Seine Ungeduld rührte daher, dass die Grabungserlaubnis für Troia auf sich warten ließ.

Mit einem Segelboot machte Schliemann eine Tour rund um die Kykladen. Auch hier führte er Tagebuch. Er überstand gefährliche Stürme und Wassermangel, aber das schien ihm lieber zu sein, als bei seiner Frau in Athen abzuwarten, die unter Depressionen litt. Auch jetzt besichtigte er antike Schauplätze und brachte Sammelstücke mit. Er besuchte Syros, Delos, Naxos, Paros, Thera – als müsse er das Heer der Achaier für einen neuen Feldzug sammeln. Andere lehrten in deutschen Kleinstädten Archäologie, ohne je klassischen Boden betreten zu haben, Schliemann aber kannte fast jeden maßgeblichen Ort der Antike aus eigener Anschauung und überdies aus den Beschreibungen der alten Dichter, denen er sich bald sogar an Ortskenntnis überlegen fühlte.

Nach Athen zurückgekehrt, reiste er mit Sophia nach Delphi, Marathon und Eleusis. Sie brauchte noch Jahre, ehe sie sich an dieses Nomadentum gewöhnen konnte. Eine Deutschlandreise mit Sophia und deren Schwester endete im Desaster. Außerhalb von Athen hielt sie es einfach nicht aus. Schliemann betrachtete immer noch Paris als seinen Wohnsitz, wollte dort in der Nähe der Sorbonne großzügig bauen lassen. Es kam zu Streitigkeiten mit Sophias Familie, die gegen den Schwiegersohn hetzte. Erneut wurde von möglicher Scheidung gesprochen.

Sophia war nicht nur die Frau eines reichen, sonderbaren Mannes, sie sollte einem Bild entsprechen, das jener sich von seinem

Leben gemacht hatte. Literarisch wechseln wir gleichsam die Stilepoche, von E. T. A. Hoffmann ging es über Ibsen zum Symbolismus: eine reale Frau sollte den Platz einer imaginären Heldin einnehmen. Aber es war nicht Literatur, Schliemann lebte seinen Symbolismus im realen Leben aus, wo dergleichen selten gut geht. Mit Sophia wollte er nur altgriechisch sprechen, in homerischen Wendungen: das Leben als Theater. Sie sollte ihm ihre Träume erzählen, die er dann deutete. Alles musste nach seinem Kopf gehen, nach »seinen sonderbaren Ideen«, wie Sophia es nannte.

Wie sehr er in Traumwelten lebte, zeigte sich nach der Geburt einer Tochter am 18. Mai 1871: Sie erhielt den homerischen Namen Andromache. Als Betreuerin für das Kind und als deutschsprachige Gesellschafterin für die Mutter wurde eine Mecklenburgerin angestellt, Anna Rutenick, die Tochter eines Anwalts aus Neustrelitz, von wo Schliemann sie auf der Rückreise von London nach Athen mitgenommen hatte. Im Hause Schliemann musste sie sich aber Nausikaa rufen lassen. Allerdings setzte sie einen hübschen Kontrapunkt mit folgendem Brief an den schon in Troia grabenden Schliemann, in dem sie das Geld für die Anschaffung eines Klaviers erbat. Sie wusste, wie man den Vielbeschäftigten weich machte, sie schrieb in schönstem Plattdeutsch, was sie so begründete:

»Nehmen Sie nich öwel, dat ick ok en poor Wörter an Sie schriew… De olle gaude Sprak is doch uns Modersprak un ik dacht, ik künn dor in am besten seggen, wat ik up mien Hart hew… Unn nu to allerletzt wünsch ik Sei von ganzen Harten, dat Sei vel Glück mit de Utgrawungen hewwen un Sei dat olle prächtige Troia finden, von dat uns Homer in seine prachtvolle Vers vertellt.« (Athen, den 11. Oktober 1871)

Es tut einem fast Leid, dass diese Verse nicht in der Sprache von Anna Rutenick geschrieben wurden.

In seinem Griechenland-Buch von 1869 hatte Schliemann das Rätsel der Lage Troias schon als gelöst bezeichnet, in der dort veröffentlichten Lebensbeschreibung sich als den schicksalsbestimmten Ausgräber von Troia dargestellt. In der Tat sah es so aus, als ob seine persönliche Glücksgöttin den Burgberg von Hissarlik für ihn aufgespart hätte, durch eine Verkettung von Umständen, wie sie auch das Epos kennt, in dem schließlich alles kommt, wie es kommen soll. In Zeitungsartikeln vor allem für die ›Augsburger Allgemeine Zeitung‹, die in den kommenden Jahren (neben der ›Times‹ in London) sein wichtigstes Publikationsorgan werden sollte, stellte er schon sehr bald die Aufgabe als im Wesentlichen vollendet dar. Dabei war alles noch zu leisten, der Beweis erst noch zu erbringen.

Auf dem Hügel von Hissarlik aber hatte er es mit Problemen und Umständen zu tun, die sich nicht durch pure Willensakte, mit Geld und Entschlossenheit überwinden ließen. Es wurde ein langer Kampf, nicht zuletzt gegen sich selbst. Zweimal zehn Jahre sollte Schliemann dort zubringen, die Zeitspanne der beiden homerischen Epen zusammengenommen, die ersten zehn Jahre galten der Entdeckung und der Publikation, der Verbreitung seiner Erkenntnisse und seines Ruhms in zwei Büchern und zahlreichen Artikeln und Vorträgen; die letzten zehn Jahre der Überprüfung, Ergänzung und Verteidigung, ja Revision. Rein äußerlich betrachtet erfüllte sich der 1868 gefasste Traum durchaus.

Die zentralen Fragen an seine Tätigkeit als Ausgräber lauten: Wie weit hat seine Mythomanie in die Arbeit als Archäologe hineingewirkt? Hat er wirklich Homers Troia identifiziert? Beides lässt sich in den Fragen bündeln, die der zentrale Fund aufgibt, der so genannte Schatz des Priamos.

So, wie er früher darauf brannte, bestimmte Weltgegenden zu sehen, so brannte er nun darauf, mit den Ausgrabungen zu beginnen, doch im Frühjahr 1870 wurde seine Geduld auf eine harte Probe gestellt. Calvert hatte keine Grabungserlaubnis erwirken können. Schliemanns Nervosität wuchs, notfalls wollte er auch ohne Grabungserlaubnis anfangen. Jahrelang tatenlos abwarten, wie Calvert, das konnte er nicht. Er wollte auch der türkischen Bürokratie seine Methoden und sein Tempo aufzwingen.

Im April 1870 ließ er, ohne Erlaubnis, erste Grabungen in Hissarlik durchführen. Er stellte 21 Arbeiter ein und ließ sie nicht nur auf dem Teil des Hügels graben, der Calvert gehörte, sondern auch auf dem anderen Teil, den sich zwei Türken aus Kumkale teilten, die ihn sowieso abschlägig beschieden hätten, wie er meinte.

Es war nun keine Rede mehr vom Drauflosgraben und Abtragen des ganzen Hügels; seit er mit der Arbeit begonnen hatte, stellten sich ihm Fragen über die Vorgehensweise, die Identifizierung der Schichten, die Sicherung und Zuordnung der Funde. Schliemann lernte sein neues Metier an Ort und Stelle.

Schon nach wenigen Tagen tauchten die empörten türkischen Besitzer auf, die er aber durch eine Zahlung von 400 Francs beruhigen konnte; sie ließen ihn graben, in der Hoffnung, auf diese Weise Baumaterial zu erhalten. In den ersten Grabungskampagnen wurden immer wieder Mauerteile gestohlen, aber auch antiker Marmor, den man in Brennöfen zu Kalk verarbeitete. Schliemann hatte also durchaus Grund für sein späteres Misstrauen.

Vorerst grub er nicht allzu tief, sondierte nur an verschiedenen Stellen. Er glaubte Spuren von Erdbeben und Bränden zu entdecken. Natürlich hatte er jede Zeile der ›Ilias‹ im Kopf und wartete auf unmittelbar zu identifizierende Objekte. Fand er eine schöne Büste, dann bezeichnete er sie sogleich als Helena. Noch war er der übereifrige Mythomane von Ithaka.

Nach eher enttäuschenden ersten Wochen stieß er auf größere Mauerreste, und schon schickte er einen Artikel an die ›Augsburger Allgemeine‹, er habe die Mauern des Palastes des Priamos gefunden. Er arbeitete also von Anfang an unter den Augen der Öffentlichkeit, schickte Berichte an die Zeitung wie einst Briefe an die Schwestern. Und er versuchte Verbündete in der wissenschaftlichen Welt zu finden; so sandte er einen längeren Bericht an den Direktor des Institut de France in Paris.

Um Publizität brauchte er sich nicht zu sorgen, das Thema Troia erwies sich als zugkräftig. Im Juni 1870 erreichte ihn eine Anfrage aus Leipzig vom Herausgeber der populären Zeitschrift ›Die Gartenlaube‹, ob er nicht für das »große und gemischte Publikum« dieser Zeitschrift berichten möchte. Auch an Illustrationen sei schon gedacht. Sein Publikum war also die allgemeine Öffentlichkeit und nicht nur die Fachwelt.

Schon sein Ithaka-Buch war auf ein gewisses Echo gestoßen, es gab etliche Besprechungen und Kritiken, die im Für und Wider schon alle Positionen der späteren Debatten um Schliemann enthielten. Als wichtiger Helfer erwies sich erneut Carl Andreß, der nicht nur die deutsche Fassung des zweiten Buches besorgte, sondern auch Artikel und Besprechungen in Zeitungen und Zeitschriften verfolgte und für ihn resümierte.

Schließlich wurde Schliemann gezwungen, mit den Grabungen aufzuhören und seine Arbeiter zu entlassen. Gleichzeitige Bemühungen um Ausgrabungen in Mykene scheiterten, in Griechenland war eine Erlaubnis noch schwerer zu erwirken als im Osmanischen Reich. Der illegale Anfang verschlechterte ohnehin die Aussichten auf eine türkische Genehmigung. Calvert setzte sich dafür mit seinen zurückhaltenden Mitteln in Konstantinopel ein, ebenso der dortige amerikanische Botschafter Wayne MacVeagh.

Zurück in Athen unternahm Schliemann bald eine kleine Erkundungsreise in Griechenland, aber das Reisen war dort nicht ungefährlich. Bei einem Überfall in Marathon wurden Engländer ermordet, die Schliemann ursprünglich begleiten wollte. Zwar war in Troia dergleichen nicht zu befürchten, doch leistete er sich ab 1871 eine Art Leibwache von bis zu zwölf Gendarmen.

Als er erfuhr, dass der türkische Kulturminister den beiden einheimischen Türken den halben Hügel von Hissarlik abgekauft hatte, war Schliemann empört und sah dies als Bruch eines Versprechens an (was ihm im späteren Prozess mit der türkischen Regierung als Argument dienen sollte). Die türkischen Behörden waren nicht nur wegen der illegal begonnenen Grabungen verstimmt, sondern auch wegen der Aufsehen erregenden Artikel, die Schliemann schon veröffentlicht hatte.

Schliemann bemühte sich weiterhin, mit Diplomatie ans Ziel zu kommen, er schrieb auf Französisch an den türkischen Bildungsminister Safvet Pascha Briefe voller Schmeichelei im Namen der gemeinsamen Liebe zur Wissenschaft. Immer wieder betonte er, es gehe um Wissenschaft, um historische Forschung, nicht um die Suche nach Schätzen und Statuen, solche Motive seien ihm völlig fremd. »Mein einziges Ziel ist es, ein historisches Faktum sicher festzustellen.« Er wolle doch nur die Frage lösen, wo Troia eigentlich gelegen habe, das wichtigste historische Problem.

Jahre zuvor war bei Hissarlik ein Silberschatz gefunden worden und man vermutete noch weitere unter der Erde. Schliemanns Behauptung, er sei kein Schatzgräber, würde sich natürlich ganz anders ausnehmen, sollte er tatsächlich einen Schatz finden.

Im Dezember 1870 reiste er nach Konstantinopel, sprach mit Ministern, vertrieb sich die Zeit mit dem Lernen des Türkischen (das ja noch mit arabischen Zeichen geschrieben wurde), der letzten Sprache, die er lernen sollte, nach drei Wochen beherrschte er schon 6000 Wörter.

Januar 1871, Schliemann in Konstantinopel. Die Sonne geht wunderbar auf über der Stadt im blauen Morgendunst, Purpurglut fällt auf die Spitzen der Minarette, dann leuchtet gelber Glanz von den Wänden, die Stadtmauer färbt sich golden, Feuer spiegelt sich in unzähligen Fenstern, und dann schwindet der Morgenglanz der Sonne, ein geschäftiger Tag beginnt. Schliemann hat keinen Blick dafür. Die Nachrichten über den Deutsch-Französischen Krieg und die Belagerung von Paris rufen die schlimmsten Visionen von Zerstörung herauf. Paris könnte zu Ruinen werden wie einst Troia? Brennende, untergehende Städte müssen eine tief sitzende Fantasie bei ihm sein, das Motiv taucht immer wieder auf als Gegenpol zu den großen modernen Stadtbildern, die er in aller Welt bewundert.

Schliemann hielt es nicht länger in Konstantinopel, er musste nach Paris, um sich selbst ein Bild von der Lage zu machen. Geld, Zeit, Entfernungen spielten keine Rolle für ihn. Widrige Umstände wie Krieg auch nicht.

Die Geschichte, wie er in das belagerte Paris kam, ist wieder eine typische Schliemann-Anekdote, für die es keinen Beleg gibt und die man sich gut als Erzählung im Stile Maupassants vorstellen kann.

Schon seit Juli 1870 hatte Schliemann die sich zuspitzenden Ereignisse verfolgt und sich Sorgen um seinen Hausbesitz gemacht. Er war nach London und Berlin gereist, fuhr dann mit Sophia zur Kur nach Boulogne. Sie war in der ersten Zeit ihrer Schwangerschaft, und zum ersten Mal schien sich ihr Verhältnis zum Guten zu wenden. Unter den neuen politischen Umständen hatte Schliemann den Plan einer Niederlassung in Paris endgültig aufgegeben, war mit seiner Frau nach Athen zurückgereist und hatte sich dafür entschieden, ihr zuliebe in Athen nahe am Syntagma-Platz ein Haus zu beziehen.

An seinen Pariser Hausverwalter Patrice Beaurain schrieb er (am 23. August 1870): »Ich glaube, dass das Schicksal dieses schönen Landes, das ich bewundere, von der Schlacht abhängt, die in diesen Tagen bei Châlons geschlagen wird.« Er sprach von »unseren Truppen«, und wenn er »wir« sagte, meinte er die Franzosen. Er erlaubte sich auch Kritik an der französischen Vorbereitung und Durchführung des Krieges.

In späteren Briefen erzählte er, er habe sich mit falschen Papieren durch die deutschen und die französischen Linien gemogelt. Von der deutschen Seite hatte er keine Erlaubnis erhalten, sich nach Paris zu begeben, so kaufte er in Lagny einem 20 Jahre jüngeren französischen Postmeister namens Charles Klein Uniform und Papiere ab. In dieser Verkleidung wollte er durch die französischen Linien kommen, doch nahmen ihn die Deutschen fest und hätten ihn beinahe erschossen.

Schließlich erreichte er seine unversehrten Häuser am Boulevard und an der Place Saint-Michel. Er habe Tränen geweint und seine Bibliothek vor Rührung geküsst, als wäre ein Kind gerettet worden. Und er erinnerte sich an frühere ähnliche Erlebnisse, in denen er inmitten allgemeinen Unheils davongekommen war. Seine Mieteinkünfte sanken gleichwohl in der nächsten Zeit.

Paris machte auf Schliemann einen schlimmen Eindruck, es wirkte verfallen und schmutzig wie Peking 1864, aber es bleibe in jeder Hinsicht die Hauptstadt der Welt, schrieb er. Er nahm auch Anteil an der innerfranzösischen Auseinandersetzung über Monarchie und Republik, äußerte sich in Briefen ungewöhnlich politisch und scharf antiklerikal, gewiss als Echo auf die Debatten in Paris im Kreis um Renan. Schliemann gab sich als Anhänger der Republik und zweifelte auch nicht daran, dass auch Deutschland eines Tages Republik werde, wie Victor Hugo es in einer großen Rede prophezeit habe.

Aber bald kehrte er zu seiner eigenen Politik zurück, denn die verfahrene Lage in Konstantinopel zwang ihn dazu, selbst zur politischen Macht zu werden, die sich bei ihrem Kampf um Hissarlik mächtige Verbündete suchte.

Hic Troia

Athen, Konstantinopel, Athen, Berlin, London, Paris, Athen, wieder Konstantinopel – so lebte Schliemann. Für ihn gab es keine Grenzen. Nach der Pariser Eskapade setzte er die Belagerung der türkischen Behörden fort, schrieb Brief auf Brief und betonte immer wieder seine rein wissenschaftlichen Absichten. Er wolle auch keine finanzielle Unterstützung, zahle alles aus eigener Tasche, akzeptiere jede Aufsicht, biete den türkischen Museen die Hälfte aller Funde an.

Den ganzen Monat Mai 1871, in dem seine Tochter Andromache geboren wurde, verbrachte Schliemann in Athen. Er hatte auf einen kleinen Odysseus gehofft und schon entsprechende Anschaffungen getätigt. Der neue Telemach wollte seinen mythischen Vater erzeugen! Doch schon im Juni brach er zu einer zweimonatigen Reise auf. Im Juli erlebte er in Berlin den ausklingenden Siegestaumel nach dem Triumph über Frankreich und die Feiern des neu gegründeten Deutschen Reiches. Er logierte im Hotel Bellevue am Potsdamer Platz, denn der eigentliche Zweck seiner Reise war ein Besuch bei Professor Ernst Curtius, den er aber nicht von seiner Hissarlik-Theorie überzeugen konnte.

Dann reiste er weiter auf die Britischen Inseln, machte einen Abstecher nach Schottland. In London schaute er regelmäßig auf der amerikanischen Botschaft vorbei und tatsächlich erhielt er dort schon nach sechs Wochen einen Brief aus Konstantinopel. Die türkische Grabungserlaubnis war erteilt, wenn auch noch begrenzt auf den Hügel Hissarlik. Schliemann hatte schon um Genehmigung für Grabungen in der ganzen Ebene ersucht. Das gehört zu den Vorzügen seiner Planungen: so sehr er auch auf Homers Troia fixiert war, so hatte er doch das ganze von Homer bezeichnete politische Feld im Blick und dachte auch schon an Ausgrabungen in Mykene und Tiryns. An Sophia aber, die in den Monaten zuvor immer wieder unter seiner Reizbarkeit zu leiden gehabt hatte, schickte er ein Telegramm: »Gemeinsam werden wir am Fortschritt der Zivilisation arbeiten.« Und er dankte für ihre Liebe und ihre Geduld.

Mit Hilfe der Firma John Henry Schröder & Comp., London, organisierte Schliemann die praktischen Dinge: Werkzeuge, Verpflegung, Karren, die ganze nötige Ausrüstung für mehrere Tausend Francs. In der Troas übernahm der unermüdliche Calvert, mit dem Schliemann brieflich Kontakt hielt, die Vorbereitungen. Calvert empfing auch den Archäologen Curtius, der eine kleine Delegation leitete, darunter Mitglieder des preußischen Generalstabs. Man ließ sich umherführen und blieb bei der Meinung, dass Troia in Bunarbaschi gelegen habe, wobei man sich auf die militärische Autorität des Generalstabschefs Helmuth Graf von Moltke stützen konnte. Das Argument lautete: Der Hügel von Hissarlik sei nur 162 Fuß hoch, der von Bunarbaschi aber 472 und damit der beherrschende Hügel der Ebene, also komme nur er für die Lage einer militärisch bedeutenden Stadt infrage. Schliemann wusste also, dass er mit Widerspruch zu rechnen hatte.

In Schliemanns Grabungserlaubnis war geregelt, dass alle Funde zwischen dem Ausgräber und dem Kaiserlichen Museum in Konstantinopel geteilt würden, dass der Ausgräber alle Kosten trüge, dass aufgedeckte Ruinen nicht angetastet würden, dass ein von der türkischen Seite bestellter Aufseher die Arbeiten überwachte. Schliemann ging davon aus, dass die Grabungen nicht sehr lange dauern oder dass die Arbeiten bald von anderen Institutionen übernommen würden, etwa vom Britischen Museum. Seine Vorstellung vom Auffinden Troias hatte eher mit blitzartigen Enthüllungen und plötzlichen Entdeckungen zu tun als mit dem Schneckentempo des Ausgrabens. Auch hier spielte sein mythomanisches Pathos hinein. Es musste alles irgendwie dramatisch zugehen – oder zumindest so erscheinen. Inhaltlich ging es ihm nur um die Bestätigung, dass auf dem Hügel bei Hissarlik tatsächlich jene Stadt gelegen hatte, die Homer mit den beiden Namen Troia und Ilion bezeichnete und deren Lage und Aufbau man aus der ›Ilias‹ herauslesen konnte. Es mussten sich also Dinge finden lassen, die auf das epische Geschehen zu beziehen waren, sie waren sein Maßstab der Identifizierung. Dabei leitete ihn die Vorstellung, die homerischen Schichten seien besonders mächtig und sie lägen tief unten, da die Troianer im Epos als die ersten Siedler bezeichnet werden. Dass er anderes finden könnte, nämlich viel komplziertere Verhältnisse, Zeugnisse einer viel komplexeren Geschichte, kam ihm nicht in den Sinn. Schliemann hatte keine Vorstellung von dem, was ihn erwartete. Er wusste auch noch nicht, dass ihn Troia nicht mehr loslassen würde, dass es wirklich, nachträglich, zu seiner Bestimmung werden sollte.

Das Jahr 1871 brachte nach dem Fehlstart im Vorjahr die erste Grabungskampagne auf dem Hügel; sie dauerte vom 11. Oktober bis zum 24. November. Sophia kam zu einem kurzen Besuch, reiste aber bald zu ihrem Kind nach Athen zurück.

Obwohl es schon Herbst war, nächtigte Schliemann im Freien, lernte bald das schlechte Klima kennen, erlitt starke Fieberanfälle. In der Schilderung der tapfer ertragenen Strapazen ist er so suggestiv wie eh und je. Der Diplomat war zum Arbeiter geworden, der außerdem Autor blieb und bis spät in die Nacht Aufzeichnungen machte, Artikel für Zeitungen in Deutschland und Griechenland schrieb oder Briefe, etwa an Renan, den er auf dem Laufenden hielt. Manchmal ging er erst um zwei Uhr nachts zu Bett und stand um fünf Uhr schon wieder auf. Dabei war das Unternehmen noch reichlich unsystematisch, die Arbeiter erhielten keine klaren Anweisungen, und Schliemann beschlichen selbst Zweifel, zu verwirrend waren die Befunde.

Im November fragte er sich, in welcher Epoche er eigentlich grabe, er wusste nicht, ob die unteren Schichten 3000 Jahre alt seien oder 1500 Jahre und ob er wirklich die homerische Stadt gefunden habe. Er hatte also noch keine Vorstellung von der Chronologie, weder von der relativen noch von der absoluten. Die Einteilung in Steinzeit, Bronzezeit, Eisenzeit hatten dänische Archäologen erst wenige Jahre zuvor entwickelt. Homers Waffenbeschreibungen legten nahe, dass der Troianische Krieg nur in der Bronzezeit stattgefunden haben konnte. Einebnungen in späteren Siedlungsphasen hatten zudem die Schichtenfolge kompliziert.

Vor Ort, beim Graben in Hissarlik, verlangsamte sich allmählich das Schliemann'sche Tempo. Die Vorgeschichte ließ sich nicht im Eilverfahren erkunden. Er spürte, dass er mehr über Erfahrungen an anderen Orten wissen musste, dass er bessere Grundlagen für eine Chronologie benötigte. Aber die homerischen Träume, seine subjektive Hypothese, hat er gleichwohl niemals aufgegeben. Auch wenn er immer wieder versicherte, er wolle eine historische Frage lösen, so blieb die Hoffnung des Mythenjägers immer noch lebendig. Das zeigte sich auch in seiner Vorstellung, dass er ganz nach unten gelangen musste, hier wirkte eher sein Unbewusstes hinein als seine Unkenntnis. Er wollte einer verdrängten Sache auf den Grund gehen. Troia war immer auch ein Teil seines inneren Romans, seine Ausgrabung eine symbolische Handlung.

Und doch war Schliemann ein Mensch mit praktischem Sinn, der sich auch anzupassen wusste. Griechische Arbeiter stellte er für die Werktage, türkische für Sonntage und christliche Feiertage ein. Der Grieche Nikolaos Zafyros diente als Sekretär und Buchhalter. Ein neuer Minister in Konstantinopel erteilte am 10. Oktober 1871 die Erlaubnis für den gesamten Bereich und schon am nächsten Tag begann die historische Grabung mit zunächst acht Arbeitern. Als Aufseher war der Armenier Georgios Sarkis eingesetzt, dessen Gehalt von 23 Piastern täglich Schliemann aufbringen musste.

Zu erdulden waren zunächst Hitze und Stechmücken, das Konzert von Millionen von Fröschen in den Sümpfen und das Sumpffieber, das mit großen Mengen von Chinin bekämpft wurde. Ab November setzten dann Herbststürme und schwere Regenfälle ein, die zu Erdrutschen führten.

Dem Ratschlag Calverts folgend, schnitt Schliemann einen tiefen und breiten Graben im Querschnitt durch den Burghügel. Doch die Ergebnisse fielen enttäuschend aus. Erst gab es gar keine überzeugenden Funde, dann wieder verwirrend viele, die sich chronologisch nicht einordnen ließen. Unter schwerem Regen Ende November endete die erste Periode, ohne klare Ergebnisse.

Bevor er nach Athen zurückdurfte, musste Schliemann elf Tage in Quarantäne in Salamis verbringen, eine harte Geduldsprobe. Als ihm dann in Athen ein größeres Geschäft in Paris angeboten wurde, schrieb er zurück: »Seit ich mich im Frühjahr 1864 vom Geschäft zurückgezogen habe, sind meine Spekulationen rein wissenschaftlicher Natur.« Und: »Mein Erfolg in Troia macht mir tausendmal mehr Freude als die glücklichste Geschäftsoperation, die ich je in meinem Leben getätigt habe.« Von Erfolg konnte noch längst keine Rede sein.

Das zweite Grabungsjahr in Troia war gründlicher vorbereitet und dank besserer Ausrüstung und verbesserter Grabungstechnik auch erfolgreicher. Es wurde nun an mehreren Orten gleichzeitig gegraben und der Sondierungsgraben noch verbreitert. Die neuen Aufseher stammten aus Athen und hießen Theodoros Makrys und Spiridion Demetrios, sie erhielten 150 Francs im Monat, dazu kam Adolphe Laurent, ein französischer Eisenbahningenieur.

Die Arbeit begann am 1. April 1872 und zunächst bekam man es mit Unmengen kleiner Giftschlangen zu tun. Als schlichte Unterkunft für Schliemann wurde auf dem Hügel ein Holzhaus errichtet. Ein Grieche, der als Bergbauingenieur in Australien gearbeitet hatte, bat um Anstellung, Jórgos Photídas. Er sollte die gefährlichen Grabungen statisch absichern und als Schliemanns Sekretär dienen. Bald besserte sich auch die Qualität der Funde. Es kamen mannsgroße, dickwandige Vorratsgefäße aus Ton (Pithoi genannt) zum Vorschein, an deren kräftigen Henkeln man

Seile anbringen konnte. Sie hatten auch zur Bestattung der Asche von Toten gedient.

Für die 85 griechischen und 45 türkischen Arbeiter waren jetzt 100 Francs pro Tag aufzubringen. Unter ihnen galt Schliemann als Sonderling, der aber gut zahlte. Die ›Ilias‹ murmelnd stand er auf dem Hügel und überwachte die Grabungen. Vielleicht waren es auch Beschwörungen der Glücksgöttin, denn sein Pessimismus nahm zu, da sich keine bedeutenden Funde einstellten, die Kosten aber höher wurden als berechnet. An trüben Tagen streiften ihn böse Ahnungen von einem frühen Tod in der Pestwüste von Hissarlik.

An Curtius, den er wie einen zu gewinnenden Verbündeten behandelte, hatte Schliemann im Januar 1872 aus Athen über den geplanten Fortgang seiner Arbeiten berichtet, über den Graben, den er angelegt hatte und vertiefen wollte, über das häufige Vorkommen des Hakenkreuzes als Ornament auf der Keramik. »Sollte ich, wie ich keinen Augenblick zweifle, auf jenem Berge die Pergamus des Priamos entdecken, dann werde ich noch lange Jahre damit beschäftigt sein.« Ansonsten denke er daran, in Mykene zu graben, um das Grab der Klytemnestra zu finden, behandelte also auch hier eine mythologische Vorgabe als historisches Faktum. In Gedanken war er auch schon mit dem Plan befasst, in Olympia zu graben, aber hier sollte Curtius sein erfolgreicher Konkurrent sein. Schliemann warb um Curtius, denn ihm fehlte der gute Rat eines Fachmannes. Es sprach für ihn, den großen Eigenbrötler und Einzelgänger, dass er dies über Jahre hinweg versucht hat, schließlich mit Erfolg, wenn auch nicht ohne Probleme und Konflikte, wie sie seinem Charakter entsprachen. Curtius seinerseits, obwohl er eine andere Theorie vertrat, dankte Schliemann für seine Informationen und publizierte dessen Artikel und Fotos.

Der 13. Juni 1872 brachte einen bedeutenden Fund, der zwar nicht in die homerische Zeit gehörte, aber genug Reiz besaß, die Motivation wiederherzustellen. Unter den Resten eines schon im Februar entdeckten Athene-Tempels fand man eine Abbildung des Sonnengottes Helios mit den vier Sonnenrössern, ein zwei Meter langes und 86 Zentimeter hohes Halbrelief, das im Fries des griechischen Tempels angebracht gewesen war, eine so genannte Metope. Obwohl ihn ja Kunstschätze eigentlich nicht interessierten und das Bildwerk zudem aus hellenistischer Zeit stammte, also lange nach der homerischen Epoche, die ihn angeblich allein beschäftigte, wollte Schliemann es besitzen. Der Fundort der Helios-Metope gehörte zu Frank Calverts Landbesitz. Calvert wollte es in seinem Garten aufstellen, überließ es Schliemann aber gegen 50 Pfund. Schliemann ließ es von dem griechischen Schiff »Taxiárchis« nach Griechenland schmuggeln, wo er es im Garten seines Hauses aufstellte. Als Calvert in der ›Times‹ las, das Relief sei mindestens 400 Pfund wert, fühlte er sich betrogen und es kam zum mehrjährigen Bruch mit Schliemann. Calvert begann mit einer Artikelserie, in der er Schliemanns einstige Unkenntnis herausstrich und sich gegen dessen Deutungen stellte und fast immer Recht behalten sollte. Es gab einen bitterbösen Briefwechsel und für die nächsten Jahre war beider Verhältnis getrübt. Schliemann nannte Calvert einen schlechten Kaufmann und verkündete, unter Verweis auf seine dreißigjährige Erfahrung im Handel, dass er niemals auf ein abgeschlossenes Geschäft zurückkomme. Schliemann konnte auch grob werden. Auch die türkischen Behörden waren über Schliemanns Eigenmächtigkeit verstimmt, das Klima für künftige Verhandlungen hatte sich verschlechtert. Dieser Streit war aber nur ein Vorspiel zu dem viel größeren Konflikt im folgenden Jahr.

Im Garten von Schliemanns Athener Haus zog die Metope Scharen von Bewunderern an. Später wolle er sie der griechischen Nation vermachen, verkündete er, aber das Stück kam letztlich nach Berlin, wo es heute im Pergamon-Museum zu bewundern ist. An die Universität Rostock, der er dankbar zu sein allen Grund hatte, schickte er einen Gipsabguss, aber auch nach Berlin, München, Wien, London.

Weitere Grabungen des Jahres 1872 brachten dann endlich Mauerwerk von Befestigungen ans Licht und stimmten Schliemann optimistischer. Er ließ Grabungsstellen und Fundstücke fotografieren, eine neue Methode damals. Er schreckte aber auch nicht davor zurück, Schmuckstücke schlicht in die Tasche zu stecken, um sie zu »sichern« und später erst den Funden zuzuschlagen. Immer wieder kam es zu Schikanen seitens der türkischen Aufseher, die zuweilen Messungen und Fotos verboten, weil sie befürchteten, die »Amerikaner« träfen Vorbereitungen für den Kriegsfall.

Ein Tag in Troia sah für Schliemann so aus: Aufstehen um 4.30 Uhr, dann ein Ritt zum Meer, wo er ein Bad nahm, Beginn der Arbeit auf dem Hügel um 7.30 Uhr, eine Stunde Mittagspause um 12 Uhr, dann wurde weitergegraben bis zum Sonnenuntergang, danach wurden bis in die Nacht Berichte geschrieben.

Schliemanns Name war schon berühmt geworden und der Grabungsort zog immer mehr illustre Gäste an, Wissenschaftler, aber auch Reisende wie den englischen Bankier John Lubbock, selbst ein Amateurarchäologe, oder Graf Ludolf, den österreichischen Botschafter in Konstantinopel. Im Oktober 1872 kam der junge Erbprinz Bernhard von Sachsen-Meiningen (1851 – 1928), der zum Freund und Helfer werden sollte, indem er Schliemanns Interessen vertrat und auch gelegentlich Kunstgüter aus Athen nach Berlin schmuggelte. Auch Bernhards Schwiegervater, der preußische Kronprinz und spätere deutsche Kaiser Friedrich, setzte sich für Schliemann bei Hofe und gegenüber dem deutschen Botschafter in Konstantinopel ein.

Schliemann suchte nun auch den Rat von Emile Burnouf, dem Leiter des Französischen Archäologischen Instituts in Athen, der ihm einschärfte, er solle bei allen Funden immer genau angeben, in welcher Tiefe er sie entdeckt habe, denn das sei für spätere Auswertungen wichtig. Seit Herbst 1871 hatte Schliemann auf verschiedenen Objekten immer häufiger das Ornament der Swastika gefunden, das Hakenkreuz. Dazu hatte Burnouf seine ganz eigene Deutung. Er hielt es für das typische Zeichen der »arischen Völker« (der Begriff entsprach damals weitgehend dem Begriff »indogermanisch«), ein religiöses Symbol, das zudem der Ursprung des christlichen Kreuzzeichens sei. (Dabei übersah Burnouf, dass die Swastika auch in der buddhistischen Welt besonders verbreitet war, wo es sowohl als Symbol der Sonne wie auch der Fußspuren des Buddha gedeutet werden konnte.) Schliemanns Kosten beliefen sich inzwischen auf 400 Francs pro Tag, aber das mache ihm nichts mehr aus, denn täglich entdecke er, mit jedem Fund, eine neue Welt, ließ er den Briefpartner wissen.

Aus Düsseldorf schrieb am 18. März 1872 Dr. Carl Gustav von Eckenbrecher, der schon in einer Abhandlung von 1842 die Hissarlik-These vertreten hatte. Er hatte einst selbst die Gegend bereist und schilderte Schliemann seine glücklichen Erinnerungen daran. Curtius habe nur ein Lächeln für die Hissarlik-Theorie, aber das sei ein Stück »Berliner Unfehlbarkeit«, die er als geborener Berliner sehr wohl kenne. Eckenbrecher sprach von Schliemanns »glänzenden Arbeiten« – immerhin hatte der ihn in seinem Ithaka-Buch zitiert.

Schliemann bedankte sich bei Eckenbrecher mit den Worten: »Unseren vereinten Predigten, die nur die lautere Wahrheit enthalten, kann keine falsche Theorie widerstehen.« Der Kampf um (die Deutung von) Troia hatte sich in die Publizistik verlagert. 1875, als das Troia-Thema durch Schliemann neue Aktualität gewonnen hatte, sollte Eckenbrecher seine Arbeit neu auflegen, ohne allerdings auf Schliemanns Arbeit einzugehen.

Im Mai 1872 teilte Schliemann mit, er habe den »jungfräulichen Boden« erreicht, Muschelkalkfelsen in 18 Metern Tiefe. Von Schriftzeugnissen finde sich weiterhin keine Spur, es gebe nur »Symbole«. Jeden Tag zeichnete Schliemann die Funde ab, er glaubte durch puren Vergleich die Symbole entziffern zu können, aber hier gelangte sein Wissen an eine klare Grenze. Mit Eindeutungen kam man nicht weiter.

Im August 1872 stieß er auf eine mächtige Mauer und glaubte, es sei eben jene, die der Sage nach von den Göttern Apollon und Neptun bei der Gründung von Troia errichtet worden war. Wie er sich zum Hüter des Mythos gemacht hatte und wie sehr er sich auch in rituelle Vorstellungen hineinsteigern konnte, zeigt eine Szene, die er in Briefen schilderte: Er habe den Hügel feierlich getauft, ihm seine historischen Namen *Troia* und *Ilion* wiedergegeben. Die einstige Burg habe er *Pergamos von Troia* genannt. (Brief vom 1. August 1872)

Schliemanns mythengeleitete Sicht der Funde sprach auch aus seiner Bezeichnung von bestimmten Ornamenten auf Vasen als »eulengesichtig« (»der Eulenkopf der ilischen Schutzgöttin«), weil er sie für Idole der Göttin Athene hielt (seine persönliche Schutzgöttin jedenfalls) und davon ausging, dass im alten Troia griechische Gottheiten angebetet wurden. In all den Grabungsjahren spielte diese Deutung eine große Rolle; sie erwies sich allerdings als unhaltbar. Großes Glück sollte er aber noch haben – oder hat er in einer auch privat schwieriger werdenden Situation dem Glück etwas nachgeholfen?

Im Spätsommer wütete unter den Arbeitern das Sumpffieber, das auch Schliemann befiel, der wieder ans Aufgeben dachte, andere weitermachen lassen wollte. Er fühlte sich alt, erschöpft, am Ende seiner Kräfte, doch es fand sich niemand, der ihm die Aufgabe abnahm; auch die griechische Regierung zeigte sich nicht aufgeschlossen gegenüber seinen neuen Plänen, erteilte keine Grabungserlaubnis, weder für Mykene noch für Olympia, und so kehrte er 1873 nach Troia zurück.

Am 31. Januar 1873 war Schliemann wieder in Troia. Es herrschte eisige Kälte, die nur durch Feste für die Kinder der Arbeiter aufgewärmt wurden. Schliemann plante bereits ein Buch über diese Grabungen, das nun bei Brockhaus in Leipzig erscheinen sollte. 1873 veröffentlichte auch Frank Calvert einen Artikel, in dem er Homers Troia ziemlich genau lokalisierte und datierte (die spätere Schicht VI). Schliemann dagegen vermutete Troia in den untersten Schichten. Die Datierung sollte sich als zentrale Frage für die Identifizierung des homerischen Troia und damit auch für den großen Fund des Jahres 1873 erweisen.

»Dieser Schatz, den ich glücklich fortschaffte«

»Wo ist dein Schmuck?«, soll Sophias Vater enttäuscht gefragt haben, als sie ohne die in Griechenland übliche Gabe des Ehemanns von der Hochzeitsreise zurückkam. Erst 1873 erhielt sie »ihren Schmuck«, der Vater aber erlebte es nicht mehr.

Alle Welt kennt das berühmte Bild, das Sophia mit dem goldenen Diadem aus Troia im Haar verewigt, als Schliemanns neue Helena. Aber das Gesicht der Gekrönten zeugt nicht von Traumerfüllung und Glück, eher von Trauer, Schmerz, Enttäuschung, geschluckten Tränen, ja fast von Verbitterung. Hat sie den mythischen Schmuck nur widerwillig aufgesetzt, sich wieder einer Inszenierung des Herrn Gemahl gefügt? Es war gewiss nicht nur die Trauer um ihren kurz zuvor verstorbenen Vater, die ihre Miene so streng wirken ließ.

Ebenso bekannt wie das Bild ist Schliemanns spätere Schilderung des Schatzfundes: »Wollte ich den wertvollen Fund für die Altertumswissenschaft retten, so war es zunächst geboten, ihn mit größter Eile und Vorsicht vor der Habgier meiner Arbeiter in Sicherheit zu bringen; deshalb ließ ich denn, obgleich es noch nicht Zeit für die Frühstückspause war, unverzüglich Ruhepause! rufen ... Während nun meine Leute durch Ausruhen und Essen in Anspruch genommen waren, löste ich den Schatz mit einem großen Messer aus seiner steinharten Umgebung.« Dabei sei er in Gefahr gewesen, unter herabbröckelnde Erde zu geraten, doch die Aussicht auf den großen Fund machte ihn risikobereit. »Doch würde trotzdem die Fortschaffung des Schatzes mir nicht geglückt sein, wenn nicht meine Gattin mir dabei behülflich gewesen wäre; sie stand, während ich arbeitete, neben mir, immer bereit, die von mir ausgegrabenen Gegenstände in ihren Shawl zu packen und fortzutragen.« Wie oft hätte sie da wohl gehen müssen, um alles auf diese Weise in Sicherheit zu bringen?

Ich habe mir ein romaneskes Keuschheitsgelübde auferlegt, auch wenn es manchmal sehr schwer fällt, dieses einzuhalten, so auch in den dramatischen Tagen, in denen Schliemann den Schatz des Priamos entdeckte, das wesentliche Stück seiner Arbeiten in Troia und letztlich das Symbol seiner Tätigkeit als Archäologe, ja seines ganzen Lebens. Er hat ihn zum Ankerstein seiner Identität gemacht, schaut man näher hin, könnte der Schatz zur Achillesferse seiner Glaubwürdigkeit werden.

Es fällt auf, dass die Entdeckung ganz am Ende der Grabungskampagne 1873 stattfand, deren Abschluss er zuvor schon öffentlich verkündet hatte, dass er danach seine Arbeiten in Troia auf immer einstellen wollte, dass sich aus seinen Grabungstagebüchern keine sichere Datierung und auch keine klare Lokalisierung des Fundes ergibt. Auf keinen Fall hat er den Schatz an einem einzigen Tag und auf einmal gefunden, er ist eine Zusammenstellung von Gegenständen, die an verschiedenen Tagen und Orten gefunden wurden, die aber in Vorbereitung des heimlichen Abtransports zusammengetan und erst in Athen gesichtet und beschrieben wurden. Der spektakuläre Fund konnte aufkommende Zweifel an den Ergebnissen dieser Grabungskampagne überspielen, überdies fiel er in eine sehr kritische private Lebenssituation. Wahrlich genügend dramatische Elemente, ja ein komplizierter dramatischer Knoten, der sich auf einen Schlag zu lösen schien. Auf keinen Fall war seine Frau bei dem Fund zugegen, aber sollte dies wirklich die einzige Flunkerei in diesem Zusammenhang sein?

Am 29. April war Sophia nach Troia gekommen. Bald danach kam es zu einem Zwischenfall, der in Romanen und in Filmen schon durchgespielt wurde. Schliemanns Aufseher Jórgos Photídas war Sophia wohl etwas zu nahe gekommen. War es eine Liebelei oder ein Übergriff? War es ein Hinweis auf Sophias unerfüllte Liebeswünsche? Freie Bahn der Fantasie. In einem Brief Schliemanns an seinen Schwiegervater heißt es, Photídas habe versucht, Sophia zu vergewaltigen. Eine der Schliemann'schen Übertreibungen? Konstantínos Engastroménos war schwer krank, der Brief mag zu viel gewesen sein, denn gleich nach dessen Erhalt starb er. Sophia war auch nicht mehrere Tage krank, wie Schliemann schrieb, denn sie arbeitete noch ein paar Tage weiter, bis die Nachricht vom Tod ihres Vaters eintraf und sie am 7. Mai nach Athen abreiste. Die Mitteilung, sie habe um Gnade für Photídas gebeten, um ihm eine Gefängnisstrafe zu ersparen, hört sich an wie eine typische Schliemann-Geschichte, die man ja nie wörtlich nehmen darf, sondern interpretieren muss wie Verse eines Epos'.

Im späteren Bericht über die Ausgrabungen kann man am Ende eines auf den 29. März datierten Berichts (zu dem Zeitpunkt war Sophia noch gar nicht in Troia) Folgendes lesen: »Das Leben in dieser Wildnis ist nicht ohne Gefahr, und es hätte z.B. diese Nacht sehr wenig daran gefehlt, so wären meine Frau und ich sowie der Aufseher Jórgos Photídas, welcher im Nebenzimmer schläft, lebendig verbrannt.« Gegen die entsetzliche Kälte hatten sie Kaminfeuer machen lassen, aber der Holzboden der Hütte hatte Feuer gefangen, die Stube sich rasch mit dickem Qualm gefüllt. Mit einem Wasserguss aus dem Badeeimer auf die brennende Nordwand konnte Schliemann selbst das Feuer dämmen. Den Rest löschten vom Aufseher herbeigeholte Arbeiter.

Schliemann liebte Szenarien von gefährlichen Situationen und Feuerfantasien besonders. Es brennt bei Schliemanns. Diese Schilderung verdeckte wohl nur einen ganz anderen Vorfall. Es gehörte zu Schliemanns Eigenart, peinliche Dinge nicht zu verschweigen, sondern sie, in plausible Szenen verwandelt, zum Thema zu machen. In einem späteren Bericht heißt es lapidar: »Ich habe jetzt nur noch zwei Aufseher, denn den Jórgos Photídas habe ich dringender Gründe wegen vor drei Wochen entlassen müssen.«

Dass Schliemann wegen des Trauerfalls die Arbeiten unterbrochen hätte, war nicht in Frage gekommen. Er schrieb Sophia einen Trostbrief nach Athen: »Unsere Arbeiten haben ohne dich keinen Fortgang.« Am selben 14. Mai 1873 informierte er den Archäologen Alexander Conze über »eine reiche Ernte von höchst merkwürdigen Sachen«, die er nicht näher bezeichnete.

Im April und Mai 1873 gefundene Mauerteile identifizierte Schliemann als Schauplätze der ›Ilias‹, nämlich die Reste eines »Turmes«, den er als das Skäische Tor deutete, Troias Westtor, hinter dem laut Homer der Palast von König Priamos lag, den Schliemann ebenfalls gefunden zu haben glaubte. Der Schatz des Priamos, der berühmteste Fund in der Geschichte der Archäologie, schloss diese Erfolgsserie ab.

Am Vormittag des 31. Mai fand er wohl tatsächlich einen Schatz, gleich unterhalb der Holzhütte, in der er wohnte. Das steht aber erst im späteren Buch, nicht im Tagebuch der Grabungen. In seinen Tagebüchern findet sich keine reguläre Eintragung, weder zum Tag noch zum Ort des Fundes, doch kann sich das auch mit der Eile erklären, diesen in Sicherheit zu bringen. Es existieren zwei widersprüchliche Entwürfe für einen Bericht darüber, einer entstand noch in Troia am 31. Mai, der zweite Ende Juni in Athen. Insgesamt gibt es drei verschiedene Angaben zum Fundort: ein Raum im Palast des Priamos; auf der Stadtmauer, neben dem Haus des Priamos; außerhalb der Mauer (wie seine Pläne zeigen, was auch wahrscheinlicher ist).

Fachleute wollen in dem ein Jahr später veröffentlichten ›Atlas der Troianischen Altertümer‹ Manipulationen und nachträgliche Änderungen erkennen, ein und dasselbe Objekt werde zweimal abgebildet, als handle es sich um verschiedene Stücke. Das ist wieder ein typisches Paradox von Schliemann: Einerseits dokumentierte er als einer der Ersten seine Funde systematisch mit Fotos, andererseits ging er bei der Zuordnung relativ willkürlich vor, zumindest in dieser ersten Kampagne. Seltsam ist auch, dass er eines des bekanntesten Stücke aus dem Schatz, den Doppelhenkelbecher aus Gold, in der ersten Beschreibung mit einem Champagnerglas verglich, wo man doch eher an eine Sauciere denken würde.

Es gibt Anzeichen dafür, dass die beiden Diademe und einige Schmuckstücke wohl schon früher gefunden und erst nachträglich dem Schatz zugeschlagen wurden. Noch interessanter ist, dass Schliemann in den ersten Zeitungsberichten über die fortlaufenden Ergebnisse seiner Arbeit ein ganz anderes Fundszenarium beschrieben hatte. Darin war die Rede von einem ziemlich gut erhaltenen Skelett einer Frau, neben dem er Schmuckstücke aus Gold gefunden habe. War dies seine erste Vision oder auch nur eine erdachte Geschichte, die ihm nachträglich als zu düster vorkam und die er später in die rührende Anekdote mit Sophia verwandelte, auch als indirekte Form der Werbung um sie? Hier verwandelt sich jeder Biograf zum Detektiv und das wird beim späteren Goldfund in Mykene nicht anders sein.

Das Leben eines Mythomanen braucht einen Höhepunkt, ein Ereignis, einen Tag des Glücks und der Erfüllung, in dem sich die lebenslange Suche für alle Zeiten kristallisiert, und das Schicksal hatte Schliemann eine besondere Bescherung zugedacht. Aber zugleich bleibt dieser Glücksfund ins Dunkel der Legende getaucht. Goldglanz und Zwielicht der Verklärung treffen hier zusammen, gerade hier gibt es einen blinden Fleck.

Schliemann hatte 1873 wieder ans Werk gehen müssen, da niemand anders die Grabungen in Troia übernehmen wollte; er bemühte sich aber schon bei der griechischen Regierung um eine

Grabungserlaubnis für Mykene. Seine Ungeduld bedurfte neuer Ziele, doch zugleich wollte er chronologische Zusammenhänge mit den Funden in Troia erkunden. Schliemann schien sich in seinem Leben nicht sehr wohl zu fühlen, schrieb, dass sie sich in Athen langweilten und wohl bald nach Paris ziehen würden. Da sprach er gewiss nur für sich, Sophia dachte nicht daran, ihre Heimatstadt zu verlassen. Es handelt sich um weitere Indizien für eine leicht prekäre Situation vor dem letzten Jahr der ersten Kampagne. Schliemann hatte noch nicht verstanden, dass Troia eine gewisse Änderung in seinem Leben herbeiführen sollte und er jetzt nicht mehr so schnell seine Pläne ändern und aufs Geratewohl umherreisen konnte. Dazu musste er seine privaten Verhältnisse stabilisieren, auch das dauerte seine Zeit.

In Ankershagen war in diesem Jahr das Gutshaus zum Verkauf ausgeschrieben, aber das konnte ihn nicht reizen. Er betreibe seine neue Tätigkeit mit derselben Energie wie einst den Handel, überdies könne er nur noch auf klassischem Boden leben, so seine Antwort auf das Angebot.

Das Jahr begann nicht so gut. Im März drohte der Entzug der Grabungserlaubnis, da die türkische Regierung über den illegalen Abtransport der Helios-Metope verärgert war. Schliemann verteidigte sich, er habe den Fund ja nicht verheimlicht, der ihm von Gottes und von Rechts wegen gehöre, aber auch nach türkischem Gesetz, denn er habe das Relief auf Calverts Gelände gefunden und der habe ihm sein Teilrecht daran verkauft.

Anfang April 1873 kam Alexander Conze (1831–1890) zu Besuch nach Troia. Er sollte die Grabungswissenschaft entscheidend voranbringen, aber erst nach Schliemann, der Conzes kritische Anmerkungen zu seinen Forschungen in Troia als Feindschaft gedeutet hatte. Schliemann dachte immer in Freund-Feind-Kategorien und betrachtete jede Kritik als persönlichen Angriff, weil sein Troia eben narzisstisch besetzt war. Später klärte sich das Verhältnis der beiden Männer, nahm produktive Formen an und dauerte bis in Schliemanns letzte Tage.

Für die ›Augsburger Allgemeine Zeitung‹ schrieb Schliemann am 24. Mai einen Bericht, in dem er sein Buch über Troia samt begleitendem Bildband (Atlas) ankündigte. Er betonte, obwohl der Hügel recht kleine Ausmaße besitze, sei es nunmehr Gewissheit, »dass es wirklich ein Troia gab, dass dies Troia aufgedeckt ist und dass den homerischen Gesängen wirkliche Tatsachen zugrunde liegen«. Das zu beweisen war sein Ziel gewesen – aber er gab nicht an, wodurch er diese drei Punkte bewiesen sah – außer durch die Bezeichnung von Mauerresten mit homerischen Namen. Calvert hielt ebendiese Mauern für wesentlich älter als Schliemann, der schon jetzt ankündigte: »Da ich meine Aufgabe als vollkommen gelöst ansehe, so stelle ich die Ausgrabungen hier in Troia am 15. Juni d. J. für immer ein.« Das war ein wenig voreilig (falls es nicht nur eine List war, den heimlichen Abtransport seiner Funde zu sichern), aber diese Abschlussformel kehrte häufig bei ihm wieder, vielleicht weil er dieses Gefühl brauchte, etwas hinter sich gebracht zu haben. Unerledigte, schwebende Dinge waren ihm schon als Kaufmann ein Gräuel.

Der neue, strengere türkische Aufseher Amin Effendi war gerade an einer anderen Stelle beschäftigt, als der Schatz am 31. Mai gegen 9.30 Uhr gefunden wurde. Als er davon hörte, wurde er wütend, wollte Schliemanns Hütte durchsuchen lassen. Schliemann ließ ihn nicht herein. Am Abend dieses historischen Tages hatte Schliemann Gäste aus Deutschland, Eckenbrecher und seinen Sohn, die aber nicht wussten, warum ihr Gastgeber in Feierlaune war. Immerhin haben sie festgehalten, dass nach dem Sonnenuntergang Himmel und Meer im Zwielicht schimmerten und man in der Ferne den Berg Athos sowie die Inseln Imbros und Samothrake besonders deutlich und klar sehen konnte, als brauche dieser Tag eine angemessene Kulisse.

Schliemann verpackte seine Funde in sechs Körben, die er nachts zur Farm von Frank Calverts Bruder Frederick bringen ließ, da er mit Frank zerstritten war. Gleichzeitig machte er ungewöhnlich großzügige Teilungsangebote, auf die er nie wieder zurückkam. In seinen Briefen an Frank Calvert aus dem Jahr 1873 steht nicht ein Wort vom Schatzfund.

Am Abend des 6. Juni transportierte ein Grieche die Körbe auf troianischen Mauleseln zu dem Schiff »Omónia«, dessen Kapitän Theodóros sie nach Athen brachte. Schliemann sandte ein Telegramm an Brockhaus: »Alle Gefahr vorüber.« Ein vorbereiteter

Artikel für die ›Augsburger Allgemeine Zeitung‹ wurde zunächst zurückgezogen und erschien erst am 5. August 1873, als Schliemann schon wieder in Athen war und sich für die folgenden juristischen Querelen gerüstet hatte. Die Meldung vom Fund des Schatzes des Priamos bedeutete eine Sensation. Durch zahllose Artikel in allen Ländern fand sie ein europaweites Echo. Zwar wurde sogleich erste Kritik laut, aber von diesem Tage her rührt Schliemanns eigentlicher Ruhm. Er selbst schrieb eine Unzahl von Briefen, um von seinem Fund zu berichten, verschickte auch das Bild von Sophia mit dem Diadem in alle Welt.

An seinen Sohn Sergej hatte Schliemann am 30. Mai geschrieben: »Meine Frau und ich haben hier in letzter Zeit sehr wichtige Entdeckungen gemacht.« Dabei nannte er das Skäische Tor samt der dazu gehörigen Schlüssel, und man weiß nicht, war es bewusst naiv für ein Kind ausgedacht oder dachte er selbst so? »Jetzt sind wir aber müde«, fuhr er fort, »und da wir unser Ziel erreicht und die große Idee unseres Lebens realisiert haben, so stellen wir die Ausgrabungen hier in Troia am 15. Juni auf immer ein.«

Am nächsten Tag will er den großen Fund gemacht haben. Immerhin hat er im Brief an den Sohn seine schon abgereiste Frau Sophia in die Darstellung einbezogen, vielleicht entstand in seinem Kopf bereits die geschönte Darstellung, die er später geben wird. Dem Sohn sagte er voraus, der Ort werde eine Wallfahrtsstätte sein mit einem Schliemann-Museum, und wenn Sergej einen eigenen Sohn habe, könne der ja an den Schauplatz der Heldentaten seines Großvaters reisen. Ja, alle Welt würde ihn dann anerkennen, nur ihm, seinem eigenen Sohn, bedeute das alles nichts, aber er sei eben auch der Sohn von Katharina Lyshina.

Am 1. Juni schrieb er einen ersten Bericht über den Schatzfund, in dem kein Wort über die Umstände stand, wie er sie später schilderte. Er allein, hieß es darin, legte in acht bis neun Metern Tiefe einen Behälter aus Kupfer frei, gefüllt mit silbernen Vasen und silbernen und goldenen Bechern. Er habe noch keine Übersicht über die Funde, weil er sie rasch in Sicherheit bringen musste, er könne sie erst beschreiben, wenn er sie in Athen in Ruhe anschauen und fotografieren lassen könne.

Das würde bedeuten, dass er sie noch am Fundtag zu Calverts

Farm bringen ließ. Zu dem Fund gehörte ein Becher mit doppeltem Henkel, was ihn an eine Beschreibung bei Homer denken ließ. Den Fundort bezeichnete er als das Haus des Priamos, gefunden wurde es in der Nähe der Holzhütte, die er selbst bewohnte und die nun abgerissen werden musste.

Im ersten Bericht vom Schatzfund unterbleiben alle romanesken Angaben, eine genaue Beschreibung der 8833 Einzelstücke, von denen viele sehr klein waren, erfolgte erst in Athen. Das spricht für voreiliges Wegschaffen. Aber ist es wahrscheinlich, dass er schon einen Tag nach dem Fund alles nach Athen verbringen ließ? Spricht das nicht eher dafür, dass er die Stücke gesammelt und vor einer drohenden Inspektion gerettet hatte?

An Newton in London schrieb Schliemann später, er habe den Schatz Ende Mai gefunden und Sophia nur deshalb erwähnt, weil er bemüht sei, eine Archäologin aus ihr zu machen.

Schliemann hatte also Gold gefunden, was Homers Rede vom goldreichen Troia bestätigte, bei dem aber nie die Rede von einem speziellen Schatz des Priamos ist. Nun galt: »Meine Hoffnungen sind übertroffen, meine Mission ist erfüllt.« (10. Juni 1873)

Neuigkeiten über Altertümer

Die Artikel in den Zeitungen hatten Schliemanns Ruhm schon verbreitet, eine überlegte Strategie beim Abfassen und Verbreiten seiner Berichte aus Troia kam hinzu. Mit F. A. Brockhaus in Leipzig hatte er einen renommierten deutschen Verlag gefunden, doch ließ Schliemann bei diesem Buch, wie auch dann bei allen späteren, gleichzeitig an den Ausgaben für England, Frankreich und den USA arbeiten. Er lebte synchron in mehreren Ländern.

Der Verleger Eduard Brockhaus wurde für Schliemann zum wichtigsten Helfer und Ratgeber. Ihre Verbindung währte 17 Jahre, über 900 Briefe wurden ausgetauscht, ein Dialog von zwei Unternehmern im Kaufmannsstil. Im Leipziger Verlag erschien

Anfang 1874 Schliemanns Buch ›Trojanische Alterthümer. Bericht über die Ausgrabungen in Troja‹. Gedruckt wurden 1000 Exemplare, die rasch vergriffen waren. Zeitgleich erschien ebendort der ›Atlas trojanischer Alterthümer. Photographische Abbildungen zu dem Berichte über die Ausgrabungen in Troja‹, und zwar in etwa 500 Exemplaren, von denen jedes aufgrund der noch schwierigen Reproduktionstechnik als Unikat gelten konnte. Darin waren 4000 Objekte abgebildet, oft nur abfotografierte Zeichnungen mit handgeschriebener Legende und widersprüchlichen Angaben. Der beauftragte Fotograf hieß Panagos Zaphyropoulos. Die englische Fassung erschien unter dem Titel ›Troy and its Remains‹ 1875 in London und 1876 in New York.

Die ›Trojanischen Alterthümer‹ umfassten 23 Kapitel, Überarbeitungen von Schliemanns ursprünglichen Berichten aus den drei Jahren der Grabungskampagne sowie ein zusammenfassendes Vorwort zum letzten Stand seines Wissens. Es gab im Buch sowohl gegenüber den Zeitungsartikeln wie auch den Tagebüchern der Ausgrabungen signifikante Abweichungen und mehrfache Änderungen im Detail. Die Tagebuchform war beibehalten, Widersprüche und Entwicklung der Erkenntnisse blieben ablesbar, was Schliemann damit rechtfertigte, dass er eine neue Welt für die Archäologie aufgedeckt habe, in der ihm alles zunächst fremd und rätselhaft vorkommen musste. Auch sei es ihm nur teilweise geglückt, zu einer Chronologie Troias zu gelangen. In der Tat. In den ersten beiden Grabungsjahren hielt Schliemann die unterste Ansiedlung über dem Muschelkalkfelsen für das homerische Troia, im dritten Jahr nahm er an, die zweite Schicht von unten, in der er den Schatz gefunden hatte, sei die im Krieg verbrannte Stadt.

Im ersten Bericht vom Oktober 1871 hieß es: Seit seinem ersten Besuch habe er nie daran gezweifelt, »in den Tiefen dieses Berges« die Burg des Priamos zu finden. Neu war nur: »Meine liebe Frau, eine Athenienserin, die für Homer schwärmt und die ›Ilias‹ fast ganz auswendig weiß, wohnt den Ausgrabungen von früh bis spät bei.« Der alte Episodenton aus seinen ausgeschmückten Familienbriefen fand sich immer wieder zwischen den Fakten des Berichtes. Die Helios-Metope mit dem Viergespann nannte er mit

Schliemann'schem Superlativ »eins der erhabensten Meisterwerke, welche uns aus der Blütezeit der griechischen Kunst erhalten sind«.

»Ich habe in meinen dreijährigen Ausgrabungen in den Tiefen Troias täglich und stündlich Gelegenheit gehabt, mich zu überzeugen, dass wir uns, nach dem Maßstab unserer eigenen oder der altgriechischen Lebensweise, von dem Leben und Treiben der vier Völker, welche das eine nach dem andern vor der Zeit der griechischen Ansiedlung diesen Berg bewohnt haben, gar keinen Begriff machen können.« Aus dem Übereinander von so viel Schutt und Brandschichten schloss Schliemann, es müsse dort heillos zugegangen sein. Er hätte ja auch auf eine besonders lange Siedlungsgeschichte schließen können, tat dies aber nicht, im Gegensatz zu Calvert. Nach seinen Berechnungen war der Troianische Krieg etwa 1200 v. Chr. anzusiedeln, die Gründung der Stadt setzte er 200 Jahre früher an.

Nach Abschluss der Arbeiten gelangte Schliemann zu dem Schluss, dass zwei Völker »arischer Herkunft« an der Gründung der Stadt beteiligt gewesen sein müssen (er folgerte es aus den Swastika-Ornamenten), und dass beide »die von Homer besungenen Troianer waren«. Probleme bereitete ihm noch die geringe Größe der Stadt, die außerdem wohl keine Burg besessen hatte, diese sei eine reine Erfindung Homers. Er reflektierte dann, was Homer als Besucher der Ruinenstätte gesehen haben konnte. »Auf die Angaben der ›Ilias‹ vertrauend, an deren Genauigkeit wie ans Evangelium glaubend«, berechnete er die Zahl der Einwohner auf bis zu 50 000. Dazu sei der Burgberg aber zu klein. »Homer ist aber nun einmal kein Historiker, sondern ein epischer Dichter, und man muss ihm die Übertreibungen zugute halten.«

Gleichwohl ist Schliemann sicher, die »troianischen Trümmerschichten, welche ohne Ausnahme das Gepräge großer Glut tragen, bestehen hauptsächlich aus roter Holzasche und bedecken 1 1/2 bis 3 Meter hoch Iliums großen Turm, das doppelte Skäische Tor und die große Ringmauer, deren Bau Homer dem Neptun und dem Apollon zuschreibt, und beweisen, dass die Stadt durch eine furchtbare Feuersbrunst zugrunde ging«. Und zwar durch Feindeshand.

Das Haus des Priamos sei ob seiner Dimensionen identifizierbar. »Ich kann natürlich nicht beweisen, dass der Name des Königs, des Besitzers des Schatzes, wirklich Priamos war, ich nenne ihn aber so, weil er mit diesem Namen von Homer und von der ganzen Tradition genannt wurde.« Nur, woher weiß er, dass es einen »Besitzer des Schatzes« gegeben hat?

Lange Ausführungen machte Schliemann zur Bedeutung der Swastika, die er fast ganz von dem Religionswissenschaftler und Orientalisten Eugène Burnouf übernahm, einem Bruder des Archäologen in Athen, aber auch aus einer Publikation des Oxforder Wissenschaftlers Max Müller. Danach stand dieses Symbol in Zusammenhang mit der Hervorbringung des heiligen Feuers an Altären.

Explizit widersprach Schliemann Frank Calverts Aufsatz vom Januar 1873 im ›Levant Herald‹, dass die Schichten mit den mächtigen Brandspuren 1000 Jahre älter seien, also niemals Homers Troia entsprechen könnten. Das beträfe dann auch den Schatzfund. Schliemann antwortete mit Homerzitaten und Erörterungen über den Gebrauch von Messern, Waffen und Hämmern aus Stein. Auch verteidigte er die Deutung von Mauerresten als Skäisches Tor, der Calvert heftig widersprochen hatte.

Erst Jahre später sollte sich zeigen, dass Calvert Recht hatte. An diesem Punkt ging Schliemann an der entscheidenden chronologischen Frage vorbei. Dies relativiert seine Erkenntnisse, ohne sie wertlos zu machen. Mit seiner Chronologie hatte Schliemann immer auch die Bedeutung des großen Schatzes verteidigt, was seinen Grund nur in seiner mythomanischen Fixierung haben konnte (wenn man nicht bewusste Unehrlichkeit annehmen will).

Im ausführlichen Abschnitt zum Schatzfund heißt es nach der Beschreibung der einzelnen Stücke: »Da ich alle vorgenannten Gegenstände, einen viereckigen Haufen bildend, zusammen oder ineinander verpackt auf der Ringmauer fand, so scheint es gewiss, dass sie in einer hölzernen Kiste lagen, wie solche in der ›Ilias‹ im Palast des Priamos erwähnt werden; dies scheint um so gewisser, als ich unmittelbar neben den Gegenständen einen 10 1/2 Zentimeter langen kupfernen Schlüssel fand, dessen fünf Zentimeter langer und breiter Bart die größte Ähnlichkeit hat mit dem der großen Kassenschlüssel in den Banken.«

Hier sieht man, wie die Fantasie des einstigen Kaufmanns arbeitete: »Vermutlich hat jemand aus der Familie des Priamos den Schatz in aller Eile in die Kiste gepackt, um diese fortzutragen, ohne die Zeit zu haben, den Schlüssel herauszuziehen, ist aber auf der Mauer von Feindes Hand oder vom Feuer erreicht worden und hat die Kiste im Stich lassen müssen ...« Unbekannte Episoden bei Homer, ergänzt vom Nachbearbeiter aus Ankershagen. Die Diademe will er in einer größeren silbernen Vase gefunden haben, auch dies ein Zeichen, dass alle Schätze »bei furchtbarer Lebensgefahr, in zitternder Angst zusammengepackt« wurden.

Für Schliemann stand fest, dass das homerische Troia aufgedeckt war und die ›Ilias‹ auf »wirklichen Tatsachen« beruhte. Zudem: »Die Wahrheit geht mir über alles«, beteuert er am Ende, eine Formel, die man ja bei ihm kennt. Auch eine kleine Selbstkritik findet sich: »Infolge meiner früheren irrigen Idee, dass Troia nur auf dem Urboden und ganz nahe drüber zu suchen sei, ist leider 1871 und 1872 ein großer Teil der Stadt von mir zerstört worden, denn ich habe damals alle mir in den höheren Schuttschichten in den Weg kommenden Hauswände niedergebrochen.« Aber er korrigierte sich dann nur wenig, verschob sein und Homers Troia auf die zweite Schicht vom Urboden aus gerechnet.

Die Ausgrabungen in Ilium stelle er hiermit für immer ein, verkündete er auch auf der letzten Seite des Buches, dabei war diese Kampagne doch nur das Ende seiner Lehrzeit als Archäologe, die einen eklatanten Fund hervorgebracht und viele neue Fragen aufgeworfen hatte. Gleichwohl hatte der Dilettant die Auseinandersetzung um Troia auf eine neue Stufe gehoben.

Der Ruhm

Nicht die Beantwortung der historischen Frage, wo Troia gelegen habe, brachte Schliemann den Weltruhm, allein der Schatzfund frappierte die Zeitgenossen und verband seinen Namen auf ewig mit der frühgeschichtlichen Stadt, die auf einmal zum Thema der Tagesgespräche wurde. Schliemann hatte keinen Schatz gesucht, und es war ziemlich unwahrscheinlich gewesen, einen solchen zu finden, aber erst dieser Fund von mythologischem Gewicht und beeindruckender Schönheit, verstärkt durch das vielfach reproduzierte Bild von Sophia mit dem Diadem, gab seinem Namen unverhofften Glanz.

Im Lichte dieses Ruhmes veränderte sich auch seine Lebensgeschichte; sie erhielt einen weiteren Schub ins Legendenhafte, und das gerade in dem Augenblick, als er dies alles hätte hinter sich lassen können, um sich ganz zum Wissenschaftler zu wandeln. Was hinderte ihn zu schreiben: Als ich ein Dilettant war, dachte ich wie ein Dilettant, romantisch und generös, aber nun bin ich ein Forscher und denke kritischer und realistischer, vermag meine Ansichten und meine Leistungen zu relativieren. Ich bin einem homerischen Traum nachgelaufen, aber nun ist der Traum Realität und Arbeit geworden, agiere ich im Licht von Erkenntnis und Kritik ... Manche haben seine Entwicklung so sehen wollen, aber diese Schattenlinie vermochte er nicht zu überschreiten. Er spann sich immer weiter ein in seine eigene Welt, die keine Relativierung duldete, wie seine Pläne für einen Hausbau und die Einrichtung eines Museums bald zeigen sollten. Er konnte von dem Idealbild seines Lebens nicht lassen. Nur Mythomanen können zugleich in der Realität und in der Traumwelt agieren. Und so blieb Schliemann auch nach 1873, was er immer gewesen war, ein Held zweier Welten, der realen und einer imaginären.

Ein anderes Problem bestand darin, dass Schliemann mit diesem Schatzfund alle troianischen Fragen für beantwortet halten konnte. Der Glanz dieses Goldes verblendete ihn, hinderte ihn daran, zur wirklichen Identifizierung der homerischen oder genauer der mykenischen Schichten vorzustoßen. Das gelang zu jenem Zeitpunkt allein Frank Calvert, auf den Schliemann aber nicht mehr hörte, von dem er sich in seinem Traum nicht stören lassen wollte. Und erst gegen Ende seines Lebens wurde Schliemann in diesem Sinne erneut herausgefordert.

Zunächst aber hatte er es mit einem praktischen Problem zu tun: Wohin mit dem Schatz? Acht Jahre sollten vergehen, ehe eine Lösung gefunden wurde. Den Schatz unterzubringen dauerte länger, als ihn zu finden.

Die wertvollen Stücke blieben vorerst in seinem Haus in Athen und das bereitete Schliemann schlaflose Nächte, so, wie er einst fürchtete, seine Waren durch Brände zu verlieren. In Athen wollte man ihn nicht sein Museum errichten lassen. Er überlegte, wo er sein Haus bauen lassen und wo er weitergraben konnte, jedes Mal bis auf den Urboden, wie er schrieb. Er fühlte sich also noch keineswegs an Athen gebunden.

Griechenland wollte er den Schatz nicht überlassen, weil es nur die Grabungserlaubnis für Mykene zugestand, nicht aber für Olympia. Er überlegte, ihn dem italienischen Volk zu vermachen, wenn man ihm Ausgrabungen in Sizilien erlaube. In diesem Sinne schrieb er mehrere Briefe an Giuseppe Fiorelli in Pompei. Schon am 23. Juli 1873 berichtete er dem »Illustrissimo Sig. Direttore« in leicht schwülstigem Italienisch, »alle mie spese«, auf eigene Kosten habe er Troia seit April 1870 ausgegraben, damit der andere nicht glaubte, er hätte es mit einem Bettler zu tun. Schon vor Erscheinen der ›Trojanischen Alterthümer‹ hatte er Fiorelli über seine Funde und den Schatz des Priamos informiert, wobei er die romantischen Details mit Sophia ausließ. »Unglücklicherweise hatte ich angenommen, dass sich Troia notwendigerweise auf dem ›suole vergine‹ befindet, und deshalb habe ich, bis zur Entdeckung des großen Turmes im August 1872, alle troianischen Häuser zerstört, die ich in 7 bis 10 Metern Tiefe gefunden hatte, aber nachdem ich diesen riesigen Irrtum eingesehen hatte, habe ich sie konserviert.«

So deutlich hört man es gern einmal. Er gehe davon aus, dass es nur eine Stadt namens Troia gegeben habe, die Stadt des Priamos, und dass diese in einem großen Brand untergegangen sei. Es folgen Verhandlungen über die Zukunft. Er habe ja nun die große Idee seines Lebens verwirklicht und denke daran, Mykene und Olympia auszugraben, doch leider habe die griechische Regierung dies verhindert, weshalb er auch einen angebotenen Orden empört zurückgewiesen habe. Er frage sich nun, ob er in Italien nützlich sein könnte, das heißt, Ausgrabungen durchführen und selbst finanzieren, eventuell auch seine Funde in Neapel ausstellen, wobei er auch an eine Übersiedlung denke, nach Neapel oder Palermo. Er könne mit den Grabungen gleich anfangen. In mehreren Briefen wurde das erörtert, der Schatz sei sehr groß, das zu bauende »Museo Schliemann« müsse geräumig sein oder eine eigene Abteilung im Nationalmuseum in Neapel bilden. Handelte es sich um Gedankenspiele oder suchte er einen sicheren Ort vor einem eventuellen türkischen Zugriff? Manchmal hört er sich an wie ein Händler, der gleichzeitig mit mehreren Partnern im Gespräch steht und abwartet, wer die besseren Konditionen bietet. Im September 1874 reiste Schliemann zu Verhandlungen mit dem italienischen Kulturminister Bonghi nach Rom und besuchte auch Fiorelli in Neapel. Im selben Jahr unternahm Schliemann Versuchsgrabungen an verschiedenen Orten auf dem italienischen Festland und auf Sizilien, wofür er von italienischen Archäologen heftig gescholten wurde, allzu flüchtig waren seine Sondierungen.

Ganz andere Fragen gibt ein Brief auf, den Schliemann am 28. Juni 1873 an seinen Pariser Hausverwalter Beaurain schrieb: »Ich werde gewiss einen Weg finden, mich vor griechischen Gerichten zu verteidigen, indem ich behaupte, dass ich den Schatz gekauft habe und dass ich allein aus Ruhmsucht vorgegeben habe, dass ich ihn im Palast des Priamos fand. Aber ich habe immer noch Befürchtungen, und so bitte ich Sie, mir zu sagen, ob es in Paris einen Goldschmied gibt, in den man völliges Vertrauen haben kann, so dass ich bei ihm alle diese Gegenstände in Auftrag geben kann ... mit einem Anschein von Echtheit und natürlich ohne dass er sein Signet aufbringt. Es ist aber absolut notwendig, dass er mich nicht betrügt und zu einem maßvollen Preis arbeitet ... Sprechen Sie bei Ihren Erkundigungen von Funden aus Norwegen und vermeiden Sie um Himmels Willen den Namen Troia.«

Warum Norwegen? Peer Gynt lässt grüßen! Gibt Schliemann hier seine Motive preis? Aber den Schatz hatte er ja schon gefunden, und wenn es eine Fälschung gewesen wäre, warum ging er nicht noch einmal zum selben Goldschmied?

An Conze, der noch immer nicht überzeugt war, schrieb Schliemann nicht ohne leichten Triumph: »Herr C.F. Newton, der Direktor des Britischen Museums, der im Frühjahr 1871 in London so herrlich über mich lachte, als ich ihm sagte, ich ginge in den Orient, um Troia auszugraben, ist seit neun Tagen bei uns.« (28. Dezember 1873) Jetzt wollte auch Newton Troia sehen, dessen Ausgrabung ihn nicht interessiert hatte.

Newton hatte Schliemann brieflich gratuliert und geschrieben: »Was hätten die Gelehrten in Alexandria nicht gegeben, um zu sehen, was Sie offen gelegt haben.« Ein Artikel von Burnouf in der ›Revue des deux mondes‹, der führenden Pariser Zeitschrift für Kultur und Politik, hatte ihn von Schliemanns Theorien überzeugt. In diesem Artikel stellte Burnouf Schliemann in die Forschungsgeschichte zur Troia-Frage und ging außerdem auf dessen Lebensgeschichte ein, machte ihn also auch für das gebildete Pariser Publikum zum Begriff. In den französischen Lexika jener Zeit wurden Schliemann stets wohlwollende Artikel gewidmet, obwohl sich durch den Krieg von 1870/71 das allgemeine Deutschlandbild in Frankreich sehr verdüstert hatte.

Das Britische Museum war durchaus an den troianischen Funden interessiert, aber es hatte gerade sehr hohe Summen für den Ankauf einer anderen Sammlung ausgegeben. Schliemann machte dem französischen Kulturminister Fourton ein Verkaufsangebot für den Louvre, zugestellt über den französischen Botschafter in Athen. Schliemann schlug im April 1874 sogar vor, den Schatz dem Louvre zum Geschenk zu machen, um ihn türkischem Zugriff zu entziehen, als er aber nach zwei Wochen keine Antwort erhielt, zog er das Angebot zurück. Frankreich zögerte aus diplomatischen Rücksichten auf die Türkei, aber vor allem widersetzte sich Sophia Heinrichs Plänen. Sie entwickelte nun großen patriotischen Eifer und wollte alles in Griechenland behalten, sie wurde Schliemann gegenüber zu einer Vertreterin griechischer Interessen. Vielleicht war auch etwas Eifersucht im Spiel auf die junge Tochter von Burnouf, Louise, die zur Mitarbeiterin geworden war und um die sich Heinrich zu sehr kümmerte.

Ab Mai 1874 begann das, was Schliemann in seinen Briefen als den »türkischen Prozess« bezeichnete, das Osmanische Reich erhob Anklage gegen ihn vor einem griechischen Gericht, das sich zunächst für unzuständig erklärte, nach einer türkischen Berufungsklage aber in Schliemanns Haus eine Pfändung vornehmen ließ (unter anderem das Ehebett aus Paris). Von dem Schatz war keine Spur zu entdecken, Schliemann hatte ihn bei Sophias Verwandten in Sicherheit gebracht. Er wusste die Vorteile der Familienbande durchaus zu nutzen. In Briefen fantasierte er von einem möglichen Angriff der türkischen Flotte und einer neuen Seeschlacht bei Salamis – seinetwegen!

Drei Monate vor dem Schatzfund hatte ein Arbeiter ein Goldgefäß entdeckt und behalten. Schliemann wusste auch von Diebstählen aus dem Museum in Konstantinopel, er konnte also durchaus Gründe für seine Art anführen, einen auch materiell wertvollen Fund zu sichern. Unglücklich war vorerst nur der Aufseher Amin Effendi, der wegen Nachlässigkeit im Dienst bestraft wurde. Schliemann setzte sich brieflich für den Armen ein, wünschte nicht, dass ihm Nachteile entstünden.

Zur politischen Rückendeckung versuchte Schliemann sein Ansehen in Griechenland zu verbessern. Er schlug vor, auf eigene Kosten die Akropolis in Athen in ihren antiken Zustand zurückzuführen, nämlich die mittelalterlichen Anbauten abreißen zu lassen, den so genannten fränkischen (eigentlich venezianischen) Turm, worüber alle begeistert waren, mit Ausnahme der Eulen, die im Turm hausten. Er tat dies auch, weil er noch immer auf die Grabungserlaubnis für Olympia hoffte.

Als 1833 die türkische Herrschaft über Griechenland ihr Ende gefunden hatte, stand die Akropolis, bis dahin eine Festung der türkischen Besatzungsmacht, archäologischen Arbeiten zur Verfügung. Der deutsche Archäologe Ludwig Roß hatte schon 1852 damit begonnen, die Zusatz- und Umbauten, Häuser, Türme und Festungsmauern aus byzantinischer, mittelalterlicher und osmanischer Zeit abzutragen, um die antike Form der Akropolis wieder sichtbar zu machen, doch waren diese Arbeiten bald wieder eingestellt worden.

Schliemann wandte sich im Juli 1874 direkt an den griechischen König Georg I. Er erläuterte seinen Vorschlag und machte in aller Unbescheidenheit auf seine Verdienste um Griechenland und seine Dienste für die Wissenschaft aufmerksam. Doch wollte die Archäologische Gesellschaft in Athen die Umgestaltung der Akropolis in eigener Regie durchführen; Schliemann durfte immerhin die Kosten tragen.

Er erbat beim König noch einmal die Grabungserlaubnis für Olympia, zu günstigeren Bedingungen als es in einem Vertrag mit Preußen vorgesehen war. Auch ihm schickte er seine Biografie als Argumentationshilfe. Er ließ jedoch durchblicken, dass er bei negativer Entwicklung Athen verlassen wolle. Diplomat war Schliemann eben nicht hundertprozentig. Wenn es nicht nach seinen Wünschen ging, drohte er mit Liebesentzug und Wegzug. Es gab ja so viele Länder zur Auswahl.

Zu spät für Olympia: Schon am 24. April 1874 war der Vertrag zwischen Griechenland und der preußischen Regierung über Ausgrabungen in Olympia geschlossen worden. Der Ausgräber (Preußen, vertreten durch Ernst Curtius) trug alle Kosten und besaß das Recht zur Erstveröffentlichung, alle Funde sollten in Griechenland verbleiben. Am 5. Oktober 1875 begannen die Arbeiten. Neben der Freilegung der Tempel des heiligen Bezirks und der antiken Sportanlagen war ein anderes Ergebnis der Ausgrabungen, die bis 1881 dauerten, von besonderer Bedeutung, nämlich eine Verfeinerung der stratigrafischen Methode.

Gegen das Abkommen zwischen Griechenland und Preußen protestierte Emile Burnouf, der daraufhin zur Persona non grata erklärt wurde, ja zum Feind des Königs. Frankreich berief ihn 1875 als Leiter der Französischen Schule in Athen ab. Eine Versetzung nach Bordeaux lehnte Burnouf ab und zog nach Paris, blieb aber in Kontakt mit Schliemann, mit dem er in den folgenden Jahren immer wieder zusammenarbeitete. Brieflich tröstete er Burnouf, der sich von den Deutschen angegriffen fühlte: Die Deutschen seien in der Wissenschaft keine Nationalisten wie in der Politik. Aber richtig verstanden fühlte sich auch Schliemann nicht immer. »Es ist ein unerhörter Fall, dass ein Kaufmann Gelehrter wird und aus bloßer Liebe für die Wissenschaft die kolossalsten Aufgaben übernimmt. Darüber sollte man sich doch freuen.« (6. Dezember 1874)

Im Sommer 1875 unternahm Schliemann eine Museumsreise durch ganz Europa, um sein Wissen zu erweitern über Fundtypen und Datierungsfragen im Rahmen des noch umstrittenen Drei-Perioden-Systems mit Steinzeit, Bronzezeit, Eisenzeit, das dänische Archäologen seit 1868 entwickelt hatten. Er besuchte Museen in Leyden, Kopenhagen, Stockholm, Lübeck, Schwerin, Breslau, Wien, Mainz, Budapest, Berlin und Saint-Germain-en-Laye.

Auch den »türkischen Prozess« löste Schliemann auf seine Weise. 1875 zahlte er 50 000 Francs an das Kultusministerium in Konstantinopel (statt der 10 000 Francs, zu denen er verurteilt wurde). Man kann annehmen, dass dabei einige zuständige Herren auch privat bedacht wurden. Es war bei dem Streit ohnehin mehr um den materiellen als den historischen Wert des Fundes gegangen. Da Schliemann nun der rechtmäßige Besitzer des Schatzes war, erhielt er bald die beantragte neue Grabungserlaubnis. Die deutsche Presse allerdings verspottete »Doktor Schlaumann«. Die Pläne, den Schatz anderswo unterzubringen, erledigten sich damit für eine Weile. In Briefen an Alexander Conze wurde aber schon 1873 die Idee erörtert, ihn nach Deutschland zu bringen.

Aufschlussreich ist der Briefwechsel zwischen Heinrich Schliemann und dem Philologen Otto Keller (1838–1927), der viel über Schliemanns Arbeiten schrieb. Nach anfänglicher Kritik half er bald bei der Verbreitung von Schliemanns Ansichten, besuchte ihn auch in Troia und schrieb darüber ein Buch. Schliemann war gewiss glücklich, als er bei Keller las: »Wenn wir gerecht sein wollen, müssen wir sagen: dieser Praktiker hat in unserer Frage mehr geleistet für Wissenschaft und Wahrheit als die meisten Gelehrten vom Fach.« (Was weitere kritische Anmerkungen beiderseits nicht ausschloss.)

In den Briefen an Keller nannte Schliemann die Tiefe von 8,50 Meter für den Schatzfund, gab auch etliche Details an, verfiel aber immer wieder in mythische Spekulationen. Vor allem konnte er seinem Herzen Luft machen: »Sie und keiner Ihrer Herren Kollegen, welche meine Nachlässigkeit, Untüchtigkeit und Unwissenheit hervorheben, haben den leisesten Begriff von den Schwierigkeiten, mit welchen ich bei meinen übermenschlichen Arbeiten in Hissarlik zu kämpfen hatte!« (10. Januar 1875)

Diese Vorwürfe hatte ja so niemand erhoben, und man sieht wiederum, worauf Schliemann empfindlich reagierte, welche alte Wunden ihn schmerzten, Spuren von einstigen Demütigungen, wie 1841 in Rostock, als ausgerechnet der Vater ihm Bummelantentum vorwarf – ganz abgesehen von der bitteren Logik, dass Wert und Wahrheitsgehalt einer Arbeit nicht von der geleisteten Anstrengung abhängen. Schliemann fuhr fort:

»Sie und keiner Ihrer mich verdammenden Kollegen hat eine Ahnung davon, was es heißt, bei dem furchtbaren, dem ewigen Nordsturm und dem fortwährenden, die Augen blendenden Staub den ganzen Tag über 150 widerspenstige Arbeiter zu beaufsichtigen, bei der fortwährenden Aufsicht eines unbestechlichen türkischen Wächters die Tausende von gefundenen Altertümern beiseite zu schaffen, im Geheimen abzuzeichnen oder zu fotografieren, in der Kladde zu beschreiben, die Leute zu bezahlen, des Nachts die Gegenstände in Körbe zu verpacken und nach dem fernen Hellespont auf die wartenden Schiffe zu transportieren, ferner des Nachts die Inschriften zu entziffern und die langen Aufsätze für die griechischen, englischen und deutschen Zeitungen zu schreiben und wiederum für das bei Brockhaus gedruckte Werk fertig zu machen! Und alles dieses natürlich bei höchst geringfügiger Bibliothek, denn Mangel an Raum, der furchtbarste Schmutz, die schrecklichste Nässe usw. verhinderten mich, viele Bücher mitzunehmen.«

Ein Fest der Superlative! Neben der stets ausführlichen Beschreibung von Strapazen und Gefahren entsteht hier der Eindruck, Schliemann schildere eine beinahe klandestine Tätigkeit, bei der es nicht immer redlich zugehen konnte. Vielleicht gab er hier mehr zu, als er wollte.

Noch eine weitere Veränderung hatte der Schatz bewirkt: Schliemanns Privatleben schien doch noch zu gelingen. Die Monate Ende 1872, Anfang 1873 hatten eine Art Wendezeit bedeutet, auch wenn das nur untergründig geblieben war, bis sich im Mai die private Krise mit Sophia zuspitzte. Beide mussten erst realisieren, dass sie von nun an zusammengehörten und dass Troia ein unauslöschlicher Teil ihres Lebens geworden war. Nach dem Schatzfund (und nach dem Tod ihres Vaters) schienen sich die ehelichen Beziehungen allmählich zu bessern. Auch die schweren Lehrjahre der jungen Frau Schliemann waren vorüber, sie hatte endlich ihre Rolle gefunden, eine durchaus aktive. Sophia Schliemann konnte sich einen Platz als wohl eine der ersten Archäologinnen in der Geschichte der jungen Disziplin sichern, auch wenn man ihren Anteil an den späteren Arbeiten nicht zu hoch bewerten darf. Bei dem Triumph, der ihrem Mann nun in Europa bevorstand, fiel auch ein helles Licht auf sie. Ganz Europa kannte ihr Gesicht, sie wurde gefeiert, sie wurde zur reellen wie zur mythologischen Partnerin, wie es sich Schliemann gewünscht hatte. Das war für einige Zeit aufregend genug. Schliemann schien seinerseits gelernt zu haben, auf sie einzugehen. Diese Ehe besaß ihre schwere Anfangszeit, aber sie wurde kein Misserfolg wie die russische Ehe, sie sollte ihre guten Jahre kennen. Vielleicht auch deshalb hat Sophia bis an ihr Ende das Geheimnis gewahrt, was sie denn, als angeblich einzige Zeugin, vom Schatzfund gewusst hat.

Wenn Schliemann wirklich nach Paris gezogen wäre oder jemand anders die Arbeiten übertragen hätte, dann hätte er den Höhepunkt des Jahres 1873 verpasst, sein Leben wäre anders verlaufen. Hier lag eine unsichtbare Bruchlinie des Schicksals. Die italienischen Pläne gab er bald auf, er wolle doch bei der Vorgeschichte bleiben, sie sei nun einmal sein Thema, schrieb er nach Neapel Ende 1875. Er entschied sich dafür, nicht auf neue Themen und an andere Orte auszuweichen. Troia hätte Episode bleiben können, aber nun blieb Schliemann bei Homer und Troia, er blieb in Athen, wo er ein Haus bauen wollte. Der Schatz des Priamos hatte sein Leben verändert, ohne dass seine Reiselust nachgelassen hätte. In sein Leben kam Konsistenz und Kontinuität, ein dauernder Inhalt, seine Gestalt hatte auf der öffentlichen Bühne Kontur gewonnen. Von der Warte seiner neuen Stellung und seiner neuen Identität aus gesehen war alles Vorangegangene in der Tat nur Vorgeschichte und Vorbereitung, ein langer Umweg zu seiner idealen Rolle.

Am 2. März 1876 besuchte Königin Sophie von Holland, die Schliemann im Vorjahr in Amsterdam zu einem Abendessen empfangen hatte, sein Haus in Athen. Schliemann schenkte ihr kleinere Fundstücke, informierte auch sie über seinen Kampf um eine neue Grabungserlaubnis in Konstantinopel.

Sein Holländisch hatte Schliemann noch nicht vergessen. An einen Pastor in Amsterdam, der ihm bestätigt hatte, dass er dort in guter Erinnerung sei, schrieb er am 27. März in der Landessprache eine Lobeshymne auf Amsterdam, der Stadt, der er alles verdanke, dort sei der Grundstein zu seinem Glück gelegt worden, dort wurden Hacke und Spaten zu seiner Ausgrabung in Troia geschmiedet. »Aus diesem Grund habe ich nie aufgehört, Holland zu lieben und als mein zweites Vaterland zu betrachten.« Er besaß lauter zweite Vaterländer ...

Schon im Mai 1876 war Schliemann wieder in Troia aktiv. 1873 hatte Schliemann mehr gearbeitet als je in seinem Leben, die Ärzte hatten ihm danach Ruhe verordnet, aber Ruhe war für ihn nur ein Wort. An seinen Sohn Sergej schrieb er, dass er mit seiner »homerischen Frau« wieder in Troia grabe, unterstützt von einem französischen Ingenieur, einem englischen Sekretär, von Emile Burnouf und dessen Tochter und vielen anderen. Schliemann arbeitete von nun an im Team und Sophia gehörte, mit ganz anderer Einstellung, dazu.

Den Herausgeber der ›Frankfurter Zeitung‹, Ludwig Sonnemann, informierte er über die neuen Grabungen (10. Mai 1876). Mit unbeschreiblicher Freude habe er die Stätten wieder betreten. Leider habe sich sehr viel Schlamm angesammelt, trotz aller

Vorsichtsmaßnahmen. Von seinem Ingenieur Racine ließ Schliemann sich Holzhäuser errichten. Die Grabungskosten betrugen jetzt 500 Francs täglich.

Die neue Freude sollte schnell getrübt werden. Im Juni kämpfte Schliemann mit den türkischen Behörden, der örtliche Aufseher ließ ihn nicht frei arbeiten, Schliemann schrieb Briefe, zwischen Zorn und Diplomatie schwankend, an die ›Times‹ und andere Zeitungen, an Gelehrte, Politiker und Botschafter, auch an das türkische Ministerium. Sein eigentlicher Feind war der Gouverneur Ibrahim Pacha. Im Namen der Menschheit, der Wissenschaft, des göttlichen Homer müsse dieser Mann abberufen werden, schrieb er und führte eine ganze europäische Allianz von Mächten auf, um sich in die Innenpolitik des Osmanischen Reiches einzumischen.

Ende Juni verließ Schliemann Troia, ziemlich verärgert, er befürchtete, Troia könnte ein zweites Mal untergehen, in Regen und Schlamm, wenn die Grabungsstellen nicht gesichert würden. Tatsächlich wurde der Gouverneur Ende des Jahres in eine andere Provinz versetzt. Aber manchmal helfen einem die Feinde auch, zum richtigen Zeitpunkt am richtigen Ort zu sein. Schliemann beschloss, vorerst in Mykene zu graben.

Die Maske mit dem Schnurrbart

Im Mythos ist Mykene Schauplatz der furchtbaren Schicksale des Geschlechts der Atriden, Verrat, Mord und Rache, beginnend mit der Ermordung des in Troia siegreichen Feldherrn Agamemnon bei seiner Rückkehr in die Heimat. In Schliemanns Leben ist Mykene der Schauplatz seines zweiten goldenen Triumphes – oder einer gigantischen Farce. Das ist nicht so leicht zu entscheiden. Um diese heikle Frage zu klären, an der sehr viel für die Einschätzung der Person hängt, wäre es nur nötig, das Alter der in Mykene gefundenen Goldmasken mit neuesten wissenschaftlichen Methoden zu untersuchen. Da dies niemals geschehen ist, vielleicht weil es von offizieller Seite nicht gewünscht wird, muss ein Zweifel bleiben, der typisch ist für das Graben in Schliemanns Biografie, aber »nur« seine Integrität als Archäologe betrifft, nicht seine Einschätzung als Mythomanen.

1874 hatte Schliemann ohne Erlaubnis und ohne greifbares Ergebnis dort gegraben. Ende 1875 erhielt er endlich die Einwilligung der griechischen Regierung. Die Ausgrabungen begannen am 7. August und dauerten bis Ende November. Er arbeitete unter strenger Aufsicht und war gehalten, dem Polizeichef von Nauplia alle Funde zu übergeben; man überwachte ihn, misstraute ihm. Als Aufseher und Bevollmächtigter der Athener Archäologischen Gesellschaft fungierte Panajótis Stamatakis, mit dem Schliemann in ewigem Streit lag, so dass zahlreiche Beschwerdebriefe beider Seiten nach Athen gingen.

In Mykene bestand eine Ansiedlung seit der frühen Bronzezeit. Ein 3000 Quadratmeter großes Burggelände ist von einer mächtigen Mauer aus Kalksteinblöcken umgeben, einer so genannten Kyklopenmauer, die im 14. Jahrhundert v. Chr. errichtet worden war und um 1250 v. Chr. ergänzt wurde durch das berühmte Löwentor aus drei Monolithen, in deren Giebel ein ausgespartes Dreieck mit einem steinernen Löwenrelief gefüllt war. Mykene ist der wichtigste und deshalb namengebende Fundort für die Kultur der späten Bronzezeit, die in drei Phasen unterteilt wird. Die mykenische Keramik, die zwischen 1600 und 1100 v. Chr. in der gesamten Ägäis verbreitet war, liefert gute Anhaltspunkte einer relativen Chronologie, auch in der troianischen Frage.

Hier war auch der Ansatzpunkt für Schliemann, da die Mauern in Mykene offen zutage lagen. Sein weiteres Interesse galt der Auffindung der fünf Königsgräber der Familie des Agamemnon, die der antike Historiker Pausanias erwähnt hatte. Bisher hatte sie niemand gefunden, doch Schliemann entdeckte die mit reichem Goldschmuck versehenen Gräber sehr bald, hinter dem Löwentor und nicht davor, wie man bisher angenommen hatte. An diesen Grabungen war Sophia erstmals aktiv beteiligt.

Schliemann schickte zwischen September 1876 und Februar 1877 regelmäßig Artikel an die ›Times‹ in London, aber auch immer wieder Telegramme an den griechischen König. Er legte es darauf an, seine Stellung in Griechenland zu verbessern, trotz der Schikanen des neidischen Stamatakis. An seinen Verleger Brockhaus schrieb er aus Mykene in bezeichnender Wortwahl: »Der Kirchhof, den ich auf dem Urboden in großer Tiefe in der Akropolis von Mykenae aufgebrochen habe, ist allein schon hinreichend, Tausende von Fremden hierher zu ziehen.« (1. September 1876)

Ende Oktober besuchte der Kaiser von Brasilien den Hügel von Hissarlik. Schliemann unterbrach die Arbeiten und reiste nach Troia, um Pedro II. dort herumzuführen. Ein Begleiter des Monarchen, der französische Schriftsteller Joseph Arthur Graf Gobineau, reagierte spontan ablehnend auf den deutschen Archäologen und bezeichnete »den verachtenswerten Schliemann« in späteren Briefen als Scharlatan, Schwachkopf und Lügner, dem er jede Fälschung zutraue.

Schliemanns Arbeiten in Mykene gipfelten im November im Fund von Skeletten, deren Schädel mit großflächigen Goldmasken bedeckt waren. Im enthusiastischen Telegramm an König Georg I. ließ Schliemann keinen Zweifel daran, dass es sich dabei nur um Agamemnon und seine Familie handeln könne.

Zweifler weisen darauf hin, dass Schliemann gleich nach diesem Fund die Arbeiten in Mykene einstellte, dass er also hier zum Abschluss einen ähnlichen Coup landete wie in Troia, als spiele er ein Erfolgsstück nach. Sie weisen auch darauf hin, dass er am 26. und 27. November nach Athen gereist war, während die Arbeiten ruhten, und dass er gleich nach seiner Rückkehr am 30. November dann den spektakulären Fund barg. Was hatte er in der Zwischenzeit unternommen, was hatte er ... abgeholt?

Man könnte auch auf seine seltsame Beschreibung der Goldmaske mit dem Schnurrbart verweisen, dass er davon spricht, antike Goldschmiede hätten ebenso viel gekonnt wie die heutigen (eine Umdrehung der Verhältnisse?), und vor allem auf seine abstrusen Erörterungen, wie denn wohl die Bartpflege in der Antike ausgesehen haben mochte. Die Gräber immerhin waren echt, das bewies Stamatakis, der im folgenden Jahr in eigener Regie die Grabungen fortsetzte und noch ein sechstes Grab fand, das keine schriftliche Quelle erwähnt hatte.

Die später in Athen ausgestellten Goldmasken zogen bald Tausende von Besuchern an, wie Schliemann vorhergesagt hatte, zur Freude der Hoteliers. Schliemann edierte 1882 einen Katalog der im Athener Nationalmuseum ausgestellten Schätze aus Mykene. In einem Brief sprach Schliemann übrigens selbst von seiner »Schatzgräberei in Mykene«. (31. Dezember 1876)

Im Telegramm an den Athener Kulturminister hatte es von dem Toten unter der schönsten Maske geheißen: »Dieser ähnelte sehr dem Bilde, das meine Fantasie sich längst von Agamemnon gemacht hatte.« Nicht nur Homers, sondern auch Schliemanns Mythen sollten Teil der Realität werden. Doch hat Schliemann später kaum noch von der »Maske des Agamemnon« gesprochen, mit Recht, denn, wenn sie echt sind, was die meisten Archäologen aber kaum noch bezweifeln, dann gehören die Masken sowie die anderen Grabbeigaben eher in die Zeit um 1500 v. Chr., also lange vor einem denkbaren Krieg um Troia.

1878 erschien in Leipzig Schliemanns Buch ›Mykenae. Bericht über meine Forschungen und Entdeckungen‹, das wieder einen großen Erfolg erzielte und dessen gleichzeitige amerikanische Ausgabe sogar zum Buch des Jahres gewählt wurde. Der Ruhm des zweifachen Schatzfinders stieg ins Unermessliche. Am meisten gefeiert wurde er in England.

Der Löwe von London

»In der Tat finden meine Arbeiten und Opfer außer in Deutschland überall höchste Anerkennung, und hat man mich im vorigen Jahr in London aufgenommen, als ob ich einen neuen Weltteil für England erobert hätte«, schrieb Schliemann im Mai 1876 an einen deutschen Journalisten. Im Jahr 1875 hatte er in London große Ehrungen erlebt. Überall wurde er gefeiert und hofiert; zwar waren auch einige kritische Stimmen zu vernehmen, aber das ist ja die nötige Begleitmusik des Ruhms. »Der Maler Hodges ist seit Wochen hinter mir her«, schrieb Schliemann an seine Frau. Und tatsächlich verdanken wir Sydney Hodges ein interessantes Porträt, dessen Original noch heute in der Londoner Tate Gallery hängt. Es ist eine wohlwollende Deutung seiner Persönlichkeit.

Aus einem noch recht straffen Gesicht mit nur angedeuteten Falten blickt uns ein eleganter Herr im dunklen Anzug, mit breiter schwarzer Fliege, sehr hoher Stirn und gepflegtem Lippenbart völlig entspannt an. Sein linker Ellenbogen ist leicht auf einen Tisch gestützt, auf dem sein jüngstes Werk und einige unbeschriebene Blätter liegen. (Die Haltung lässt an das Foto des Vaters denken, ein Vergleich ist amüsant.) Der Blick ist entschlossen, aber nicht finster, die leichte Anspannung rings um die Augenpartie gleichwohl zu erkennen. Die rechte Hand liegt auf dem Schoß, die linke spielt mit der Brille. Diese in sich ruhende Person scheint am Ziel ihrer Träume angelangt.

Schliemann selbst hatte sich in London um Kontakte bemüht, als er in der Zeit des türkischen Prozesses Rückendeckung suchte. Er schrieb an C. T. Newton vom Britischen Museum und bat um Vermittlung zu Premierminister Gladstone. Die Begegnungen mit den amerikanischen Präsidenten mögen Fantasien und Wunschträume gewesen sein, Gladstone begegnete er tatsächlich und damit einem Mann, der ihm Verständnis und Sympathie entgegenbrachte und von großem Nutzen war.

William Ewart Gladstone (1809–1898), Sohn eines reichen Kaufmanns, hatte in Eton und Oxford studiert und war 1832 in die Politik gegangen. Er begann als ultrakonservativer und dogmatischer Protestant und trat in seinen ersten Büchern über das Verhältnis von Staat und Kirche für eine einheitliche Staatsreligion ein. Später schwenkte er aber zu liberalen Ideen um, auch in der Religionsfrage, was zu einem Zerwürfnis mit seiner alten Universität Oxford führte. Er hatte Posten in verschiedenen Ministerien inne, Handel, Kolonien, Finanzen, wurde zum Anhänger des freien Welthandels und zeigte sich auch inneren Reformen gegenüber aufgeschlossen, etwa für die rechtliche Gleichstellung von Katholiken und Juden. Nebenbei befasste sich Gladstone mit Themen der Antike, unternahm Reisen nach Neapel und Griechenland und veröffentlichte 1861 Studien über Homer und das homerische Zeitalter. In den sechziger Jahren wurde er zum Führer der liberalen Opposition, 1868 zum ersten Mal Premierminister als Nachfolger des konservativen Benjamin Disraeli. Viermal insgesamt sollte er dieses Amt bekleiden, zuletzt mit 84 Jahren. Erst 1894 zog er sich aus der Politik zurück. Gladstone galt als einer der bedeutendsten Redner seines Landes und als erfolgreicher Reformpolitiker.

Am 28. Dezember 1873 hatte Schliemann aus Athen zum ersten Mal an Gladstone geschrieben und ihm das Ithaka-Buch von 1869 (mit der Lebensbeschreibung) und das soeben fertig gestellte Buch über die Grabungen in Troia geschickt. Um dem Premier zu schmeicheln, schrieb er im Begleitbrief: Die eulengesichtigen Vasen verwiesen auf Pallas Athene und belegten die von Gladstone in seinen Homerstudien vertretene Theorie, dass die Troianer Griechisch gesprochen hätten. (Die Troianer bei Homer ja, die wirklichen sprachen einen hethitischen Dialekt.)

Am 7. Januar 1874 notierte Gladstone in seinem Tagebuch: »Ich las Schliemanns bemerkenswerten Bericht über seine Jugend.« Zwei Tage später antwortete er ihm aus dem Haus Nummer 10 in der Downing Street. Ein leibhaftiger Premierminister eines anderen Landes erfüllte ein persönliches Fantasma von Schliemann, er galt endlich etwas unter den Großen der Welt. Und was Gladstone ihm schrieb, muss ihm sehr gefallen haben, denn der Premier bedankte sich für die Büchersendungen (er wird auch künftig alles von Schliemann lesen, wie seine Tagebuchnotizen ausweisen) und war insbesondere von der Lebensgeschichte beeindruckt. Er verstehe nun besser, warum Schliemann mit solcher Energie forsche und bewundere seinen Erfolg umso mehr. Er fühlte sich auch in seiner persönlichen Deutung von Homer bestätigt. Käme Schliemann jemals nach London, so würde er gern dessen Bekanntschaft machen. Zwischen Ende 1873 und August 1884 sollte Schliemann insgesamt 33 Briefe an Gladstone schreiben.

Am 24. Juni 1875 hielt Schliemann eine Rede vor der Londoner Gesellschaft für Altertumskunde, der London Society of Antiquaries. Das Grußwort sprach Gladstone, dem er zum ersten Mal persönlich begegnete. Der Premier machte ihm viele Komplimente und bezeichnete ihn als wahren Kosmopoliten.

Nach dem Erfolg in London lehnte es Schliemann ab, seinen

Schatz in Paris auszustellen. Die französische Phase seines Lebens, die für seine Verwandlung so wesentlich war, ging allmählich zu Ende. In den nächsten Jahren zählte für ihn London am meisten. Preußen musste noch warten. Allerdings behielt er in Paris einen guten Ruf und ein positives Echo. Félix Ravaisson, der Chefkonservator des Louvre besprach seine Bücher zustimmend und wechselte einige Briefe mit ihm. In dem großen Lexikon von Pierre Larousse wurden ihm lobende Artikel zuteil.

An Gladstone schrieb Schliemann in den nächsten Jahren immer wieder über den Fortgang seiner Grabungen in Mykene und in Troia. Von dort bedankte er sich am 8. Mai 1876 für dessen neues Buch ›Homeric Synchronism‹, das Schliemanns Erkenntnisse verwertete. Gladstone hielt die Zeitspanne zwischen dem Fall von Troia und Homers Epos für wesentlich geringer als Schliemann, verteidigte aber auf jeden Fall dessen realistische Deutung. Schliemann unterrichtete den Premier auch über seine Probleme beim Kampf um eine Grabungserlaubnis für die gesamte Ebene der Troas. Solch politischer Rückhalt konnte nicht schaden. Es sei ihm gelungen, den türkischen Außenminister Rachid Pacha für Troia zu begeistern, der ihm geraten habe, sich an den Großwesir zu wenden, woraufhin dieser eine bereits gefällte negative Entscheidung des Staatsrates widerrief und Safvet Pacha befahl, die Erlaubnis zu erteilen. In zehn Jahren habe Odysseus nicht so viel gelitten wie er in diesem Kampf mit der türkischen Bürokratie. Auch erinnerte er Gladstone an sein Versprechen, ihn einmal in Troia zu besuchen. In der nächsten Zeit wird Schliemann dies immer wieder tun, doch vergeblich. Er dachte natürlich an den großen Eindruck, den ein solcher Besuch machen würde. Aber ob Könige oder Premierminister oder Wesire – alle waren nur Instrumente seiner Privatpolitik, seiner troianischen Diplomatie.

1877, nach dem Erfolg in Mykene, war Schliemann in London ohne Zweifel der Löwe der Saison. Und dieses Mal nahm auch Sophia an den Ehrungen teil, aber jede Ehrung sei für sie durch Opfer erkauft, schrieb sie ihrem Gemahl. Am 6. Juni 1877 hielt sie einen Vortrag vor der Königlichen Gesellschaft für Archäologie, zu deren Ehrenmitglied ihr Mann gemacht worden war. Premierminister Gladstone geleitete sie in den Saal und sprach einführende Worte (in seinem Tagebuch findet sich eine Notiz dazu), die ›Times‹ berichtete ausführlich darüber. Gesprochen hatte sie über griechische Plastik, aber nun feierte man sie selbst als Muster einer Griechin. Sie hatte den Engländern für ihren Anteil am griechischen Befreiungskampf gedankt und sie zu neuer Unterstützung aufgefordert. Es gab auch ein Abendessen im privaten Kreis mit Gladstone, der Fotos von Sophia und ihrer Tochter Andromache erbat.

Schliemann vergaß bald die Einschränkungen, die er selbst über Homer als »Historiker« gemacht hatte. Der Schatz und sein Triumph verführten ihn in seinen Briefen zu immer gewagteren Deutungen der Funde als Belegstücke für die Realität der in der ›Ilias‹ geschilderten Begebenheiten. Homer beschreibe keine Mythen, sondern handfeste Realitäten, formulierte Schliemann in einem Brief an Gladstone (27. April 1877), in dem er ihn um ein Vorwort zu dem Mykene-Buch bat. Alexander von Humboldt habe solche Bitten nie verwehrt. »Ihr Vorwort würde aus meinem Buch einen Klassiker machen. Es wäre die Krönung meiner Arbeit.« Gladstone tat ihm den Gefallen, wofür sich Schliemann im April 1878 bedankte.

Noch eine andere folgenreiche Beziehung entwickelte sich in London, nämlich die mit Max Müller, seit 1850 Professor in Oxford. Max Müller (1812–1900) hatte eine außergewöhnliche wissenschaftliche Karriere hinter sich; er war ein aus Leipzig stammender Wissenschaftler ohne deutschen akademischen Dünkel und ohne Neid auf den Autodidakten, ein in London und Paris gebildeter Weltmann, eine Ausnahmeerscheinung, der lesenswerte Erinnerungen hinterlassen hat. Seine 1862 erschienenen ›Vorlesungen über die Wissenschaft der Sprache‹ hatte Schliemann gelesen.

Mit Müller wird Schliemann über die Jahre in Verbindung bleiben und sich besonders um ihn bemühen; in gewisser Weise löste er Ernest Renan als geistigen Leitstern ab, noch bevor Schliemann in Verbindung zu Rudolf Virchow kam. Dabei verfocht Müller in der homerischen Frage eine Schliemann diametral entgegengesetzte Position. Müller, Sanskritforscher und vergleichender Sprach- und Literaturwissenschaftler, hatte seine eigene Theorie des Imaginären entwickelt, die er zeitgemäß Wissenschaftliche (und also Vergleichende) Mythologie nannte. Nicht um Wirklichkeitsbezug ging es ihm, sondern um die immanenten Formgesetze der Mythen der verschiedenen Völker und Traditionen, im Großen wie im Detail. In Sachen ›Ilias‹ ging er demgemäß von einem Ansatz aus, der weit vom Realismus Schliemanns entfernt war; für ihn handelte das Epos vom Kampf der Sonne mit den Wolken. Aus den wolkigen Höhen dieser deutenden Fantasmagorie – manche Theorie ist nur eine Abart der Poesie – zwang Schliemann ihn hernieder auf die Ebene handfester Archäologie.

In all den Jahren ihres Briefwechsels und ihrer seltenen Begegnungen in London versuchte Müller seine Position zu retten, dass unabhängig vom nachweisbaren Wirklichkeitsbezug der homerischen Epen hier der Geist von Dichtung und Mythos walte, der eigene Formgesetze habe. Dabei ließ Müller sich allerdings im Laufe der Zeit immer mehr von der Historizität Troias überzeugen, zu drückend war das Gewicht der ausgegrabenen Beweise. Müller schrieb an Schliemann: Ich schaue die Fotos von Ihrem Schatzfund an, sie zeigen die Entdeckung einer neuen Welt, all das ist realer als die poetischen und mythologischen Erfindungen eines Homer, doch ändert dies nichts am poetischen Charakter der Epen. (11. Februar 1874)

Max Müller ebnete Schliemann den Weg in die angesehenen wissenschaftlichen Kreise Englands, er sandte ihm zahlreiche erklärende und deutende Briefe (etwa über das Symbol der Swastika), die in ausgiebiger Zitatform in Schliemanns Bücher eingegangen sind. Aus Dresden schrieb er: »Mit Entzücken höre ich von Ihrem Erfolg, den Sie wirklich verdient haben. Machen Sie sich nichts aus den Kritiken in der deutschen Presse.« Kritiker seien doch bloß Neider. (27. November 1876)

Müller glaubte nicht, dass Homers Welt jemals aus den Ruinen von Hissarlik steigen werde, das sei bei der ›Ilias‹ nicht anders als beim Nibelungenlied. Es liege hier nicht ein historischer Kern vor, der mit Legenden verbrämt sei, sondern umgekehrt: Kern sei eine Legende, um die sich historische und geografische Gegebenheiten gelagert hätten. Der Dichter habe in Troia nur einen Schauplatz für eine bereits existierende Legende gefunden. (27. Januar 1877)

Der Gegensatz ist falsch, wenn man ihn absolut setzt. Der Mythos ist auch nur eine Art, von der Realität zu reden, in transponierter Form und mit Rückwirkungen auf die Realität. Ebenso können Elemente der Wirklichkeit zum Mythos werden, Orte, Schauplätze, Ereignisse, Namen oder reale Personen, Schliemann selbst bildet das beste Beispiel dafür. Im Falle Troia verhält es sich eben wie in Schliemanns Leben: Realität und (kollektive wie private) Imagination gehen einen sonderbaren Pakt ein, der sich weder zu der einen noch zu der anderen Seite hin ganz auflösen lässt, dessen Zauberkraft gerade aus der elektrisierenden Spannung beider Bereiche entsteht.

Am Ende von Schliemanns großem englischen Jahr 1877 stand der Entschluss, den Schatz in London ausstellen zu lassen. Das South Kensington Museum, unweit des Hyde Parks (heute heißt es Victoria and Albert Museum), stellte dafür seine überdachten Innenhöfe zur Verfügung. Die wertvollsten Stücke des Schatzes aus Troia wurden dort in 23 Vitrinen zur Schau gestellt und zogen bald große Besucherscharen an. Zuvor hatte Schliemann lange auch mit der Eremitage in Sankt Petersburg verhandelt, es war aber zu keiner Einigung und somit Versöhnung mit der Stadt, in der er sein Vermögen erworben hatte, gekommen. Die Ausstellung in London blieb jedoch provisorisch. Nachdem Schliemann es mit so vielen Ländern versucht hatte, wandte er sich in den folgenden Jahren unter dem Einfluss eines wohlwollenden Förderers und Freundes, den er nun gewann, wieder Deutschland zu. Aber auch dies blieb eine Episode in seinem Leben, keine dauernde Aussöhnung und Heimkehr. In der Geschichte des Schatzes sollte allerdings nur eine neue Episode beginnen, wenn auch eine besonders lange, die erst mit dem Untergang jenes Reiches endete, dem Schliemann den Schatz »zu ewigem Besitz« vermacht hatte.

Am Sonntag, dem 16. Juli 1889, verirrt sich ein einsamer Besucher im Berliner Museum für Völkerkunde. Er findet keinen Ausgang mehr, das Haus ist bereits geschlossen. Zu lange hat er vor den Vitrinen in den zwei Räumen verweilt, in denen der Schatz des Priamos ausgestellt ist. Zunächst glaubt der ältere Herr an einen Scherz, dann wird er zornig. Er ruft um Hilfe, aber niemand kommt. Erst gegen Abend hört eine Putzfrau seine Rufe und öffnet ihm. Er versucht ihr begreiflich zu machen, dass er nicht irgendein Fremder oder gar ein Dieb sei, sondern der weltberühmte Archäologe, der jenen Schatz entdeckt hat.

Das hätte ein böses Ende werden können, zwischen seinen Ausstellungsstücken! Aber wäre es nicht ein passendes Bild für sein Schicksal? Gefangen im Mythos seines eigenen Ruhms und seines Bildes von Troia! Hatte er sich nicht längst in eine Traumwelt eingesponnen?

Nach den Londoner Glanzzeiten hatte das Jahr 1881 einen neuen Höhepunkt gebracht. Drei Bücher waren erschienen, zunächst ein kleiner Band über Ausgrabungen im Jahre 1880 in Orchomenos, einem anderen von Homer als goldreich bezeichneten Ort, an dem Schliemann nur gewaltige Mauern, aber keine Schätze gefunden hatte, des Weiteren ein Buch über seine Reise durch die Troas im Jahre 1879, eine gründliche Erkundung aller antiken Stätten in der Ebene wie im Ida-Gebirge, vor allem aber ein großer Band über seine zweite Grabungskampagne in Troia in den Jahren 1878 und 1879, das Buch ›Ilios‹, eine Gesamtdarstellung seiner Erkenntnisse über die Tiefen des Hügels Hissarlik.

In diesem Werk, das wiederum gleichzeitig in mehreren Ländern erschien und ein großer kommerzieller Erfolg wurde, hatte Schliemann trotz aller Ergänzungen und Präzisierungen seine grundlegende Position nicht verändert. Wie schon in seinem ersten Grabungsbericht von 1874 bot er lediglich einen Suggestivbeweis. Den Fakten entsprechend hätte er allenfalls behaupten können, eine mächtige, reiche Stadt mit einer erstaunlich langen Siedlungsdauer an einem strategisch günstigen Platz aufgedeckt zu haben, der immer wieder umkämpft gewesen sein und gewaltsame Zerstörungen erlebt haben mochte, mehr gaben die ersten beiden Grabungkampagnen nicht her. Das war nicht wenig, aber es hätte natürlich niemals Sensation gemacht.

Eine komprimierte und eingängige Zusammenfassung seines Bildes von Troia hatte Schliemann bereits in einem Vortrag am 17. August 1875 vor dem Deutschen Philologentag in der Aula der Universität Rostock gegeben: ›Troia und seine Ruinen‹. Er hatte ihn mit einer Annäherung an die Ebene der Troas eröffnet, mit anschaulichen Beschreibungen und Beobachtungen zu Erhebungen, Flussläufen und Gebirgen, und darin Zitate antiker Autoren eingeflochten. Danach folgte eine Bestandsaufnahme der Auffassungen über »die Baustelle Ilions« seit der Antike.

Seine Darstellung bot ein dichtes Gewebe, ein konsistentes Bild. Betont man zu sehr die Zweifel an seinen Schatzfunden und an seinen Methoden, übersieht man, dass nicht einfach ein Betrüger oder Illusionist am Werk war, sondern dass hier jemand mit seiner ganzen Lebensgeschichte für eine mythengeleitete, aber in sich völlig kohärente Sicht der Dinge einstand.

Zwar nahm Schliemann auch geografische Veränderungen der Troas durch Schwemmland und dergleichen seit der Frühzeit an, aber zur Zeit Homers habe die Ebene schon so ausgesehen wie heute. Das musste er annehmen, denn sonst hätten dessen Beschreibungen nicht so genau »stimmen« können. Allerdings relativierte Schliemann die Genauigkeit Homers durchaus: Bezüglich der Landschaft sei er zuverlässig, in der Beschreibung der Stadt hingegen nicht, da er sie nicht gesehen hatte, sondern nur aus Überlieferungen kannte. Der Dichter war kein Ausgräber, er hatte bei einem Besuch bestenfalls Ruinen gesehen. »Seine Beschreibung von Ilion ist daher höchst oberflächlich und dunkel. Er kannte alle Umstände von Troias tragischem Ende lediglich aus der Überlieferung. Vor allem übertrieb er die Größe Troias, es war klein, nur auf den Burgberg beschränkt und besaß keine Akropolis.« (Diese Auffassung wird Schliemann später wieder ändern und auch eine Unterstadt annehmen.)

Tief unten im Hügel von Hissarlik hatte Schliemann eine Stadt entdeckt, die in einer furchtbaren Katastrophe untergegangen war, wovon verkohlte Haustrümmer, geschmolzene Metalle, Schätze aus Gold und Silber sowie Skelette zeugten. In dieser Stadt entdeckte er in einer Tiefe von 28 bis 31 Fuß drei Schätze; die beiden Ersten hatten seine Arbeiter versteckt (sie tauchten später im Museum in Konstantinopel wieder auf). »Den dritten und bei weitem größten Schatz entdeckte ich selbst auf der großen Ringmauer, dicht neben dem Hause des Stadtherren oder Königs.« Er bestand aus einer großen runden Flasche aus Gold, einem goldenen Becher in Form eines Schiffs, für ihn der bei Homer häufig erwähnte Doppelhenkelbecher, flachen Klingen aus Silber, vier silbernen Vasen, zum Teil aneinander geschmolzen. In der größten Vase lagen zwei prachtvolle Diademe, ein goldenes Stirnband, über 50 goldene Ohrringe, davon vier sehr lange, sowie sechs goldene Armbänder und 8750 kleine Gegenstände aus Gold in diversen Formen. »Alle diese Gegenstände des Schatzes waren einst in einer, natürlich längst verschwundenen viereckigen hölzernen Kiste enthalten, deren Gestalt sie bewahrt hatten. Außerdem beweist der zusammen mit dem Schatz gefundene große kupferne Schlüssel die einstige Existenz der Kiste.« Noch einmal malte er aus, wie er sich die gescheiterte Rettung des Schatzes bei der Plünderung von Troia vorstellte.

Seine historischen Beweise fasste Schliemann so zusammen: »Da die Stadt augenscheinlich sehr reich war und in einer furchtbaren Katastrophe durch Feindes Hand zerstört wurde, da in derselben ferner die große Ringmauer sowie der große Turm mit dem doppelten Tor gefunden ist, dessen Lage vollkommen mit der des homerischen Skäischen Tors übereinstimmt, da außerdem die Stadt in den Tiefen des Berges Hissarlik liegt, den die Tradition des ganzen Altertums als die Baustelle des homerischen Troia bezeichnete: so kann es durchaus keinem Zweifel unterliegen, dass dies wirklich die von Homer besungene und von den Griechen zerstörte Stadt, dass dies das Ilion unsterblichen Ruhmes ist.«

Unter dem homerischen Troia lag eine noch wesentlich ältere Stadt; in ihr wurde Keramik gefunden, die noch ohne Töpferscheibe hergestellt worden war (aber seine Chronologie ist hier vage und verwirrend). In dieser Schicht stieß Schliemann auf das

Skelett einer Frau mit Goldschmuck. Eisen und Glas habe er in Troia nicht gefunden.

Mit solchen vagen Zuschreibungen und Übertragungen von epischen Elementen setzte Schliemann sich der Kritik und vielfach auch dem Spott aus. Vielleicht weil er sich in der Defensive fühlte, allen offiziellen Ehrungen zum Trotz, hatte er in den Jahren 1878 und 1879 seine zweite Grabungskampagne durchgeführt. Im zweiten Jahr erhielt er prominente Verstärkung, die für seine weitere Entwicklung von entscheidender Bedeutung war.

Der Berliner Arzt, Frühgeschichtler und Politiker Rudolf Virchow stieß für einige Wochen zum Grabungsteam. Schon seit 1875 hatte eine lockere, überwiegend briefliche Verbindung bestanden, nun gelang es Schliemann, diesen in Berlin und ganz Deutschland angesehenen Mann zum Verbündeten zu gewinnen, was seiner Reputation und seiner wissenschaftlichen Akzeptanz, aber auch seiner gesellschaftlichen Geltung in Deutschland sehr zugute kam.

Rudolf Virchow (1821–1902), seit 1856 Professor in Berlin und Leiter des neu gegründeten Pathologischen Instituts, hegte starkes Interesse für Anthropologie und galt als Begründer der Vor- und Frühgeschichte für Deutschland. Darüber hinaus war er auch politisch und sozialreformerisch stark engagiert; als Berliner Stadtverordneter hatte er sich seit 1859 für eine deutliche Verbesserung der öffentlichen Hygiene durch Neugründungen von Krankenhäusern und die Anlage von Abwässerkanälen und Rieselfeldern eingesetzt. 1862 wurde er Abgeordneter im Preußischen Landtag, von 1880 bis 1893 im Deutschen Reichstag, für die liberale Deutsche Fortschrittspartei, zu deren Mitbegründern er gehörte. Mit Schliemann verband ihn einiges: seine Herkunft, seine immense Arbeitsleistung, seine Sprachbegabung, übrigens auch seine geringe Körpergröße; vom Charakter her waren sie allerdings sehr verschieden.

Während der mehrwöchigen Zusammenarbeit im Frühjahr 1879 in Hissarlik und bei Ausritten durch die Troas kamen sie sich menschlich näher. Ihre Beziehung dauerte bis zu Schliemanns Tod, kannte Höhepunkte und Krisen, 1885 sogar einen tiefen Bruch, als sich der stets reizbare Schliemann bei einem gesellschaftlichen Anlass protokollarisch zurückgesetzt fühlte. Und immer waren es Schliemanns Launen und Wünsche, die den Ausschlag gaben. Virchow akzeptierte manche seiner Marotten und Absonderlichkeiten, als habe er ein unerklärliches Faible für ihn.

Virchow, der von der Revolution 1848 geprägt war und im Deutschen Reich zur politischen Opposition gegen Bismarck zählte, bewirkte eine Annäherung Schliemanns an Berlin und Deutschland, und er vermittelte immer wieder zwischen Schliemann und den offiziellen Stellen in Berlin, wo er so etwas wie dessen Botschafter war. Nach den vier englischen Jahren folgten nun, zumindest bis 1883, vier preußische Jahre.

Den ganzen Unterschied zwischen beiden Persönlichkeiten zeigt ein Vergleich zweier Briefformeln: Virchow meldet aus Berlin den Empfang neuer Funde, die ihm Schliemann für seine anthropologischen Untersuchungen zukommen ließ: »Heute ist die Knochenkiste angekommen.« (7. August 1883) Wenn Schliemann einen Fund mitteilt, hört sich das so an: »Hoch lebe Pallas Athene, unter deren Schutz ich hier einen vorhistorischen Palast aufgedeckt habe.« (Aus Tiryns 12. April 1884)

Und doch verstanden und ergänzten sie sich. In Virchow fand Schliemann jemanden, der genug eigene Größe hatte, um ihn in seiner Wunderlichkeit gelten zu lassen, auch seine Marotten zu akzeptieren, als Begleiterscheinung einer Persönlichkeit, die alle Maßstäbe sprengte. Nur ganz vorsichtig versuchte Virchow auf Schliemann einzuwirken. Er stellte Ferndiagnosen zu Schliemanns Gesundheit, verordnete Medikamente oder Kuren, gab Ratschläge für eine gesündere Lebensweise, auch zu sexuellen Problemen in den Phasen intensiven Arbeitens (Mäßigung und bayerisches Bier). Vor allem riet er Schliemann immer wieder, sich mehr Zeit für seine Frau und seine Familie zu nehmen (die sich 1878 um einen Sohn erweitert hatte, Agamemnon): »Ihre Hast und Ungeduld macht Sie krank und raubt Sie zugleich Ihrer Familie.« – »Ihre Frau und Kinder haben doch auch einen Anspruch auf Sie. Der berühmte Mann allein genügt ihnen nicht.« Vergebliche Worte. Selbst Virchows Frau schrieb, Schliemann solle nicht so unvernünftig viel arbeiten. Aber Schliemann arbeitete ja nicht, er lebte seine Passion aus. Virchow seinerseits, der Ausstellungen betreute, auf Kongressen auftrat, seine akademischen Pflichten in Lehre und Prüfung wahrnahm und Wahlkämpfe bestritt, von seinen Publikationen ganz zu schweigen, war auch nicht gerade unterbeschäftigt.

Virchow riet Schliemann immer wieder, seine Polemiken gegen Kritiker zu mäßigen, es mache einen schlechten Eindruck auf das Publikum. Aber Schliemanns Zorn konnte fast so stark werden wie der des Achill, das sollte auch Virchow noch zu spüren bekommen. »Ihr letzter Brief ist wieder ganz nervös«, schrieb er dem Archäologen einmal (21. Juni 1880), der sich gegen Kritik an seiner Zitierwut und zu fantasievollen Querverweisen zu anderen Funden verwahrt hatte. Mit Kritik musste man bei Schliemann vorsichtig sein, bei ihm war jeder Gedanke, jeder Fund mit persönlichen Empfindungen besetzt.

Das Buch ›Ilios‹

Im Mai 1879 glaubte Schliemann sieben Achtel des homerischen Troia ausgegraben zu haben. Der Rest könne stehen bleiben, damit künftige Besucher sähen, wie schwer seine Arbeit gewesen sei. »Meine Mission ist wohl erfüllt«, schrieb er an Gladstone (28. Mai 1879). Aber es lässt sich kaum zählen, wie oft er diesen Satz schon gesagt hatte und noch sagen sollte.

Im Sommer 1879 weilte Schliemann zur Kur in Deutschland. »Vor einigen Tagen war ich hier beim Fürsten Bismarck zu Tisch eingeladen und war erstaunt über seine und seines Sohnes … gründlichen Kenntnisse von Geschichte und Altertumskunde«, schreibt er aus Bad Kissingen (am 27. Juli 1879), in Bismarcks Regesten allerdings findet sich kein Hinweis auf eine solche Begegnung. Schliemanns Weg von Gladstone zu Bismarck war sehr kurz und wohl niemand in Europa konnte so leicht zwischen den beiden gegensätzlichen Staatsmännern changieren wie er.

Seit 1879 gab es eine neue Perspektive für die Ausstellung des Schatzes, nämlich Berlin. Darauf richtete Schliemann nun sämtliche diplomatischen Aktivitäten: in welchen Räumen, unter welchen Umständen, verbunden mit welchen Ehrungen. Er wollte alles in einem Saal ausstellen, aber das war kaum möglich, Räume, wie er sie sich vorstellte, gab es nicht.

Mit dem neuen Buch, der neuen Ausstellung, den großen Ehrungen in Berlin ging auch seine offizielle Lebensgeschichte in eine neue Phase über. Dem Buch ›Ilios‹ wurde eine lange Autobiografie beigegeben, gewissermaßen das Endstadium seiner Lebenserzählung, in der alle bisherigen Motive ausgebaut, verschönert und neu verknüpft wurden. Dazu hatte es einer längeren Vorbereitung bedurft.

Unfreiwilliger Helfer bei der Vollendung der Legende war sein Landsmann Friedrich Schlie (1839–1902), Direktor der Großherzoglichen Kunstsammlungen in Schwerin. Für einen Artikel über Schliemanns Leben erbat er von diesem weitere Details aus dessen Kindheit, über die Andeutungen im Buch von 1869 hinaus. Am 20. November 1875 antwortete Schliemann mit einem längeren Brief aus Castellamare in Italien, wo er sich zu einer Grabungsvisite aufhielt. Um seine frühkindliche Begeisterung für Ausgrabungen zu beglaubigen, zählte er Mecklenburgische Heimatsagen auf, was uns einen Blick in die Werkstatt des Legendenschmieds erlaubt. Schliemann erwähnte das Ritterschloss von Ankershagen mit seinen geheimnisvollen unterirdischen Gängen (es war nur ein mittleres Landgut), die vielen Hünengräber, das Ankershagener Grab des Raubritters Henning Bratenkierl, der den Landesfürsten töten wollte, verraten wurde, den Verräter in einer Pfanne braten ließ, schließlich gefangen genommen und selbst hingerichtet wurde und dessen Grab zu einer Spukstätte wurde. Schon als achtjähriges Kind hätte Heinrich sein Leben dafür gegeben, dieses Grab »aufzugraben«, so sein typisches Wort auch für seine späteren Arbeiten »in den Tiefen Troias«. »Alles dieses Geheimnisvolle und Grauenhafte machte auf mein kindliches Gemüt einen unauslöschlichen Eindruck.« Nicht auf die Flunkerei, sondern auf das Finstere in seiner Begründung kommt es an.

In dieser kompakten, gedrängten Form wirkt die Schilderung wie hastig zusammengetragene Notizen aus dem Buch, das Andreß ihm 1866 geschickt hatte, ›Mecklenburgische Volkssagen‹, von M. A. Niederhöffer in vier Bänden herausgegeben (Leipzig 1864). In der Vorrede zu ›Ithaka‹ hatte er dieses Buch (und diese sagenhafte Begründung) noch nicht verwandt. Der Herausgeber war übrigens Pfarrer, der Vater jenes Müllerburschen, der im Fürstenberger Laden angeblich Homer rezitiert hatte.

Wenn Schliemann in Briefen an Schlie »Vaters Vorlesungen über die Entdeckungen in Herkulaneum und Pompei« erwähnte und die Begeisterung schilderte, mit der jener seinen Kindern aus der Homer-Übersetzung von Voss vorlas, sieht man, wie er noch an den Einzelheiten der Ausschmückung feilte. Schliemann selbst mischte sich unter die Sagengestalten seiner Heimat.

Als weitere Quelle für sein Interesse an Archäologie findet sich in dem Brief an Schlie erstmals die Schilderung vom Untergang Troias in Georg Ludwig Jerrers ›Weltgeschichte für Kinder‹, auf deren Titelblatt ein Kupferstich zeigt, wie Äneas seinen Sohn und seinen Vater aus der brennenden Stadt rettet. Jerrer war nur eines der Pseudonyme von Johann Heinrich Meynier (1764–1825), eines sehr produktiven Autors vor allem von Jugendbüchern, Spross einer hugenottischen Familie aus Erlangen, wo er, wie schon sein Vater, als Lektor für französische Sprache an der Universität arbeitete. Die ›Weltgeschichte‹ erschien erstmals 1821 in Nürnberg und erlebte 1840 ihre sechste und letzte Auflage. In Schliemanns Nachlass fand sich ein Exemplar, sein Namenszug darin ist nicht von einer Kinderhand geschrieben.

Schlies Aufsatz über Schliemanns Leben erschien 1876 und verbreitete erstmals die erweiterte Fassung der Lebenslegende. Schliemann überwies ihm dafür eine Geldzuwendung, wodurch Schlie peinlich berührt war, »das könnte schlecht ausgelegt werden«, aber das kümmerte Schliemann nicht, er muss ihn als seinen Mann betrachtet haben. Ähnlich wird er später mit Virchow umgehen, der sich auch nur mit Mühe gegen seine maßlosen Geschenke wehren konnte.

Schliemann seinerseits erwähnte in den nächsten Jahren in Briefen an verschiedene Partner immer wieder die neue Darstellung seiner Kindheit, bevor er sie schließlich in sein Buch aufnahm, das alte Verfahren der allmählichen Verfertigung einer erzählbaren Legende. Kein unkluges Vorgehen für einen Erfolgsautor.

Etliche Anfragen schickte er an Personen aus seinem früheren Leben, nicht nur um Informationen zu erhalten, mehr wohl noch, um sie darauf vorzubereiten, dass sie zu Gestalten in seiner Geschichte würden und so seine Darstellung gegen Einsprüche abzusichern. So ging es in Anfragen nach Ankershagen immer wieder um das alte Kirchenbuch von Pastor Schröder, das verschwunden sein sollte. Er wollte nicht nur weitere Details wissen, sondern wohl herausbekommen, was in den Kirchenpapieren über die Untaten des Vaters stand, die er vergessen machen wollte.

Auch die angebliche Jugendliebe Minna Meincke erhielt nun ihren offiziellen Platz in seinem Pantheon. Wie immer bereitete er die Betreffenden darauf vor. 1879 wandte sich Schliemann erstmals direkt an sie und schickte ihr eine wertvolle Gemme aus Troia. An Minnas Schwester Luise Frölich hatte er schon geschrieben: »In meinem neuen ... Werk über Troia habe ich dich unsterblich gemacht, denn in der Einleitung gebe ich meine Biografie sehr umständlich und spreche ausführlich von meiner ersten Kindheit, wobei ich dich nicht vergessen konnte.«

Am 10. April 1880 schrieb Schliemann aus Athen auch an Minna über sein neues Buch. »Von Dir habe ich natürlich viel geschrieben und Dich mit so vielen Ankershagener Wundern in Verbindung gebracht«. – »Denn die kleinsten, albernsten Dinge nehmen einen ernsthaften und erhabenen Charakter an, wenn sie großen Ereignissen vorangingen und sogar sie veranlassten oder entwickeln halfen.« Er bat sie um weitere Fotografien. Als ›Ilios‹ erschien, schrieb Schliemann ihr im Dezember 1880: »Solltest du finden, dass ich unsere Freundschaft vor 50 Jahren übertrieben habe, so musst du es nicht übel nehmen und lediglich meiner alten Anhänglichkeit zuschreiben.« In ihrem Antwortbrief hat Minna sich sehr über seine Schilderungen gewundert.

Eduard Brockhaus versuchte Schliemann zur Streichung der gesamten Minna-Episode zu bewegen, aber dieser Autor verstand es, sich auch gegen seinen Verleger durchzusetzen. Immerhin milderte er unter dem Einfluss von Brockhaus kritische Passagen über Preußen ab. Auch Rudolf Virchow, den er, wie viele andere Personen zwischen Paris und London auch, für das Korrekturlesen gewinnen konnte, hatte ihn gebeten, er solle die Passage über

Minna ändern, er beurteile das Mädchen zu hart. »Verzeihen Sie die Offenheit: es widerstrebt meinem Gefühl, dass Sie Minna als noch lebend aufführen.« Es fiel ihm schwer, den lebensgeschichtlichen Teil in diesem wissenschaftlichen Werk überhaupt zu akzeptieren. Virchow schrieb allerdings auch an Schliemann, er bewundere die stupende Gelehrsamkeit in dem neuen Buch, wünsche sich aber etwas mehr Ordnung, es gehe zu sehr durcheinander (22. April 1880). Dem englischen Herausgeber schärfte Schliemann ein, er solle nicht zu viel in der Autobiografie kürzen, gerade in der sonntäglichen Tanzstunde in Ankershagen habe er mit Minna große Pläne geschmiedet. Wie ein Romancier im Kampf mit dem Lektorat verteidigte er seine Lieblingsstellen.

Schliemanns Buch wurde eine kollektive Unternehmung, er nahm nicht nur Beiträge (oder längere Briefzitate) anderer auf, er ließ auch die Fassungen in den verschiedenen Sprachen von kompetenten Leuten gegenlesen. Ein schwerer Konflikt drohte, als Schliemann erfuhr, Virchow plane eine eigene Veröffentlichung über seine Arbeiten in Troia noch vor dem Erscheinen von ›Ilios‹. Es musste klar sein, wer die Priorität hatte. Umgehend zeigte sich, wie Schliemann wirklich war: In einem wütenden Telegramm ließ er Virchow wissen, dass dieser erst nach ihm publizieren solle: »Sonst Freundschaft ruiniert und Liebe zu Deutschland.«

Der große Arzt und Politiker steckte schließlich zurück, fügte sich in allem Schliemanns Wünschen, vor allem, weil er dessen Schatz in Berlin haben wollte. Er werde nichts publizieren ohne seine »allerhöchste Genehmigung«. Allerdings drohte er auch: Sollte Schliemann wünschen, dass er sich nie mehr zu Troia äußere, dann stelle er seine Beschäftigung mit dem Thema sofort ein. »Ich bin der Meinung, dass das Zeugnis eines unabhängigen Mannes, als welchen mich die Welt kennt, Ihnen schon jetzt mehr genützt hat, als hundert Ausführungen von mir, die Sie in Ihrem Buche geben.« (24. 3. 1880) Er sei doch immer als Zeuge für ihn aufgetreten, nur ein wirklicher Freund und Bewunderer konnte so sprechen, wie er es getan habe. Im Übrigen schreibe er, anders als Schliemann, doch nur für ein begrenztes Fachpublikum. Der besänftigte Schliemann verfolgte kühl seine Interessen: »Rechne von Ihnen auf eine lange Vorrede so, wie sie mir Freund Gladstone für Mykene geschrieben hat.« (1. April 1880)

Vor Erscheinen seines neuen Buches bereitete Schliemann das publizistische Umfeld vor; so schrieb er auch an den Korrespondenten der ›New York Times‹ und ging besonders auf die Bedeutung seiner Autobiografie ein, die er dem Buch voranstelle. Gern würde er wieder nach Amerika kommen, in das große Land und zu seinen »fellow citizens«, aber seine Tage seien gezählt und er müsse die verbleibende Zeit für die Wissenschaft nutzen.

Der Berliner Gesellschaft für Anthropologie übersandte Schliemann seine beiden ersten Bücher und nannte sein Reisebuch über China und Japan »die Großmutter aller meiner Bücher«. Das Enkelkind dieses Buches aber hieß ›Ilios. Stadt und Land der Troianer‹. Untertitel: ›Forschungen und Entdeckungen in der Troas und besonders auf der Baustelle von Troia, von Dr. Heinrich Schliemann, mit einer Selbstbiographie des Verfassers, einer Vorrede von Rudolf Virchow und Beiträgen von ... Emile Burnouf, Frank Calvert ... Max Müller ... Rudolf Virchow. Leipzig Brockhaus 1881.‹

›Ilios‹ mit seinen etwa 1800 Abbildungen, Karten und Plänen, einem Umfang von fast 900 Seiten war das Traumbuch Heinrich Schliemanns, das ideale Resultat seines Lebens. Er widmete es seinem »verehrten Freund und eifrigen Mitarbeiter in den Trümmern Troias« Rudolf Virchow, in Erinnerung an die gemeinsamen glücklichen Tage, die sie dort verlebt hatten. Es folgte eine Seite mit Danksagungen an verschiedene Personen wie Burnouf, Müller und auch Frank Calvert, der sich wieder angenähert hatte, was ihn von gelegentlichen kritischen Anmerkungen nicht abhielt.

Das Buch beginnt mit einer Vorrede von Rudolf Virchow, der betont, dass dies eigentlich gar nicht nötig sei, sein Freund Schliemann aber habe nun einmal darauf bestanden. »Und ich erkenne die Pflicht, mein Zeugnis abzulegen gegenüber der Schar von Zweiflern, die im guten und im bösen Sinn nicht müde geworden sind, an der Zuverlässigkeit sowohl der Funde als ihrer Deutung zu mäkeln.«

Es sei müßig, heute zu diskutieren, ob Schliemann von richtigen oder von falschen Voraussetzungen ausgegangen sei. Der Erfolg und seine Methode haben für ihn entschieden. (Daraus kann man auch Vorbehalte lesen.) »Es mag sein, dass seine Voraussetzungen kühn, ja willkürlich waren, dass das bezaubernde Gemälde der unsterblichen Dichtung seine Fantasie zu sehr bestrickte, aber dieser Fehler des Gemüts, wenn man ihn so nennen darf, enthielt doch auch das Geheimnis seines Erfolges.« Noch heute würde die verbrannte Stadt in der Verborgenheit der Erde ruhen, wenn nicht die Fantasie den Spaten geleitet hätte. »Aber ganz von selbst ist an die Stelle der Fantasie die nüchterne Forschung getreten.«

Auch Virchow war überzeugt, dass Homers Dichtung »an bestimmte Erinnerungen des Ortes und Ereignisse der Vorzeit anknüpfte«. Ob allerdings die mythologischen Namen zu den Funden passten, müsse offen bleiben. Nach dieser Einschränkung macht er eine Konzession an Schliemanns biografische Sicht. »Dreimal glücklich der Mann, dem es beschieden war, als gereifter Mann den Traum seiner Kindheit zu verwirklichen und die verbrannte Stadt zu entschleiern.« – »Jetzt ist aus dem Schatzgräber ein gelehrter Mann geworden.« Ja, aber ein Mythomane war er geblieben!

Das Werk ist kein Tagebuch mehr, wohl aber eine Mischung verschiedener Formen, wobei Schliemann immer wieder in die Ichform verfällt. Nach der langen Vorrede von Virchow und einem Diagramm der Schichtenfolge in Troia gemäß dem Wissensstand nach der zweiten Grabungsperiode folgt das autobiografische Einleitungskapitel, das aus der eigenen Vorgeschichte vor 1870 zwanglos übergeht zu einer Chronologie der einzelnen Grabungsjahre, wobei auch der persönliche, fast romanhafte Ton ins Sachliche wechselt. Auf das erste Kapitel über das Land der Troianer und die Geografie der Umgegend folgt die mythische Geschichte Troias, schließlich werden Grabungsschicht um Grabungsschicht die Funde analysiert. Ein breiter Teil mit Fremdbeiträgen bildet den Abschluss des Buches.

Schliemanns Selbstdarstellung nimmt 78 Seiten ein. Nicht aus Eitelkeit stelle er seine Autobiografie und die Geschichte seiner Arbeiten in Troia dem eigentlichen Buch voran, schreibt er, sondern aus dem »Wunsch, klar darzulegen, dass die ganze Arbeit meines späteren Lebens durch die Eindrücke meiner frühesten

Kindheit bestimmt worden ist«. Das heißt, er begründet seine archäologische Arbeit mit der Archäologie seiner Kindheit. Diese Sicht stimmt ja auch, aber nicht in dem rosig-romantischen Sinn, »dass sie die notwendige Folge derselben gewesen ist«. Es hätte auch andere Wege gegeben. Schliemann will auch erzählen, wie er allmählich in den Besitz der Mittel gelangt ist, die seine Forschungen ermöglicht haben.

Zugleich erhebt er den Anspruch, »dass für alle Zukunft auch die Geschichte meines Lebens etwas dazu beitragen wird, unter dem gebildeten Publikum aller Nationen die Freude an jenen großen und schönen Bestrebungen zu verbreiten, die ... mich ... aufrechterhalten haben«. Seinem heimlichen Vorbild Telemach folgend, hat er auch ein pädagogisches Beispiel erzeugt.

Ihm wurde klar, dass seine tiefsten Triebkräfte aus Ankershagen stammen: »Die in meiner Natur begründete Neigung für alles Geheimnisvolle und Wunderbare wurde durch die Wunder, welche jener Ort enthielt, zu einer wahren Leidenschaft entflammt.« Und dann folgen die entsprechenden Sagen des Ortes in schöner Ausführlichkeit. Die Vorbildrolle des Vaters erscheint hier noch bedeutsamer. »Obwohl mein Vater weder Philologe noch Archäologe war, hatte er ein leidenschaftliches Interesse für die Geschichte des Altertums.« Er wird sogar als Anreger der eigentlichen archäologischen Interessen dargestellt. Umgekehrt könnte man vielleicht bei all den wirklichen Anregern auf seinem Lebensweg jene Züge wiederfinden, die er nun auf den Vater rückprojiziert.

Und dann hören wir die rührende Geschichte vom Weihnachtsabend 1829 mit Vaters Vortrag über Troia aus Jerrers ›Weltgeschichte für Kinder‹. Dort steht: »Es sind ... alle Spuren dieser berühmten Stadt von der Erde verschwunden, so dass niemand mit Gewissheit sagen kann, an diesem oder jenem Ort habe sie gestanden.« Der kleine Heinrich aber widersprach und nahm sich vor, dereinst Troia auszugraben, denn von so einer großen Stadt müsse doch etwas übrig geblieben sein.

Warum siedelte Schliemann die kleine Geschichte Weihnachten 1829 an? Zu dieser Zeit herrschte noch Frieden im Pfarrhaus von Ankershagen, ein Jahr später machte die Mutter ihre schwere

Schwangerschaft durch, der Hausfrieden war dahin, der böse Schicksalsschlag stand kurz bevor.

Die Kinder des Dorfes lachten ihn wegen seiner Troia-Idee aus, mit Ausnahme von Luise und Minna Meincke, den Töchtern eines Pächters aus einem Nachbardorf. Eine wahre Dorfnovelle bietet Schliemann uns hier, und in ihrem Zentrum stand seine Liebe zur kleinen Minna, der er ewige Treue schwor, mit der er Pläne schmiedete, die er zwar, als er Ankershagen verlassen musste, aus den Augen verlor, aber nie aus dem Sinn, genau wie seine Troia-Idee. Nur ihretwegen habe er alle späteren Anstrengungen unternommen. Dieser Satz dürfte sowohl Minna wie Sophia in Athen verstört haben, aber darauf kann ein Autor im Schwunge seiner Inspiration keine Rücksicht nehmen. »Gott sei es gedankt, dass mich der feste Glaube an das Vorhandensein jenes Troia in allen Wechselfällen meiner ereignisreichen Laufbahn nie verlassen hat« – auch wenn sich nie Spuren davon finden.

Schliemann zeigt auch hier seinen Sinn für Originale. So nennt er den Dorfschneider Daniel Bernhard Christian Wöllert (1779–1855), der nur ein Bein hatte und deshalb mit dem Spitznamen Peter Hüppert belegt wurde, ein Mann ohne Bildung, aber mit phänomenalem Gedächtnis, dem es ein Leichtes war, die Sonntagspredigt des Pfarrers hinterher wiederzugeben. Er wusste viele Geschichten zu erzählen, ziemlich fantastische. Diese wie von E. T. A. Hoffmann entliehene Figur war im wirklichen Leben wohl nicht Schneider, sondern Dorfschmied und Totengräber in Ankershagen.

»Als ich kaum neun Jahre alt war, starb meine geliebte Mutter; es war dies ein entsetzlicher Verlust und wohl das größte Unglück, das mich und meine sechs Geschwister treffen konnte.« Dazu kam bald ein weiteres, nicht näher bezeichnetes Unglück, das zum Abschied aus Ankershagen und zur Trennung von Minna führte, »ein anderes schweres Missgeschick, infolgedessen alle unsere Bekannten uns plötzlich den Rücken kehrten und den Verkehr mit uns aufgaben«. Also verstoßen und isoliert, diese Gefühle, diese Erfahrungen waren gewiss echt; die Ächtung im Namen des Vaters, die im »Auftrag« des Vaters später durchbrochen wird. »Nie wieder hat ein schweres Geschick auch nur den tausendsten Teil jenes tiefen Schmerzes verursacht, den ich im Alter von neun Jahren bei der Trennung von meiner kleinen Braut empfunden habe.«

In der Beschreibung seiner ungeraden Schullaufbahn achtet er darauf, das troianische Leitmotiv immer wieder einzuflechten, wozu der lateinische Aufsatz über Troia gehört, nun aber für den Privatlehrer Carl Andreß. Dann folgt der ganze Roman seines Lebens, die Lehrjahre, der Schiffsuntergang, die Zeit in Amsterdam, seine Methode, Sprachen zu lernen, der Erfolg als Geschäftsmann in Sankt Petersburg, der Schock, als er erfuhr, dass Minna Meincke den Landwirt Richers geheiratet habe. Die russische Ehe und die amerikanische Scheidung erwähnt er mit keinem Wort.

Die Zeit in Kalifornien behandelt Schliemann ganz beiläufig und scheut sich nicht eine handfeste Lüge einzuflechten: »Ich befand mich noch in Kalifornien, als dasselbe am 4. Juli 1850 zum Staate erhoben wurde, und da alle an jenem Tage im Lande Verweilenden ipso facto naturalisierte Amerikaner wurden, so wurde auch ich Bürger der Vereinigten Staaten.«

Um zu erklären, warum er nicht zielstrebiger nach Troia ging, schreibt er: »Bevor ich mich jedoch der Archäologie widmete und an die Verwirklichung des Traumes meines Lebens ging, wollte ich noch etwas von der Welt sehen.« Die Weltreise und das erste Buch werden nur knapp erwähnt, ebenso die Übersiedlung nach Paris und das Studium dort.

»Endlich war es mir möglich, den Traum meines Lebens zu verwirklichen, den Schauplatz der Ereignisse, die für mich ein so tiefes Interesse gehabt, und das Vaterland der Helden, deren Abenteuer meine Kindheit entzückt und getröstet hatten, in erwünschter Muße zu besuchen.«

Von hier ab wandelt sich der Ton, Schliemann geht über zur Beschreibung homerischer Landschaften, zu Funden und Plätzen, es tauchen Skizzen und Karten auf, *incipit archaeologia.*

Schliemann lässt uns wissen, wie schnell er Hissarlik als Troia identifizierte – »in Übereinstimmung mit Frank Calvert, Konsul der Vereinigten Staaten«. In einem Nebensatz wird Sophia eingeführt: »Endlich am 27. September [1871] konnte ich mich nach den Dardanellen begeben, und zwar diesmal in Begleitung meiner

Frau, Sophia Schliemann, die, eine Griechin aus Athen gebürtig und eine Bewunderin des Homer, mit freudigster Begeisterung an der Ausführung des großen Werkes teilnahm, das ich fast ein halbes Jahrhundert vorher in kindlicher Einfalt mit meinem Vater verabredet und mit Minna geplant hatte.« So sind Vater und Troia und Minna und Sophia in einen Satz geflochten – Schlüsselmomente seines Lebens bietet Schliemann immer in kompakter Form dar.

Jahr um Jahr schildert er nun seine Arbeiten und seine Probleme, die Kämpfe mit den Behörden, er nennt die Funde und ihren Wert, verschweigt auch nicht den Prozess mit der Türkei wegen der Verbringung des Schatzes. Es findet sich also ein gleitender Übergang vom Märchenerzähler zum Archäologen. Den Schatzfund schildert er hier noch einmal in der bekannten Weise.

Am Ende der Einleitung betont Schliemann, dass es ihm nicht um Spekulation und Bereicherung gehe. Auch verteidigt er sich gegen Vorwürfe, dass er sein Vermögen verschwende und seinen Kindern vorenthalte. Er scheut sich nicht, sein Vermögen und sein jährliches Einkommen und seine jährlichen Aufwendungen für die Ausgrabungen in Troia zu nennen. Er verdiene jährlich 200 000 Francs, davon allein 80 000 Francs aus den Häusern in Paris. Die Ausgrabungen kosteten 100 000 Francs pro Jahr, so könne er also jährlich 100 000 Francs zu seinem Kapital schlagen.

Den Bestimmungsort der Sammlung lässt er in ›Ilios‹ noch offen. »Meine großen Sammlungen troianischer Altertümer haben einen unschätzbaren Wert, doch sollen sie nie verkauft werden. Wenn ich sie nicht noch bei meinen Lebzeiten verschenke, so sollen sie kraft letztwilliger Bestimmung nach meinem Tode dem Museum derjenigen Nation zufallen, die ich am meisten schätze und liebe.«

Auf die homerische Frage geht Heinrich Schliemann nicht ein, das überlässt er Virchow, der in seinem Beitrag im Anhang überraschende Konzessionen an die Romantik macht: »Berauben wir uns doch nicht unnötigerweise aller Poesie ... Es hat etwas Wehmütiges, aber doch zugleich Erhebendes, auf einer Stätte wie der von Hissarlik ... den Gang der Geschichte abzulesen ..., wie er sich uns körperlich darstellt in der Hinterlassenschaft der Vorzeit, in den Dingen selbst, welche die früheren Menschen gebraucht haben.«

Schliemanns Schlusswort lautet so: »Ich schließe mit dem Ausdruck der festen Hoffnung, dass die geschichtliche Forschung mit Spitzhacke und Spaten, welche in unseren Tagen die Aufmerksamkeit der Gelehrten in Anspruch nimmt und mehr Wissbegierde erregt und ein größeres Auseinandergehen der Meinungen herbeiführt als irgendeine andere Form der Forschung, sich mehr und mehr entwickeln ... möge. Möge diese Forschung ... beweisen, dass die in den göttlichen homerischen Gedichten geschilderten Ereignisse keine mythischen Erzählungen sind, sondern auf wirklichen Tatsachen beruhen.«

Der »große Zweck« seines Lebens lag in dem Wirklichkeitsbeweis eines Mythos' – darin war er unnachgiebig.

Nach Berlin

Was aber sollte aus den Sammlungen werden? Das Londoner Museum hatte ihn wissen lassen, dass man den Innenhof für eine andere Ausstellung nutzen wolle. Dies beschleunigte die Entscheidung für Berlin, wo aber noch lange Verhandlungen geführt wurden. Sophia war gegen diese Verlagerung, sie wollte die Schätze nach Griechenland holen. Um sie umzustimmen, erbat Schliemann auch Ehrungen »für meine langjährige Mitarbeiterin, Frau Schliemann«.

Er hatte Verlustängste um seine Sammlung in London, aber er war auch nicht zufrieden mit den Aussichten, die ihm Berlin bot. Die vorgesehenen Säle waren ihm zu klein und nicht repräsentativ genug, seine Stimmung schwankte zwischen Beleidigung, Verstimmung und Wut. So bekam Virchow allerhand zu tun, musste mit den preußischen Ministerien und vor allem mit dem Generaldirektor der Preußischen Museen Richard Schöne (1840–1922), verhandeln. Schliemann wollte den Schatz dem gesamten deutschen Volk schenken, alle in Frage kommenden Museen gehörten aber dem Preußischen Staat. Man riet ihm, vorerst Verträge mit den Preußischen Museen zu schließen und dabei einen späteren Übergang an das Reich vorzusehen.

Weihnachten 1880 reiste Schliemann nach London; er wollte das Einpacken persönlich überwachen, kam aber erst am 29. Dezember dazu. Die Sendung erfolgte über Hamburg, der Goldschatz befand sich in einer eisernen Kiste mit speziellem Verschluss. Keine Kiste sollte vom Zoll in Hamburg geöffnet werden. Am 3. Januar 1881 gingen von London 40 große Kisten ab, verpackt durch das Hamburger Haus Elkan & Co. Der Schatz war auf den Wert von 4000 Pfund versichert, der gesamte Rest für noch einmal so viel. Den tatsächlichen Wert schätzte Schliemann hundertmal höher ein.

Virchow bestätigte Schliemann in einem Brief, dass der Schatz unbemerkt in Berlin eingetroffen sei. Er wurde vorerst im Tresor der Reichsbank aufbewahrt, niemand sollte ihn anrühren, Schliemann selbst die Aufstellung übernehmen.

Am 24. Januar 1881 wurde ein Schreiben gefertigt und von Kaiser Wilhelm I. unterzeichnet, in dem Schliemanns Schenkung an das Deutsche Reich akzeptiert wurde: »Dem deutschen Volk als Geschenk zu ewigem Besitz und ungetrennter Aufbewahrung in der Reichshauptstadt«, allerdings der Verwaltung der Preußischen Staatsregierung unterstellt. Zugleich wurden Zusagen betreffs neuer Säle gemacht, sobald das neue ethnologische Museum bezugsfertig sei.

Im Juni trafen Schliemann und Sophia in Berlin ein, sie logierten im Hotel Tiergarten. Die Ehrungen, Lobesartikel, Gedichte und Abbildungen sind nicht zu zählen. Den Höhepunkt bildete die Verleihung der Würde eines Ehrenbürgers der Stadt Berlin am 7. Juli 1881, dank Virchows Einsatz (Schliemann hatte darauf bestanden). Erst danach ging Schliemann an die Aufstellung des Schatzes im Berliner Kunstgewerbemuseum (Martin-Gropius-Bau) an der Prinz-Albrecht-Straße. Bei der Eröffnung am 4. Februar herrschte der in Berlin bei solchen Anlässen übliche riesige Andrang. Als 1886 gleich daneben an der Ecke zur Königgrätzer Straße (heute: Stresemannstraße) das neu erbaute Völkerkundemuseum eröffnet wurde, erhielt Schliemann endlich eine Ausstellungsform, die seinen Ansprüchen in etwa genügte. Dort blieb der Schatz bis 1922; als aber der alte Gropius-Bau leer stand, kam er zurück an seinen ersten Standort, der nun Museum für Früh- und Vorgeschichte hieß. Im Zweiten Weltkrieg wurde der Schatz neben anderen Kunstgegenständen in den Bunker am Zoo ausgelagert. Nach Kriegsende übergab der zuständige Museumsdirektor den Schatz an die Rote Armee, verpflichtete sich aber, darüber Stillschweigen zu bewahren, was er auch tat, so dass man bis 1992 davon ausging, der Schatz sei in den Kriegswirren verloren gegangen. 1995 konnte man ihn dann in Moskau und Sankt Petersburg besichtigen.

Das Haus

Das zweite große Ereignis des Jahres 1881 hatte sich schon zuvor in Athen abgespielt, wo Schliemann endlich sein Haus einweihen konnte, das der aus Sachsen stammende Architekt Ernst Ziller an der Universitätsstraße errichtet hatte. In goldenen Lettern stand der Name *Iliou Melathron* daran – so hatte die hölzerne Grabungshütte in Troia geheißen. Endlich wohnte Schliemann in einem Museumspalast, groß, prächtig und ungemütlich. Es gab 25 Zimmer und einen Ballsaal für über 300 Gäste. Über die Einweihung am 30. Januar 1881 berichteten alle Zeitungen der griechischen Hauptstadt.

Unter den zahlreichen griechischen Sprüchen an der Wand des neoklassizistischen Baus fand sich auch einer, der an das rechte Maß gemahnte, aber daran hatte sich der Hausherr nicht gehalten. Die Wandmalereien im pompeianischen Stil hatte in einjähriger Arbeit der slowenische Maler Juri Subic (1855–1890) ausgeführt, der sich mit Schliemann zerstritt, weil er die vorgeschlagenen Motive nicht mochte. Es gab kein Sofa, keine Sessel, Sophias Wunsch danach wurde abgelehnt, ihre Mutter schenkte ihr schließlich ein Kanapee (auf dem in unbeobachteten Momenten auch Schliemann lag). Über dem Kamin hing ein vergrößertes Foto von Sophia in griechischer Tracht mit dem Diadem aus Troia. In den Badezimmern konnten nur kalte Bäder genommen werden. Für Schliemann wurden extra Stühle mit besonders kurzen Beinen angefertigt. Er hatte je ein Arbeitszimmer für Sommer und Winter und er schrieb immer am Stehpult. Eine Homerbüste wurde täglich mit einem frischen Ölzweig bekränzt, der Dichter war eben der Hausgott. Den schönen Garten, in dem Dattelpalmen, Pappeln, Apfel-, Birnen- und Kirschbäume sowie Pfeffersträucher wuchsen, nahm Schliemann nur wahr, wenn er morgens vom Baden im Meer kam.

Immer donnerstags gab es, wenn der Hausherr anwesend war, große Empfänge im Hause Schliemann, mit Homer-Lesungen versteht sich. Blieben die Gäste zu lange, wurde Schliemann ungeduldig und versuchte, den Abend abzukürzen, schließlich war er Frühaufsteher. Er war abwesend, lebte im Anderswo, ging umher wie ein Gesandter aus einer anderen Sphäre, ein Hauch Irrealität umgab ihn und seine Residenz. Minna soll ausgerufen haben: Das ist kein Haus, das ist ein Buch! Es war das Museum seines idealen Lebens, das Wahnfried seiner Wanderschaften, die Synthese seiner Lebensmotive, dergleichen konnte eben nur kitschig sein. Wenn man sein Leben in angemessen schwülstiger Weise verfilmen wollte, dann müsste man jeweils mit den Motiven seiner Einrichtung enden und beginnen. Und doch hat es der Mythomane in diesem selbst gebauten Pompei seines Lebens nicht gut ausgehalten, es zog ihn immer wieder fort auf neue Reisen.

Sophia erduldete alles, beschwerte sich manchmal, resignierte aber bald, sie liebte Heinrich auf ihre Weise, hielt ihn für ein Genie, dem man einiges verzeihen müsse. Sie nannte ihn »mein Seelchen« und schrieb ihm: »Ich vergöttere dich, wäre es nicht schöner, immer bei mir zu bleiben?« Ihre Ausgaben wurden sorgfältig notiert, das ihr zugedachte Geld karg bemessen. Schliemann hingegen besaß über 50 Maßanzüge aus London.

»Wir leben in einer griechischen Welt«, schrieb Schliemann an Virchow im Jahr 1879. Bedienstete, Mitarbeiter, Kinder – alle mussten homerische Namen tragen. Selbst die Kindermädchen aus Mecklenburg mussten sich Hekuba oder Hippokaste nennen lassen, durften auf keinen Fall Marie heißen oder Wilhelmine. Allen Leuten in seiner Umgebung gab Schliemann mythologische

Namen, sein Gärtner hieß Priamos, ein Mädchen in Mecklenburg, dessen Patenschaft er übernahm, musste auf den Namen Nausikaa Meyer getauft werden. Die Mythomanie, die sich nicht mehr in Schriften austoben konnte, nahm in seinem Alltagsleben überhand. Das hatte skurrile, bisweilen auch pathologische Züge.

Eine Szene aus dem Hause Schliemann vom März 1881 hat der damalige deutsche Botschafter in Athen, Joseph von Radowitz, überliefert, der Schliemann wenig schätzte und von ihm nur beiläufig und im Tonfall herablassenden Belächelns sprach. Zu einem großen Empfang waren griechische Politiker und Diplomaten aus allen Ländern geladen. Der deutsche Botschafter überbrachte den gnädigen Dankerlass seiner Majestät Kaiser Wilhelms I. für die Gaben an das Berliner Museum, was Schliemann in Begeisterung versetzte.

Der Botschafter musste die Besichtigung der antiken Funde im Hause erdulden; diese waren aber, wie er notierte, von keinerlei künstlerischem, sondern lediglich paläontologischem Interesse, womit er zu erkennen gab, dass er den Sinn der neuen Wissenschaft der Archäologie noch gar nicht verstanden hatte. Das Essen schien ihm mehr an den troianischen Traditionen als am modernen Geschmack ausgerichtet, vor allem aber mussten alle Geladenen zwei Reden erdulden. »Bei Tische erhob sich Schliemann und hielt eine Rede, indem er jeden der anwesenden Diplomaten einzeln apostrophierte. Dabei sprach er sich über die verschiedenen von ihnen vertretenen Länder aus in einem merkwürdigen Französisch, mit noch viel merkwürdigeren Bemerkungen.« Gewiss war von Radowitz lange genug an der Botschaft in Paris gewesen, um Schliemanns Französisch beurteilen zu können und gewiss pflegte dieser nicht die feinen Manieren der Diplomaten. Der Botschafter hätte aber auch bemerken können, dass es in Schliemanns Haus auf diese Weise so etwas wie eine Völkergemeinschaft gab und dass er in seiner Person eine lebende (nicht nur europäische) Synthese darstellte.

Die anwesenden Diplomaten zeigten sich wohl alle etwas verblüfft und leicht verärgert über Schliemanns Ansichten, noch erstaunter waren sie aber, als sich auch Frau Schliemann erhob und eine Rede ablas, in der sie ganz Europa aufforderte, die edlen Hellenen bei der Durchsetzung ihrer politischen und territorialen Ansprüche gegenüber den Türken zu unterstützen. Von Radowitz musste als Doyen der Versammlung antworten, ging auf die politischen Anmerkungen gar nicht ein und sprach viel lieber von der Schönheit der griechischen Frauen, welche die Hauswirtin so zauberhaft verkörpere. Die Presse erwähnte diesen Abend, vermied aber jede politische Schärfe. Jahre später, als Botschafter in Konstantinopel, musste von Radowitz Schliemanns Anliegen gegenüber den türkischen Behörden vertreten, was nicht immer leicht war.

Nachsommer in Ankershagen

Den letzten Schritt zu seiner gedanklichen Heimkehr vollzog Schliemann mit einem Besuch in Ankershagen, auf das ja nun auch dank seiner Schilderungen die Sonne Homers fiel. Frühere Besuchspläne waren gescheitert, weil Schliemann nur in Begleitung von Sophia dorthin reisen wollte. 1882 hatte Schliemann an mehreren Malariaanfällen gelitten, im folgenden Winter sich wieder schwere Arbeiten aufgeladen, nun brauchte er dringend Erholung, sonst breche »die Maschine zusammen«, denn: »Ich habe mich seit Jahren überarbeitet.« Ende Mai 1883 reiste er mit Frau und Kindern sowie einer Gouvernante nach Ankershagen, wo er Mitte Juni eintraf, er musste aber gleich nach England weiter, um in Oxford die Ehrendoktorwürde zu empfangen. Seine Familie logierte vom 19. Juni an im Pfarrhaus von Ankershagen, das der neue Pfarrer, Schliemanns Vetter Heinrich Becker, großzügig zur Verfügung gestellt hatte. Die Pfarrersfrau war weniger glücklich darüber, sei es, weil sie Unbequemlichkeiten in Kauf nehmen musste, sei es, dass sie zu viel von den alten Skandalgeschichten wusste.

In die ›Neustrelitzer Zeitung‹ hatte Schliemann eine Anzeige setzen lassen, dass er vier Wochen bleiben werde, um sich auszuruhen. »Verwandte, Freunde und Bekannte werden dringend gebeten, auf allen und jeglichen Besuch zu verzichten.« Hingegen wollte er Carl Andreß sehen, da jener altgriechisch spreche und alle Tragiker auswendig wisse, hieß es in einem Schreiben; Andreß verfasse Briefe, die einem Platon Ehre machen würden. Die nachgeholte Idylle war die letzte Freude für Andreß, er wurde 1884 pensioniert, schrieb im Dezember noch altgriechische Briefe über die Erinnerung an den schönen Sommer mit Schliemann, dann starb er Anfang 1885, ein bescheidener, selbstloser, hilfsbereiter Mensch, der stets am Rande der Armut gelebt hatte und doch ein wichtiger Helfer eines vom Glück verwöhnten Mannes geworden war.

Ruhe fand Schliemann in der alten Heimat nicht; er hatte Druckfahnen zu korrigieren und zahllose Briefe zu schreiben. Er stand früh auf, ritt aus und badete nach dem Frühstück in einem See. Immerhin machte er mit Sophia einen Abstecher zu seinem Geburtshaus in Neubukow, wo sie der Bürgermeister empfing. Einige Briefstellen lassen darauf schließen, dass er sich nicht sehr wohl gefühlt hat, dass ihm das Essen missfiel und das Haus viel zu unbequem war. In der erinnerten Jugend hauste es sich gemütlicher.

Sophia aber litt die ganze Zeit. Er ließ ihren Bruder anreisen, damit sie Unterhaltung hatte, aber sie fühlte sich wie in Verbannung, ja im Gefängnis, als Strafe für welches Verbrechen? Später beschwerte sie sich, er habe sie »wie die letzte Deutsche« behandelt.

Auf einen Tag musste auch Minna Richers geb. Meincke kommen, die in seinem Haus in Athen als junges unbekleidetes Mädchen abgebildet war. Vor der Begegnung hatte er ihr aus Athen geschrieben, er erinnere sich an Engel, einen fleißigen Kollegen im Kramladen beim »Dütenmachen« Anfang 1841. Als er 1841 dabei war »zu Fuß, aufs Ungewisse, nach Hamburg abzugehen«, da habe ihm ein Kaufmann in Gransee eine Stelle für 60 Taler angeboten. »Und wie wir, Engel, Rutheburg und ich in hohem Rat beschlossen, es abzulehnen und das Glück in der Ferne zu versuchen.« – »Mit Tränen des Danks zu den Göttern preise ich den Augenblick, wo dieser Entschluss gefasst wurde. Der Brief von Gransee wurde mit meiner Brieftasche im Schiffbruch gerettet und hängt jetzt im Rahmen über meinem Schreibpult.« (11. Januar 1883)

In Ankershagen blieb es bei einem kurzen Gespräch, doch wurden in den folgenden Jahren immer wieder Briefe und Geschenke ausgetauscht; die Beziehung nahm zumindest jetzt gewisse Formen an. Schliemann verstand es eben, aus Erfindungen Wirklichkeit werden zu lassen. Nach Athen zurückgekehrt, ließ er Minna jährlich 300 Mark überweisen. Davon leistete sie sich eine bescheidene Reise nach Rügen und einen Abstecher nach Berlin, um auch die Schätze aus Troia zu sehen. In seinem Testament bedachte Schliemann Minna mit 5000 Francs.

Mehrfach erkundigte sich Schliemann nach Friedrich Suhrweier, Knecht und Tagelöhner, den er als lebende Quelle für die Dorfgeschichte bezeichnete. Ihm schickte er wiederholt Geld und äußerte sich bestürzt in einem Brief, als er 1888 von dessen Tod erfuhr. Er hätte noch so viele Fragen an ihn gehabt! Allerdings hatte Suhrweier 1832 die Beschwerde der Leute aus Ankershagen über Pfarrer Schliemann bei der Obrigkeit vorgetragen, vielleicht wollte Heinrich Schliemann auch den einstigen Belastungszeugen gegen seinen Vater bei guter Laune halten, ihn vom Verbreiten unangenehmer Geschichten abhalten? Auch andere Zuwendungen an einstige Feinde lassen sich in diesem Sinne auslegen. Generös aber war Schliemann auf jeden Fall.

So spendete er Geld für einen ehemaligen Lehrer, und die Anweisungen an seine russischen Kinder Nadja und Sergej lagen immer deutlich über den Verpflichtungen aus dem Scheidungsvertrag. Schliemann überwies 3000 Rubel im Jahr. Für den charakterschwachen Jungen bedeutete das zu viel Geld, er gab alles aus, wie man Schliemann aus Sankt Petersburg wissen ließ. Sergej sollte Jurist in staatlicher Anstellung werden, 1885 hegte er schon Heiratspläne.

Mit dem Sommerbesuch 1883 endete Schliemanns deutsches Zwischenspiel; in den folgenden Jahren ertrug er das nördliche Klima immer weniger. Im August 1884 machte er eine Kur in Warnemünde mit einem Abstecher nach Neubukow, wohl der letzte Besuch in der engeren Heimat. Der Wunsch nach Rückkehr sprach aber noch aus vielen späteren Briefen. Es fehlte die Zeit.

1883 begann die letzte Phase in Schliemanns Leben, und er dachte von diesem Zeitpunkt an auch schon an testamentarische Verfügungen, korrespondierte mit Museumsdirektor Schöne in Berlin, erwähnte diverse Funde und Schätze in seinem Athener Haus, die nach seinem Tode nach Berlin kommen sollten, wofür er jetzt schon Papiere ausstellte, um der Aktion einen Anschein von Legalität zu geben.

In England war er nicht vergessen. Am 16. März 1885 verlieh ihm die englische Königin, als erstem amerikanischen Staatsbürger überhaupt, die Königliche Goldmedaille für das laufende Jahr für seine wissenschaftlichen Verdienste. Zu dieser Auszeichnung gratulierte ihm auch Frank Calvert. In der Zeit der ersten Erfolge Schliemanns war er ins Abseits geraten, hatte auch gegrollt und manch unfreundlichen Artikel veröffentlicht. Doch schon seit geraumer Zeit tauschten sie wieder Briefe. Schliemann hatte ja schon einen Beitrag von ihm in ›Ilios‹ aufgenommen und ihm dort ausdrücklich gedankt. Calvert schrieb in der englischen Presse freundliche Rezensionen über Schliemanns Bücher und auch aus Anlass der erneuten Ehrung einen wohlwollenden Artikel. Diese Ehrung, so Calvert, sei der Höhepunkt von Schliemanns Leben als Archäologe. Bei Schliemanns letzten Arbeiten in Troia war Calvert wieder an dessen Seite.

Troia und kein Ende

Überanstrengung, manchmal auch seltsame Überspanntheit kennzeichneten Schliemann in seinen letzten Jahren. An Richard Schöne schrieb er am 17. Dezember 1885: »Ich bin überarbeitet und muss auf zwei Monate nach einer entlegenen Insel reisen um auszuruhen, denn sonst bin ich des Todes.« Die einsame Insel war eine sehr belebte, nämlich Kuba. Von dort berichtete er schon im Januar 1886 seinem Verleger Brockhaus. Er besuchte auch Santo Domingo und Puerto Rico. Er war wirklich erschöpft, litt immer mehr unter seiner Taubheit, glaubte manchmal schon, bereits mit einem Fuß im Grab zu stehen, doch vom Reisen konnte ihn das nicht abhalten, das Reisen genoss er wieder und es wirkte auch jetzt belebend.

Die Reise endet nie

Schliemann verwandelte sich also zurück in den Reisenden, der er einmal gewesen war; er reiste allein und weit fort von allen bisherigen Zielen. Er schien es zu genießen, während Sophia sich manchmal regelrecht verlassen vorkam. Hatte Troia nicht alle Energien und Träume gebunden, und auch Sophia nicht? Seit der Nilreise 1858/59 habe er nicht mehr so glückliche Tage verlebt, schrieb er. Fühlte er sich an einem neuen Anfang, an einer neuen Schwelle? Gab es eine verdeckte Krise? Oder waren es nur überhand nehmende Gedanken an sein Ende? Zeit zum Nachdenken gönnte er sich kaum.

»Leider bin ich auch hier allgemein bekannt und gehen die

Ovationen so weit, dass mir sogar die Bahnen, bei denen ich interessiert bin, Extrazüge zur Verfügung stellen, damit ich alles in Muße inspizieren kann.« Sprach da der alte Flunkerer? Oder fiel er auf Schmeicheleien von Leuten herein, die an sein Kapital wollten? Er träumte keinen Traum vom süßen Leben auf der Zuckerinsel, seinen Realitätssinn verlor er trotz des Reisegenusses nicht. Für das Bankhaus Schröder in London schrieb er einen Bericht über die bedenkliche Lage der Zuckerproduktion und andere Krisenerscheinungen in der Karibik. Nach seiner Heimkehr zog er seine Investitionen aus den kubanischen Eisenbahnen ab.

Zurück in Athen schmiedete Schliemann neue Grabungspläne. 1882 hatte er wieder in Troia zu graben begonnen, 1884 in Tiryns, der größten Burg des mykenischen Zeitalters. In seinem 1886 erschienenen Buch über die dortigen Ausgrabungen findet sich eine seiner beliebten Landschaftsbeschreibungen. Darin fasste Schliemann alle Panoramablicke seines Lebens zu einem einzigen Panorama zusammen, als habe er den ganzen Globus vor seinem inneren Auge: »Das Panorama, welches sich von der Zitadelle von Tiryns nach allen Seiten darbietet, ist überaus prachtvoll. Indem mein Auge bald in nördlicher, bald in südlicher, bald in östlicher, bald in westlicher Richtung schwelgt, frage ich mich unwillkürlich, ob ich denn nicht schon – sei es vom Gipfel der Vorberge des Himalaja, sei es in der üppigen Tropenwelt auf den Sunda-Inseln oder den Antillen, sei es von den Zinnen der großen Chinesischen Mauer, sei es in den herrlichen Tälern Japans, sei es im weltberühmten Yosemite-Tal in Kalifornien, sei es von den Höhen der Cordilleras de los Andes – etwas Schöneres gesehen habe. Aber immer muss ich mir eingestehen, dass der Anblick von der Zitadelle von Tiryns gar viel prachtvoller ist als alles, was ich von Naturschönheiten je gesehen habe. Ja, der Zauber, den man bei der Rundschau von Tiryns empfindet, wird überwältigend, wenn man im Geiste die Großtaten rekapituliert, deren Schauplatz die Ebene von Argos und die sie umgebenden Berge waren.«

Auf welch ein Leben konnte er schon zurückblicken. Aber das Endspiel sollte nicht ohne überraschende dramatische Momente sein. Das Schicksal hatte noch einiges zu bieten.

Es war doch alles getan in Troia, warum grub er ab 1882 wieder dort? Hatten ihn selbst Zweifel an seiner Chronologie beschlichen? Immerhin verbesserten sich seine Methoden und die Qualität seiner Mitarbeiter, für seine Sicht der Dinge aber war es eine große Herausforderung.

1882 erhielt Schliemann endlich die Grabungserlaubnis für die gesamte Troas. Er wollte Sondierungen im Hinblick auf eine Unterstadt vornehmen, an die er nun wieder glaubte, wollte aber auch an anderen Orten graben lassen, etwa den Heroengräbern. Bei eiskaltem Nordsturm wurde gearbeitet, 125 Arbeiter, viele Pferdekarren.

In der ganzen Ebene von Troia zu forschen bedeutete wissenschaftlich einen entscheidenden Schritt, wobei Schliemann durchaus zuvor schon das gesamte landschaftliche und historische Umfeld von Troia im Blick gehabt hatte. Seine neue Fragestellung sorgte jedoch für neuen Ärger mit den türkischen Behörden; sie sahen die Versuche, detaillierte Karten der Ebene aufnehmen zu lassen, wegen der Nähe des strategisch wichtigen Küstenkaps Kumkale mit großem Misstrauen, ja sie fürchteten, dass sich hinter der Aktion in Troia ein Spionageunternehmen verberge.

Schliemann war wütend und musste wieder seine Troia-Diplomatie in Gang setzen, wobei er nicht zögerte, Bismarck und selbst den deutschen Kaiser um Intervention zu seinen Gunsten in Konstantinopel zu bitten. Und tatsächlich wies der Kaiser Botschafter von Radowitz in diesem Sinne an und schon sprach Schliemann in seinen Briefen von ihm als dem »gediegensten aller Diplomaten«, dem auch das heilige Feuer der Wissenschaft nicht fehle.

In Hissarlik war ihm selbst das Abzeichnen von Mauern verboten worden, woraus zu ersehen ist, dass er sich jetzt mehr um die Baugeschichte Troias kümmerte als um homerische Analogien. Für die Klärung der Chronologie sollte sich das noch als entscheidend erweisen. Schliemann selbst sprach von neuen, weitaus rationelleren Grabungen und zeigte doch die übliche Ungeduld: Noch 1882 solle alles abgeschlossen werden, er selbst wolle nie mehr nach Troia zurückkehren.

Die griechische Regierung behandelte ihn inzwischen freundlicher, sogar der König kam zuweilen samt königlicher Besucher aus dem Ausland in sein Haus, um die Schätze zu sehen. Auch wuchs die Zahl der Fremden, die seinetwegen nach Griechenland reisten. Schliemann hatte es richtig vorausgesehen. Es gebe zehnmal mehr Hotels als vor seinem Schatzfund in Mykene, schrieb er.

1883 war es dann, dass er die Arbeiten in Troia wieder einmal für abgeschlossen hielt, er glaubte die ganze Stadt ausgegraben zu haben. In den nächsten Jahren richtete sich sein Interesse auf Kreta, und zwar auf eine Stätte, an der sich ebenfalls Geschichte und Mythos vereinten, nämlich den Palast von Knossos, den Ort des Labyrinths, in dem der sagenhafte Minotaurus gefangen gehalten wurde.

Das Parlament von Kreta sollte ihm und ihm allein die Grabungserlaubnis erteilen. Aber diesen Kampf wird er verlieren und ein anderer Archäologe wird mit dem entscheidenden Fund nach jahrelanger Arbeit berühmt werden, Arthur Evans. Den richtigen Ort hatte Schliemann allerdings erkannt, auch an dieser Stelle erwies sich sein einfühlendes Verstehen als erfolgreich (auch wenn er es nie erfahren sollte). Seine mythische Wünschelrute hatte auch hier funktioniert, das war immer wieder verblüffend.

Lange Jahre wurde verhandelt, man wollte viel Geld von Schliemann, ihn betrügen und ausbeuten, aber so leicht betrog man einen Schliemann nicht. Nur eine Episode sei erwähnt, weil sie seine Art zu handeln beleuchtet. Man wollte ihm für den zu erwerbenden Boden eine unglaublich große Zahl Olivenbäume berechnen, die ausgerissen werden mussten. Schliemann reiste persönlich an, brachte einen Gärtner mit und ließ die Bäume nachzählen; es waren weniger als 900 und nicht die genannten 2500. Es wurde nichts mit einer weiteren mythografischen Trophäe. Aber Schliemanns Leben war auch so schon labyrinthisch genug.

Seit 1881 hatte sich Schliemann um einen neuen Mitarbeiter bemüht, den Achitekten Wilhelm Dörpfeld. Schliemann hatte ihn 1881 in Olympia als Mitarbeiter von Curtius kennen gelernt, als er in Begleitung von Sophia die dortigen Ausgrabungen besichtigte und sehr viel über die Schichtmethode erfuhr, für die klassischen Statuen aber keinen Blick hatte. Dörpfeld wollte jedoch gut und sicher versorgt sein und stellte zunächst Anforderungen, die Schliemann nicht annehmen konnte, ein bestimmtes Gehalt, hohes Reisegeld, eine ausreichend lange Vertragsdauer, schließlich verzichte er auf sichere Stellen in Deutschland. Er wolle mit seiner Frau »im Orient ordentlich leben«. Schliemann hatte schon abgesagt, doch einigte man sich im März 1882 und so wurde Dörpfeld in Troia zu einem wichtigen Mitarbeiter, der einmal sein Nachfolger werden sollte, dem aber alles Romantische abging, das Schliemann kennzeichnete. Der pietistisch geprägte Wilhelm Dörpfeld (1853–1940) war pedantisch, langsam und etwas fantasielos; im Interesse der Erkenntnis und als Gegengewicht zu Schliemann waren diese Eigenschaften allerdings ausgesprochen zweckmäßig.

Dörpfeld versuchte Schliemann von seinen mythologischen Fixierungen abzubringen und ihn für mehr Realismus zu gewinnen. So riet er ihm, in seinen Berichten auf die homerischen Namen zu verzichten, womit er nur begrenzten Erfolg hatte. Die Maske aus Mykene sei nicht Agamemnons Schmuck? Aber wessen dann? Gut! Nennen wir ihn Schulze! Wahrscheinlich der einzige Scherz, den Schliemann je gemacht hat. Immerhin revidierte er schon 1882 leicht seine Position in Sachen Troia, wo er nun doch eine Akropolis und einen Tempel auf dem Hügel annahm, dazu eine Unterstadt südwestlich des Hügels.

Immer wieder erreichten Schliemann Anfragen von allen möglichen Leuten, die auf den Ausgrabungsstellen bei ihm arbeiten wollten, darunter auch pensionierte preußische Militärs, die ihm ausführlich ihr Leben schilderten. Er aber ärgerte sich über einen bestimmten pensionierten Hauptmann, der seit 1883 einen Feldzug gegen seine Troia-Thesen führte, Ernst Bötticher (geb. 1842), der böse Geist von Schliemanns letzten Jahren. Seine These lautete, Schliemann habe keine große Stadt aufgegraben, sondern eine Nekropole. Zum Beweis stützte er sich auf die großen Vasen mit der Asche von Toten. Dabei konnte er an einige missverständliche Formulierungen in Schliemanns Büchern anknüpfen. Das

»elende Gemäuer«, das Schliemann in Hissarlik gefunden habe, könne niemals das historische Troia gewesen sein, behauptete er und wärmte sogar die alte Bunarbaschi-Theorie wieder auf, unter Berufung auf den militärischen Sachverstand von Moltkes. Bötticher kannte alles nur aus Büchern und von Museumsbesuchen, von seiner Schöneberger Wohnung aus schickte er Broschüre auf Broschüre – er nannte sie »Sendschreiben im Kampf um Ilion« – an alle Welt und fand sogar eine gewisse Resonanz in Deutschland sowie in Frankreich.

Immer wieder schrieb Schliemann wütend gegen ihn an, obwohl ihm alle rieten, er solle ihn nicht ernst nehmen, aber Schliemann kränkte es, dass dieser Mensch so viel Beachtung fand. Virchow versuchte immer wieder Schliemann zu beruhigen, er nehme die Sache zu tragisch, und hielt Vorträge in Berlin, um Böttichers Theorien zu widerlegen. Es musste wohl etwas anderes sein als nur dessen abstruse Theorien, was Schliemann daran so tief traf. In einem Brief an Max Müller (vom 16. Mai 1886) sprach er davon, dass er sein ganzes Lebenswerk in den Schmutz gezogen fühle. Er maß der Bötticher-Polemik also unverhältnismäßige Bedeutung bei. Vielleicht weil jener an wunde Punkte rührte, die er selbst nicht kennen konnte? Und: hatte Schliemann denn das Troia der mykenischen Zeit wirklich identifiziert?

Vom Dezember 1886 bis zum März 1887 unternahm Schliemann ohne Sophia eine Nilreise auf einem luxuriösen Hausboot mit Segeln, das er bei der Firma Thomas Cook & Son gemietet hatte. Er besuchte Museen in Kairo, schrieb an Virchow über Keramik, aber er schwärmte ihm auch etwas von den Nubierinnen vor, die zu den schönsten Frauen der Welt gehörten. Er beschrieb ihre Pflege und ihren Schmuck und man denkt an seine Frauenbeschreibungen aus China und Japan. Seine langen Briefe näherten sich auch stilistisch wieder den Reisebüchern an.

Zum vierten Mal war er dann im Februar 1888 auf dem Nil, diesmal mit Virchow. Am 22. Februar empfing Schliemann Virchow in Alexandria. Sie verbrachten den März und den April in Ägypten, wo sie allerdings in gefährliche Situationen gerieten.

Ihre Gruppe wurde attackiert, es herrschten Unruhen im Land und sie konnten nur unter Militärschutz weiterreisen, nilaufwärts bis Assuan. Schwarze Soldaten schützten sie in heftigen Gefechten, ein Kanonenboot kam zu Hilfe, der Chef der Rebellen wurde getötet. Es folgten stille Tage in der Wüste fernab europäischer Sitten. Auch auf der Rückfahrt benötigten sie militärischen Schutz und passierten geplünderte Dörfer. Aber sie beide genossen die Zeit in der unruhigen Gegend. Als schwebten sie in anderen Sphären. Nach einer Woche in Luxor durften sie in Kairo mit höchster Erlaubnis Mumien vermessen; sie besuchten Ausgrabungsstätten und Virchow untersuchte alte Bildwerke im Hinblick auf den anthropologischen Typ der Dargestellten.

Im Juni 1888 durfte Schliemann einen in Alexandria »gefundenen« Frauenkopf aus Marmor exportieren und vermachte ihn testamentarisch dem deutschen Volk. Er hielt es für ein großes Kunstwerk aus ptolemäischer Zeit, es stelle wahrscheinlich Kleopatra III. dar, doch war es nur die Kopie der Büste einer weniger bedeutenden Gestalt. »Ich habe mich so in den Kopf verliebt, dass ich ihn gern bis zu meinem Ende in meiner Schreibstube stehen haben möchte.« Auch als Erinnerung an die nubischen Frauen? Dieser Umgang mit einem Fundstück weckt wieder alle Zweifel an der Seriosität des Ausgräbers Schliemann.

Später bedankte sich Virchow brieflich bei Schliemann für die heiteren Tage in Ägypten und Griechenland. Vielleicht war dies der Höhepunkt ihrer Beziehung, zwei große Jungen auf Abenteuer.

Im April 1889 unternahm Schliemann eine Reise durch den Peloponnes und schrieb darüber einen langen Brief an Virchow, nichts Sensationelles und doch ein würdiges Zeugnis Schliemanns, der die Landschaft genau beschreibt und überall das passende Zitat von Homer, von Strabo oder anderen antiken Autoren parat hat, Vergangenheit und Gegenwart, Geografie und Literatur, Mythos und Tourismus, alles ist eins in seinem Blick. Was für ein Wissen hatte er angehäuft, welchen Blick besaß er, welche Energie brachte er auf, solch eine Expedition gleichsam nebenbei zu unternehmen. Gab es irgendwo seinesgleichen?

Im Mai 1889 schrieb man ihm aus Stuttgart und bat um die Erlaubnis, für ein Sprachlehrwerk den Begriff *Methode Schliemann* anwenden zu dürfen. Noch 1921 erschien in Stuttgart dieses Lehrbuch für Russisch mit der Bezeichnung »Methode Schliemann zum Selberlernen fremder Sprachen, nach einem von Dr. Heinrich Schliemann gebilligten Plane«.

Ende August 1889 fuhr Schliemann zur Weltausstellung nach Paris und bestieg erfreut den Eiffelturm noch vor dessen Eröffnung bis zur zweiten Etage – »viermal höher als der Kirchturm von Ankershagen«. Dergleichen würde er nie wieder sehen – es waren immer schon Abschiedsgedanken bei allem. Zugleich musste er Ärger über Bötticher verdauen, diesen »unermüdlichen Schmähschreiber«, der in Paris seine Thesen verbreiten durfte. Schliemann hielt in Vorträgen und Artikeln dagegen. Es blieb nur eine Lösung: er musste zurück nach Troia, die Grabungsgeschichte war noch nicht zu Ende. Mit 67 Jahren noch einmal alles von vorn? War Schliemann wie Sisyphus in alle Ewigkeit dazu verurteilt, am Hügel vom Hissarlik zu graben, als mythologische Strafe für ein unbekanntes Vergehen?

Viele wütende Briefe verschickte er gegen »Bötticher und seine dunkle Schar« – Dämomen, die ihn heimsuchten. Dabei war er längst dabei, historisch zu werden. Sein Verleger regte im September 1886 an, es müsse ein populäres Werk geschrieben werden, das ein Gesamtbild seiner Tätigkeit gebe, von mäßigem Umfang und illustriert. Das sollte ein Carl Schumann schreiben, das Buch erschien 1889 in Leipzig unter dem Titel ›Schliemanns Ausgrabungen im Licht der Wissenschaft‹. Der Verfasser war nicht ohne Hochmut, er hatte das Gefühl, etwas sehr Eigenständiges zu leisten. Wer sich auf Schliemann einlässt, wird erleben, dass er zu ungewöhnlichen Leistungen angestachelt wird, zu Grabungen in sich selbst, zu ungeahnter Schöpferkraft. Schliemann der Anreger.

Eine nächtliche Einflüsterung seiner Schutzgöttin Pallas Athene war es, die ihm die Idee eingab, eine Konferenz in Troia zu veranstalten, um Bötticher zum Schweigen zu bringen. Jeder Teilnehmer erhielt 1000 Mark. Bötticher verlangte 7200 Mark, benahm sich wie ein übler Erpresser. Als Dörpfeld ihm nur 1000 Mark schickte, stieß Bötticher Drohungen aus, Schliemann, Dörpfeld und Virchow als Fälscher anzuschwärzen. Er verlangte und erhielt weitere 1000 Mark.

Im Dezember 1889 war Schliemann trotz eisigen Nordwindes in Troia. Er ließ zwei Häuschen errichten mit je zwei Stuben, Küche und Essraum. Auch das zahlte er aus eigener Tasche, auch für Herrn Bötticher, der dank Schliemann zum ersten Mal in seinem Leben nach Troia kam. Wer kann sich schon solchen Aufwand leisten, um seine Gegner zu widerlegen. Aber weder die erste Hissarlik-Konferenz noch eine zweite im März 1890 konnte Bötticher von seinen Angriffen abbringen, obwohl er zweimal ein Verzichtsprotokoll unterschrieben hatte.

Virchow, der an der zweiten Konferenz teilnahm, diagnostizierte bei Bötticher einen gewissen Grad der Geistesgestörtheit. Mehr noch ärgerte Schliemann aber, dass im Buch von Schuchardt die Rolle von Dörpfeld zu hoch eingeschätzt wurde. In den Jahren nach Schliemanns Tod konnte man fast glauben, dass eigentlich Dörpfeld der große Archäologe sei, er wurde als »Schliemanns beste Entdeckung« gefeiert. In der Tat hat Dörpfeld Großes geleistet, als Begründer moderner archäologischer Bauforschung und Pionier systematischer Grabungsmethodik.

Dörpfeld befand sich zunächst in einer echten Zwickmühle, denn er hatte Entdeckungen gemacht, die nach neuer Deutung, neuer Datierung verlangten. Es ging um die Identifizierung des monumentalen Mauerrings, der die Stadt Troia VI (etwa 1500 bis 1000 v. Chr.) umgab und der Zeichen möglicher Zerstörung von Menschenhand aufwies. Dörpfeld hatte eine Mauer gefunden, die wesentlich jünger war als die der zweiten Stadt und die sehr viel mykenische Keramik enthielt. Die zweite Stadt, die Schliemann für die homerische hielt, weil er dort seinen Schatz gefunden hatte, muss also laut Schliemann äußerst lange bestanden haben oder es müssen zwei sehr verschiedene Epochen gewesen sein.

In seinen Äußerungen vor 1890 blieb Dörpfeld aber vage und machte nur obskure Andeutungen, als ob er es schon besser wüsste. Er wollte wohl Rücksicht nehmen auf die besonderen Vorstellungen Schliemanns. 1893, drei Jahre nach Schliemanns Tod, konnte Dörpfeld über Troia schreiben: »Die Existenz einer stattlichen Burg aus mykenischer Zeit war nachgewiesen. Wenn irgendeine, so war sie die Burg, um welche der von Homer besungene Troianische Krieg geführt worden sein soll.« Damit war aber Schliemanns verbrannte Stadt um fast 1000 Jahre älter als das »eigentliche Troia«. Noch die zweite Hissarlik-Konferenz vom März 1890 bestätigte in ihrem Protokoll, dass Troia II Ruinen aufweist, die den Bauwerken von Mykene und Tiryns ähneln.

Frank Calvert hatte die richtige Identifizierung vorweggenommen. Schon im Januar 1873 hatte er in einem Aufsatz behauptet, dass Troia II zu alt sei, um für den Troianischen Krieg in Betracht zu kommen, eben jene Schicht, in der Schliemann Monate später den Goldschatz entdeckte. Wenn es nicht der Schatz des Priamos war, wessen dann?

Heinrich Schliemann hatte eben nicht die mykenische Schicht identifiziert und somit nicht geleistet, wofür er eigentlich berühmt wurde: Homers Troia entdeckt zu haben. Ob er wenigstens zuletzt Dörpfelds neue Einsichten akzeptierte, bleibt sehr fraglich; in seinen schriftlichen Äußerungen ist davon jedenfalls nichts zu finden. Das »eigentliche Troia« hat Schliemann verfehlt, das ist die Tragik dieses beispielhaften Mythomanen.

Briefliche Äußerungen gegenüber Dörpfeld sprechen von einem schwelenden Konflikt. Schliemann beschwor die notwendige Einigkeit, gerade angesichts der Feindschaft Böttichers. Zwischen ihnen dürfe es nie Differenzen geben. »Solche Sachen dürfen aber nicht vorkommen, denn große Werke haben wir bereits zusammen geleistet und viele große Werke bleiben noch übrig, die nur wir beide vereint machen können und die ohne uns unmöglich sein würden.« Deshalb »wie ich schon im vorigen Winter bei einer anderen Gelegenheit schrieb, muss selbst ein Schatten von Zwiespalt auf ewig zwischen uns ausgeschlossen sein«. Unter dem jetzigen Missverständnis leide er schwer.

Die Frage lautet: Wollte Schliemann seinen Schatz des Priamos nicht preisgeben, weil er ihn mit so vielen Geschichten verwoben hatte? Allein Schliemanns mythomane Besetzung der Stätte und der Funde und deren Verquickung in seine geschönte Lebensgeschichte können sein widersprüchliches Verhalten in dieser zentralen Frage erklären.

Schliemanns letzte Kampagne Anfang 1890 in Troia kannte gleichwohl einen subjektiven Höhepunkt, einen unerwarteten Schatzfund (und wir werden alle Zweifel daran unterdrücken). Er selbst empfand es als Geschenk seiner Glücksgöttin Athene und berichtet in Briefen mit großer Rührung als Beweis seines großen Glückes über diesen »Schatz von unermesslichem Wert«.

Der Fund war wirklich von unglaublicher Schönheit: vier Prunkäxte von über 30 cm Länge aus grünem Nephrit und aus Lapislazuli, dazu Schmuck aus Gold und Eisen. Und wie immer bei Schätzen wandte Schliemann krumme Mittel an, um die Funde fortzuschaffen, diesmal erzählte er es in einem Brief an Virchow, selbst seine Frau erfuhr nichts davon. Mit Hilfe eines spanischen Konsuls ließ er alles nach Athen bringen, wo die Äxte in seinem Safe verblieben, bis er sie nach Berlin schmuggeln konnte, als aus Ägypten kommende und für die Weitersendung bestimmte Ware bezeichnet. Zum letzten Mal der alte Händlertrick.

Im Brief an den griechischen König Georg I. vom 27. Juli 1890 stand kein Wort von den Prunkäxten, die neben dem Goldschatz zu den schönsten Stücken seiner Funde aus Troia gehören. Das ist Schliemann: Weltruhm und Geheimnis und ein wenig Betrug um erstaunliche Schätze.

Mit einem Brief aus Athen vom 9. Oktober 1890 bereitete er Richard Schöne auf den neuen Schatz für Berlin vor: »Zu meiner allergrößten Herzensfreude kann ich Ihnen melden, dass nun Pallas Athene mir während der Ausgrabungen mit Eifer und Liebe zur Seite gestanden und mir zu Schätzen verholfen hat, deren Existenz in der Welt ich nie geahnt hätte ... viel kostbarer als alle von mir in den mykenischen Gräbern gefundenen Schätze ... Sie sollen eine Hauptzierde von Berlin werden und jahrtausendelang werden die Leute von allen Weltteilen nach Berlin strömen, sie zu sehen« – und von Schliemann erzählen.

Am Ende seines Lebens steigerte er sich immer tiefer in seinen Troia-Traum hinein – fast wie im Melodrama auf Ithaka 1868. Aber dieses Mal, weil er ahnte, dass er *sein* Troia aufgeben musste.

Und es nicht zugeben konnte. Er rief Pallas Athene an, sie war ihm ganz real, vielleicht als Reinkarnation einer schützenden Mutter? »Da warf ich mich voll tiefer Rührung aufs Antlitz und küsste demütig die Fersen der Göttin, sie inbrünstig um ihre fernere Gnade anflehend und herzlich für die bisherige dankend.«

Ähnlich hieß es in einem Brief an Conze vom 9. Dezember 1890 aus Halle, als er noch drei Wochen zu leben hatte. »Pallas Athene zeigte sich mir besonders gewogen. So oft im Leben schenkte mir die Göttin ihre Gunst, dass ich schon glaubte, sie wende sich jetzt völlig ab von mir. So kam es denn, als ich Ende Juni die Pallas vor mir stehen und in den Händen die Schätze halten sah, die weit mehr wert sind als die, welche ich in Mykene aufgedeckt habe, da geriet ich in heftige Erregung; ungewollt fiel ich vor ihr auf die Erde nieder. Ich weinte vor Freude, streichelte und küsste ihre Füße.«

Ein Brief schon aus dem Jenseits, jetzt war er Telemach, er lebte ganz in Homers gedichteter Welt (der Brief ist auf Griechisch geschrieben). Ob die Griechen an ihre Mythen geglaubt haben, das ist eine in Philosophie und Wissenschaft gern erörterte Frage. Heinrich Schliemann hat an sie geglaubt. Unverrückbar.

Abschied

Den letzten Brief an Minna Meincke schrieb Schliemann am 31. Mai 1890 aus Troia. Darin machte er sich Sorgen um die Gesundheit seiner Frau Sophia, die abgemagert sei und dringend eine Badekur benötige, vielleicht bei Oslo? In diesem Brief erleben wir noch einmal den ganzen Schliemann, der immer das Passende zu erzählen wusste, auch jener fernen Minna, die eine wirkliche Instanz in seinem Denken geworden war, als Göttin seiner Kindheit.

»Dein lieber Brief... rief allgemeinen Jubel hervor und es wurde von allen einstimmig dreimal, unter dem Jubelruf ›Hoch lebe Minna‹ auf Dein Wohl getrunken.« Er schilderte seine Qualen. »Ich arbeite hier schon seit Februar wieder in den Tiefen Troias und schicke Dir bei erster Gelegenheit ein kleines Andenken aus der zweiten, der verbrannten Stadt.« Demnach hätte er seine Chronologie eben nicht geändert. 1884 hatte Schliemann in der Datierung geschwankt, wollte es aber doch nicht wahrhaben. Mit Homers Ilion, dem »eigentlichen Troia«, meinte Schliemann immer die zweite Schicht. Auch im Jahre 1890 zweifelte Schliemann, versuchte sogar den Troianischen Krieg früher zu datieren. In allen schriftlichen Äußerungen aber blieb er dabei, dass »die goldreiche zweite [Schicht] ... die Pergamos des Homerischen Troia sein muss«. Aber das passte eben nicht, sollte der Krieg zur Zeit der mykenischen Hochkultur stattgefunden haben. Das Wort goldreich verrät ihn: es ging um seinen Schatz, den des Priamos, von dieser Zuschreibung konnte er nicht abgehen. In einem Brief aus Athen vom 13. September 1890 blieb er dabei: »Ja, ich fand in der zweiten, der verbrannten Stadt, dem Homerischen Ilios, Schätze von unermesslichem Wert.«

War das sein letztes Wort, sein Testament, der Ertrag seines ganzen Lebens? In Troia hatte er seinen fragilen Lebenssinn gefunden, daran war sein Bild, sein Wert geknüpft, in jener verbrannten Stadt, die »in einer furchtbaren Katastrophe untergegangen« war, aber diese Stadt, diese Katastrophe waren zugleich Bilder aus seiner Privatmythologie, Motive aus seiner Vorstellungswelt, die sich seit seiner Kindheit gebildet hatte, und die er in den vielen Aufzeichnungen und Texten immer wieder bearbeitete und gestaltete, aus dem Troianischen Krieg in seiner Seele. In diesen letzten Sätzen sträubte sich der Mythomane gegen die nüchterne und das heißt alles relativierende Wahrheit. Und nur diese Verankerung in seiner privaten Vorstellungswelt kann den zähen Widerstand gegen neue Erkenntnisse erklären. Dabei macht es kaum einen Unterschied, wie viel davon bewusst (also Lüge) war und wie viel unbewusst.

Troia war unangenehm im Sommer 1890, Fieberwelle, Schlangen, zunehmende Taubheit auf dem linken Ohr. Schliemann bat Virchow um ärztlichen Rat. Der verwies ihn an Professor Hermann Schwartze in Halle, Spezialist für Verknöcherungen in den Ohren, für die er eine spezielle Operationsmethode entwickelt hatte. So nahm er im Juli noch Abschied von Troia. Seine Familie traf er Ende Oktober auf Korfu wieder, dann fuhren alle nach Athen, ohne zu ahnen, dass es die letzte gemeinsame Zeit sein würde. Zum 21. Hochzeitstag am 28. September schrieb er seiner Frau einen Brief. Er wolle diesen Tag alle kommenden 21 Jahre hindurch jährlich mit ihr feiern. Hoffte er, so alt zu werden wie sein Vater? »Heute blicke ich zurück auf die lange Zeit, die mir im Zusammenleben mit dir verging, und sehe, dass die Parzen uns viel bitteres Leid, aber auch viel süße Freude zugesponnen haben ... Mir fehlen die Worte, unsere Ehe zu preisen. Du warst mir alle Zeit eine liebevolle Gattin, ein guter Kamerad und zuverlässiger Steuermann in schwierigen Lagen, außerdem ein lieber Weggefährte und eine Mutter, wie es kaum eine zweite gibt.« Und er versprach ihr schon die Ehe für das künftige Leben. Aber in diesem letzten Jahr waren sie kaum noch zusammen, immer länger, immer hartnäckiger, immer unerklärlicher waren seine langen Abwesenheiten. Wollte er die anderen auf sein Fehlen vorbereiten? Hatte er Sophia nur geheiratet, um von jemandem getrennt zu sein? Verliert sich jeder Mythomane zuletzt in einer für ihn wesentlichen Einsamkeit?

Schliemanns letzte Wochen kennen wir aus den fast 50 Briefen, die er noch verfasste. Seit Amsterdam hatte er alles aufgeschrieben, was ihm zustieß. Er muss geahnt haben, dass das später interessieren, dass es eine historische Bedeutung annehmen werde, Seite um Seite führte er seinen Lebensroman fort, er schrieb, wie er es immer getan hatte, vom Umfang her wie ein Großschriftsteller. Er hatte keine Erzählung geschrieben, es sei denn, man betrachtet seine Autobiografie als solche, aber man würde für immer von ihm erzählen, sein Leben würde inspirieren, würde andere dazu bringen, indem sie ihn zu verstehen suchten, sich selbst besser zu verstehen, zu verstehen, warum sie schreiben wollen und was sie an diesem Duell mit dem Mythos fasziniert. Schliemann, das war ein Experiment mit einem Leben.

In diesem ständigen Schreiben, dieser Art von sich zu erzählen, war Schliemann über alles Geleistete und auch über alles Kleinliche, Menschliche, Lächerliche hinaus. Hier lag die eigentliche Größe des kleinen Mannes, in dieser Passion für den Mythos. Er war nicht nur eine Figur in einer Forschungsgeschichte (das war er auch und das war bedeutsam genug). Er war vor allem ein unterhaltsamer Lebenserzähler, auch wenn es um Schmerzen und Strapazen ging, wie bei der Operation in Halle, wo er am 9. November angekommen war und am 13. November operiert wurde. »Die Vorbereitungen waren nicht gerade amüsant, denn ich musste mich auf eine Bahre hinlegen ähnlich denen, auf welchen die Toten zerschnitten werden.« Die linke Ohrmuschel wurde abgeschnitten und wieder angenäht, da man nur so an die Stellen herankam, wo die Knochenwucherungen entfernt werden konnten. »Viel Wunderbares habe ich in meinem Leben gesehen, aber nichts so wunderbar wie das Anheilen in zwei Tagen einer abgeschnittenen Ohrmuschel.«

Aus Halle schrieb er an Virchow, dass er noch unter den Nachwehen der Operation leide, aber mehr noch schien er unter der Untätigkeit zu leiden, die ihm ganz und gar unerträglich sein musste. Deshalb hatte er sich von Brockhaus den arabischen Text von ›Tausendundeine Nacht‹ schicken lassen. Seine letzte Lektüre: die lebensverlängernden Märchen. Es quälte ihn, dass er nicht den alten Lebensrhythmus bewahren konnte. Bis zuletzt war er besessen und unermüdlich. Das hätte auch sein Grabspruch sein können.

An Sophia schrieb er: »Gar lästig ist es, nicht ausgehen zu dürfen und von Schmerzen gepeinigt zu werden, und dies besonders für einen Mann, der gewöhnt ist, täglich sich viel Bewegung zu machen, zu Pferd und zu Fuß, sich im Freien zu ergehen und im Meere zu baden; für einen Mann, der seinen Kopf durch Selbstbeherrschung kühl, seine Füße durch Leibesübungen warm und die Darmtätigkeit durch richtige Ernährung und ohne Arzneien in Ordnung zu halten pflegt.« In Inhalt und Stil das Selbstporträt eines Menschen in ewiger Bewegung, aber fast klang es so, als schriebe er sich selbst den Nachruf.

Er wollte der Herr der Schmerzen sein, die er sich zumutete, aber diese Macht verlor er nun, auch wenn er noch einmal seinen Willen durchsetzte und auf eigenes Risiko ohne Entlassungsurkunde aus Halle abreiste.

Ein letzter Gruß in die alte Heimat galt einem Klassenkameraden aus Neustrelitz: »Während ich mich in weiter Ferne habe durchquälen müssen, hast du das Glück gehabt, in der lieben Heimat, ja in deiner Vaterstadt zu Ehren und Vermögen zu kommen.« (8. Dezember 1890) Das waren die Scherze, die er nach seinem Leben nun machen konnte. Er fühle sich noch jung, kräftig, unternehmungslustig, schrieb er; als er sich vom Handel zurückzog, habe er überhaupt erst richtig zu arbeiten angefangen. Welcher Vater hätte ihm je eine verbummelte Existenz vorwerfen können?

Schliemann fuhr nach Berlin, besuchte Virchow, schenkte ihm für seine pathologische Sammlung eine kleine Schachtel mit den in Halle ausgemeißelten Knochenstückchen aus seinem Ohr. Sie schmiedeten noch Pläne für ihre nächste gemeinsame Reise, nach Mexiko vielleicht oder zu den Kanaren, jenen Inseln, auf denen Homer die Elysischen Felder ansiedelte und manche Mythendeuter das sagenhafte Atlantis vermuteten. Den Rastlosen trieb es weiter nach Paris, wo er einen Ohrenarzt konsultierte, und von dort nach Neapel. Aus dem Grand Hôtel telegrafierte er an Sophia: »Come state? Arriverò sabato mattina.« Aber ein neues Telegramm verschob seine Rückkehr auf Dienstagabend. Es waren die letzten Worte an Sophia, geschrieben in einer für beide fremden Sprache, als sei die Fremde die letzte Zuflucht der Liebe. Tatsächlich kehrte er am Dienstagabend nach Athen zurück, in einem Sarg.

Schliemann hatte sich diese Ersatzheimat in Athen geschaffen, ein Museum seiner erfüllten Träume, ein kitschiges Lebensrokoschlösschen. Und er hatte die imaginierte Idylle in Ankershagen nachgespielt, wenn auch nicht sehr erfreulich für alle Beteiligten. Nach diesen vergeblichen Versuchen brach seine tiefste Leidenschaft wieder hervor: das Reisen. Und zugleich wurde er von einem Mephisto wider Willen zu neuen Funden und zu gefährlichen Zweifeln getrieben. Er hatte seinen Schatz in Berlin deponiert, sein Name besaß einen großen Klang in allen europäischen Metropolen. Das großzügige Testament war geschrieben (sein Vermögen belief sich auf etwa 15 Millionen Francs), beide Familien waren darin bedacht, die griechische und die russische, aber auch Angehörige, Freunde und einstige Feinde aus aller

Welt, dazu wohltätige Institutionen. Der Entwurf für ein fürstliches Grabmal mit Reliefs, die ihn und Sophia in den Posen seines Lebens zeigen, zu errichten am höchsten Punkt des Athener Friedhofs, war schon Ernst Ziller anvertraut (Baukosten: 70 000 Francs).

Schliemann lebte im Lichte seiner Lebensmythen. Aber wo lag seine Wahrheit? Von Ankershagen nach Troia zog sich eine einzige Legendenspur. Alles verwies nur auf einen unerfüllbaren und deshalb unvergänglichen Traum. So blieb ihm nur, ein lächerliches Klischee zu erfüllen. Noch einmal Neapel sehen. Und dort sterben.

Von Schliemann zu Korfmann

Heinrich Schliemann war ein Genie des Glücks. Aber vielleicht traute er seinem Glück noch nicht genug. Denn er fand unendlich viel mehr, als er suchte, nur verstand er das niemals.

Über 100 Jahre nach Schliemanns Tod wird seit 1988 in Troia wieder gegraben, von einem großen internationalen Team unter Leitung des Tübinger Archäologen Manfred Korfmann. An jenem Ort, wo Schliemann Troia suchte, lag schon seit etwa 2500 vor unserer Zeitrechnung eine Stadt, die die Schifffahrt durch die Dardanellen und die westöstlichen Handelsrouten beherrschte, eine Hafenstadt an einer geschützten Bucht. Das erklärt ihren Reichtum und ihre Gefährdung. Gegen den oft heftigen Wind aus Nordost und die starke Strömung konnten die Schiffe auf dem intensiven Verkehr zwischen Griechenland und dem Schwarzen Meer in jener frühen Zeit noch nicht segeln, so mussten sie immer wieder Schutz suchen und manchmal von April bis Juni günstige Bedingungen abwarten.

Korfmanns Troia hat andere Dimensionen als das Troia Schliemanns, es ist nicht nur ein relativ kleiner Burgberg, sondern ein geschichteter Siedlungshügel mit einer Geschichte von 3000 Jahren, der 40 Bauphasen in 16 Meter Schutthöhe hinterließ, eine

Burg mit großer Unterstadt, ein 25 Hektar großes Handels-, Produktions- und Verkehrszentrum von überregionaler Bedeutung. Auch die von Schliemann (zur Widerlegung von Bötticher) vergeblich gesuchte Begräbnisstätte konnte gefunden werden.

Die Geschichte dieser Stadt spielte sich zwischen 2500 und 1500 v. Chr. in sieben Bauphasen ab. Schliemanns vermeintliches Troia gehörte einer sehr frühen Phase an, in der schon ein solcher Reichtum geherrscht haben muss, dass man sich dort goldene Grabbeigaben aus der Vorgängerphase leisten konnte, so auch den Schatz, den Schliemann dem Priamos zugerechnet hatte.

Die Namen, die wir nun lernen müssen, lauten aber ganz anders als bei Homer. Die Stadt ist identisch mit dem in hethitischen Urkunden genannten Wilusiya sowie Taruisa, also hatte es dort schon zwei Namen für eine Stadt gegeben. Auch ein Königreich Wilusa wird genannt. Aus diesen Verträgen und Briefen geht des Weiteren hervor, dass die Stadt im 13. Jahrhundert mehrere Angriffe von mykenischer Seite zu erdulden hatte. Es handelte sich um kein besonders mächtiges anatolisches Königreich, aber auch um kein unbedeutendes. Aus Wilusa wurde wohl im Griechischen (W)Ilios, in ägyptischen Quellen Wiry; aus diesen Quellen kennen wir auch einige Namen von Königen: Kukunni, Alaksandu, Walmu. Alaksandu schloss Verträge mit Hattuša ab, der Hauptstadt der Hethiter. Nachweisbar sind eine Zerstörung der Stadt durch ein Erdbeben um 1300 v. Chr. und eine weitere nach dem Wiederaufbau und einer neuen Blütezeit etwa 100 Jahre später, vermutlich durch Krieg.

Die Sprache und die Götter des Ortes waren nicht griechisch. Die Stadt gehörte dem anatolischen Kulturraum an, wie es auch ein wichtiger Fund von 1995 zeigt, der bisher einzige Schriftfund. Ein Bronzesiegel vom Ende des 12. Jahrhunderts v. Chr., zwei Zentimeter Durchmesser, konvex und beidseitig beschriftet in (hethitisch-)luwischer Sprache, nennt den Namen eines Schreibmeisters aus Wilusa sowie auf der anderen Seite den Namen seiner Frau.

Troia ist also wirklich ein Ort der Geschichte. Bleibt die Frage, ob es in der Bronzezeit einen Krieg um Wilusa gab, der die Dichter anregte, vielleicht weil er nicht durch Kampf, sondern durch ein Erdbeben entschieden wurde, was wie ein Eingriff der Götter erscheinen musste? Wie wurde die Kunde von diesem Krieg tradiert, wie wurde diese Überlieferung zur Basis eines großen Epos? Wie konnten Epen dieser Länge in der noch ganz jungen griechischen Schriftsprache im 8. Jahrhundert v. Chr. aufgeschrieben werden? Lauter Fragen, die je für sich stehen und doch miteinander zusammenhängen.

Ein Geflecht aus Wahrscheinlichkeiten macht noch keine historische Wahrheit. Es geht ja nicht nur um zutreffende Landschaftsbeschreibungen, sondern auch um Gestalten, um Mächtekonstellationen. Die Gesellschaft, die Homer schildert, enthält Elemente aus drei verschiedenen Epochen, der Bronzezeit des Krieges, dem dunklen Zeitalter danach und seiner eigenen frühen Eisenzeit. Lässt sich für die literarischen Inhalte von einer ähnlichen Akkumulation von Traditionen sprechen?

Wenn es auch Spuren gäbe von Krieg und Zerstörung, bliebe immer noch nachzuweisen, dass es jener Krieg war, den Homer meinte, wer immer Homer war, vermutlich ein Rhapsode aus Smyrna, der den Schauplatz sehr wohl gekannt, aber gewiss nicht das historische Ilion gesehen haben kann, bestenfalls Ruinen davon. Denkbar bleibt auch, dass eine bestehende Überlieferung an diesen Schauplatz »verlegt« wurde.

Man kann auch nicht ausschließen, dass jener Homer ganz ähnlich wie Schliemann jemand war, der es verstand, aus Elementen der Realität und überkommenen erzählerischen Versatzstücken eine kohärente Dichtung zu weben, die so suggestiv wirkte, dass man sie für historische Wahrheit halten konnte, vor allem weil sie auf einen realen Ort zentriert war.

Der neuen, allzu »realistischen« Deutung von Manfred Korfmann ist von anderen Archäologen widersprochen worden. So vermutet Dieter Hertel (München), dass die Bauphasen Troia VI und VII in Erdbeben untergegangen sind, dass es niemals eine direkte Auseinandersetzung zwischen »Troianern« und mykenischen Griechen gegeben hat, dass die Troas ab 1000 v. Chr. von Griechen besiedelt wurde, die sich ihre neue Heimat auch mythologisch aneigneten, indem sie einen troianischen Krieg ihrer Vorfahren als (Be)Gründungsmythos erfanden.

Im Deutungskrieg um Troia ist noch längst kein ewiger Frieden in Sicht. Die großen Bilder des Mythos verschwimmen im Ringen um Details aus der Siedlungsgeschichte. Troia gehört den Fachleuten. Uns aber interessiert Schliemann.

Schliemanns Paradox

»Es geht gar nicht darum, uns zu unserer Vergangenheit zu bekennen, unserer Lebensgeschichte, unseren Kindheitserinnerungen, sondern einfach nur darum, wie wir die anderen täuschen können, indem wir unsere Geschichte zu unserem Ruhm umschreiben. Wir sind nicht von unseren Erinnerungen besessen, sondern von der Erfindung von Erinnerungen, die zu unserem Vorteil ausgelegt werden können.« Das lässt der amerikanische Psychoanalytiker Israel Rosenfield in einem erfundenen Nachlass Sigmund Freud sagen, beim Nachdenken über Ruhm, Einfluss und Größenwahn. »Wir wissen und wollen es nur nicht zugeben, dass der Wert des Menschen, seine Reputation, oft genug an seiner Hochstapelei hängen, an seiner Fähigkeit zum Schummeln.« Kein Ruhm also ohne Bluff, ohne organisiertes Missverständnis. Vor allem wenn man den anderen als Autorität und Vorbild erscheinen will. Jede Form von Autorität enthält Züge von Megalomanie. Aber auch der Mythomane zeigt diese leicht psychotische Disposition, insofern gilt diese Deutung auch für Heinrich Schliemann.

Sigmund Freud hat sich sein Leben lang mit Schliemann beschäftigt, besonders zu Beginn seiner Theoriearbeit. In der Freude über die Fertigstellung seines großen Buches über ›Die Traumdeutung‹ schrieb Freud an seinen Berliner Kollegen Wilhelm Fließ: »Ich habe mir Schliemanns ›Ilios‹ geschenkt und mich an seiner Kindheitsgeschichte erfreut. Der Mann war glücklich, als er den Schatz des Priamos fand, denn Glück gibt es nur als Erfüllung eines Kinderwunsches.« (28. Mai 1899)

Freud hat die Tätigkeit des Psychoanalytikers immer wieder mit dem Ausgraben verschütteter Stätten der Vorgeschichte verglichen. Aus Anlass einer gelungenen Analyse, bei der er frühkindliche Erinnerungen an den Tag gebracht hat, schrieb er am 21. Dezember 1899 mit dem Ausdruck größter Zufriedenheit: »Es ist, als hätte Schliemann wieder einmal das für sagenhaft gehaltene Troia aufgegraben.« Und noch in einem seiner letzten Aufsätze (Über Konstruktion in der Analyse, 1939) findet sich ein ausführlicher Vergleich der Arbeit des Analytikers mit der des Archäologen.

Mit nur leichter Übertreibung kann man sagen, dass Freuds Theorie auch eine Fantasie über Schliemann war, dessen Lebensgeschichte er schon früh gelesen hatte. Zwar finden sich bei Schliemann durchaus Freud'sche Elemente (seine große Aufmerksamkeit auf Träume zum Beispiel), aber das Prekäre daran ist, dass Freud Schliemanns geschönte Biografie als Realität nahm. Beruht Freuds Theorie von der Seelenarchäologie also auf einer Art angewandter Mythomanie?

Lebensmythen

Der französische Kunsthistoriker Georges Perrot hatte Recht, als er einmal an Heinrich Schliemann schrieb: »Sie sind es wert, dass man einen neuen Begriff für Sie erfindet.« Was hier erzählt wurde, ist die Geschichte eines Mythomanen. Dieser Begriff scheint keine rechte Konsistenz zu haben, dafür einen leicht abfälligen oder gar pathologischen Beigeschmack. Er ist aber durchaus analytisch gemeint und keineswegs als Allerweltswort, handelt es sich doch auch um kein Allerweltsphänomen. Zwar muss man zwischen Mythos im Sinne der antiken Götter- und Heldensagen, Mythen des Alltags und lebensgeschichtlicher Aufschneiderei unterscheiden, bei Schliemann aber ging das eine in das andere über. Seine private Mythomanie machte ihn bereit für Mythen anderer Art und Dimension.

Wesentlich ist, dass er sein Leben in eine exemplarische Geschichte verwandelte, um selbst zur Figur und zum Mythos zu werden. In diesem Sinne hat er schließlich auch Troia seinem privaten Legendenschatz einverleibt. Dabei gilt für ihn, was sich die Theaterfigur Peer Gynt erhofft: den Gipfel der Macht erreichte er nicht durch Geld, sondern durch »Steigerung meiner Person«. Das ist das Motto aller Mythomanen. Man kann gar nicht aufhören Peer Gynt zu zitieren, um sich ein Bild von Schliemann zu machen, der sich doch so viel Mühe gab, im bürgerlichen Sinne seriös und respektabel zu wirken. Der Mythomane ist eine Art Chimäre aus Dichter und erdichteter Figur.

Bei Platon gibt es für die Tätigkeit der Dichter das Verb *mythologein*, (Politeia 501e und 376d), es meint, zur Muße Geschichten erzählen, die dem Wahren ähnlich sind. Der Dichter Hesiod lässt in seiner ›Theogonie‹ (Verse 27f.) die Musen vom Heiligen Berg Helikon sagen: »Wir wissen viel Falsches zu sagen, dem Wirklichen Ähnliches; wir wissen aber auch, wenn wir wollen, Wahres zu verkünden.«

Eben dies tut ein Mythomane, etwas vorbringen, in erzählender oder bildlicher Form, was man für eine wahre Begebenheit halten soll und was doch seiner Fantasie entspringt, oder besser: einem freien, schöpferischen Umgang mit Elementen aus der Wirklichkeit. Dies sichert seiner Person größere Aufmerksamkeit und verleiht seiner Geschichte einen gewissen Glanz.

Mythomanie ist ein Wort, das sich eher der französischen Sprache anschmiegt. Es wurde erstmals im März 1905 von dem französischen Arzt Emile Dupré als psychiatrischer Begriff in Zusammenhang mit Phänomenen der Hysterie gebraucht. Meistens bezeichnete es eine pathologische Tendenz zum Fabulieren, zum Vorbringen von halb wahren oder erlogenen Geschichten, die die eigene Person herausstellen sollen, eine Form seelischen Ungleichgewichts mit einer mehr oder weniger bewussten Neigung zur Simulation. Virchow nannte diesen Zug bei Schliemann einen »Fehler des Gemüts«, den er aber akzeptierte, weil er dessen kreative Seite erkannte.

Mit Mythomanie meine ich den Hang zur Verklärung des eigenen Lebens, das in einen heroischen Kontext gestellt wird und durch den Abglanz des Irrealen oder Mythischen aus ursprünglicher Dunkelheit (durch die Herkunft oder durch erlittene Kränkungen) in den Glanz der öffentlichen Geltung rückt. Ich glaube, dass dies aus einem tiefen Antrieb heraus geschieht, es geht nicht um naives Betrügen, und dass es immer auf der Kippe zum Pathologischen steht, wenn es nicht kreativ verwandelt werden kann.

Heinrich Schliemann wollte die Wahrheit einer Legende, einer Dichtung nachweisen, aber im selben Zug hat er sein eigenes Leben legendenhaft verklärt. Das ist sein grundlegender Widerspruch, ja, man könnte einen Begriff dafür prägen: Schliemanns Paradox. Es geht nicht darum, Schliemann zu entlarven, sondern darum, seine unvergleichliche Persönlichkeit sichtbar zu machen, deren Widersprüche und deren Modernität erst heute recht begreiflich wird. Hinter allen Legenden scheint ein ganz anderes Leben auf. Diese höhere Poesie, zusammengesetzt aus einem feinen Widerspiel von Dichtung und Wahrheit ist es, die hier interessiert.

Der Pfarrerssohn aus Ankershagen, der Ladengehilfe aus Fürstenberg, der Bürobote aus Amsterdam, der Kaufmann aus Sankt Petersburg, der Goldhändler aus Sacramento, der weltweit investierende Geschäftsmann, dessen Reichtum seine Unabhängigkeit und Studien und weltweite Reisen ermöglichte, war eine Märchengestalt. Er war ein Suchender, aber er war kein Träumer! Er suchte nicht die Blaue Blume, sondern er handelte mit Indigo. Er kannte die Kurse und die Routen, er wusste, wo er investieren und wie er sich in Szene setzen musste, aber er hatte die Seele eines Dichters. Das Kunstwerk, das er schuf, war sein verklärtes Lebensbild, seine Idealgeschichte. Die Arbeit an dieser Idealgeschichte seines Lebens betrieb er von Anfang an und die lebenslange Arbeit daran machte seine Kontinuität, seine Einheitlichkeit, seine eigentliche Persönlichkeit aus. Und es war ihm wesentlich, dass seine Lebensgeschichte öffentlich wurde, anerkannt wurde, als hätte er etwas zu beweisen. Dieser Drang macht den eigentlichen Mythomanen aus, der nur im Echo der Öffentlichkeit existieren kann.

Insofern stellt das Leben von Heinrich Schliemann nicht nur die Frage nach der Realität des Imaginären (in Sachen Troia/Homer), sondern auch nach dem Imaginären der Realität. Beides ist schwer voneinander zu trennen und Heinrich Schliemann legte es bewusst darauf an. Der Mythomane sucht den Konnex mit herrschenden Mythen (seiner Zeit oder der Zeitlosigkeit) – Revolution, Abenteuer, Liebe, Kunst, Résistance ... Ein Mensch erreicht den Mythos, die Sphäre des reinen Imaginären, aber nur im Abglanz, im Bild, in der Erzählung, im Kunstwerk und nur indirekt als Künstler, denn die Arbeit im Felde des Imaginären ist selbst nicht imaginär.

Der Biograf kann sich nicht beklagen, in Schliemanns Leben passen alle Motive gut zusammen, die Schauplätze sind gut gewählt, spektakulär, eindringlich, vom Golden Gate über die große Chinesische Mauer bis zur letzten Szene in Neapel. Er ist nicht irgendwo auf seiner endlosen Reise verloren gegangen, er hat sein Leben ästhetisch und faktisch abgerundet. Nur der Geburtsort Neubukow erschien ihm als Schicksalsfehler, den er dann auch bei Gelegenheit korrigiert hat. Ankershagen klingt viel besser und deutet eben die mentale Verankerung im Kindheitstrauma an und die Notwendigkeit des Losreißens, und sei es um den Preis eines Schiffbruchs. Das Kind aus Ankershagen, das in Fürstenberg nur Lehrling war, kam im neuen Leben per Schiffbruch an, konnte an fürstlichen Orten leben, wurde von großen Persönlichkeiten empfangen (tatsächlich oder eingebildet), bis es schließlich die Fürstenburg von Troia fand. Heinrich Schliemann, das ist eine Erfolgsgeschichte, ein Mythomane im Glück. Hätte man ihm mehr Tragik wünschen sollen, damit er literarisch interessanter wirke?

Bei Schliemann kann es nur darum gehen zu verstehen, was die Archäologie und speziell Troia in seiner mythomanischen Selbstsicht zu bedeuten hatten. Die Realität von Troia war oder wurde der Eckstein und Ankerpunkt seiner Identität. Deshalb musste er 1869, bevor er ans Werk gehen konnte, sein ganzes Leben umbauen, mit Ortswechsel und Heirat und einem komplizierten amerikanischen Abstecher; er musste sich nicht nur materiell, sondern auch privatmythologisch vorbereiten. Deshalb war sein hartnäckiger Glaube kein »Fehler«, keine »Naivität«, sondern etwas für ihn Wesentliches. Es ging ihm eben nicht nur um Homers Troia, sondern immer auch um *sein* Troia.

Freilich hat die Privatmythologie von Heinrich Schliemann nichts zu tun mit der Frage nach Homer, nach Troia, nach der mykenischen und der hethitischen Kultur. Heinrich Schliemanns Leben gehört zur menschlichen und literarischen Archäologie des 19. Jahrhunderts und zugleich zum Fundus literarischer Stoffe.

Schliemanns private Troia-Legende konnte sein Identitätsproblem lösen und seine Mythomanie befriedigen, seinen Wunsch, das eigene Leben in ein öffentliches Schauspiel zu verwandeln. Als Millionär, als Sprachgenie und als Weltreisender gelang ihm das noch nicht. Die Struktur dieser Legende ermöglichte ein neues Selbstbild, das zugleich eine Rückbindung an die Heimat, das Dorf, die eigene Familie, den Vater und ein vermeintlich ursprüngliches Selbst gewährleistete. Aber diese Legende blieb ein Konstrukt. Das verhinderte nicht, dass es von großer Vitalität war. Das zeigte sich, wenn Schliemann beleidigt war und aufbrausend, wütend, grob wurde – und also das Temperament seines Vaters durchschlug. Die eingebildete Welt war jederzeit einsturzgefährdet und das erlebte er als subjektive Bedrohung.

In seiner Legende erlöste Schliemann zuletzt auch noch den Vater, machte ihn zum Boten von Vater Homer. Das Schurkenstück, die grobe Täuschung, das erfundene Leben enthielt in seinem Kern eine barmherzige Tat, eine rührende Geste. Das war die menschliche Wahrheit dieser biografischen Lüge. Heimat und Vater waren gerettet, Heinrich Schliemann mit seinem ganzen Leben versöhnt. Aber nur in der Legende, denn in der Wirklichkeit, das heißt in den Grenzen von Zeit und Existenz, ist keine Vergangenheit zu retten. Das gelingt eben nur im Mythos.

Der fremde Passagier

»Vieler Menschen Städte erblickte er und lernte ihre Denkart kennen«, sagt die ›Odyssee‹ schon im dritten Vers von ihrem Helden, und das gilt auch für Heinrich Schliemann, der Länder und Menschen und Sprachen auf rastloser Reise kennen lernte. Durch Schwindel war er amerikanischer Staatsbürger geworden. Es sollte seine Scheidung erleichtern (die auch nicht ohne Schwindelei abging) und seine Grabungen in Troia. Er wurde Holländer, Russe, Amerikaner, Franzose und zuletzt auch Grieche; Deutscher und Mecklenburger blieb er obendrein. Sein Heimatdialekt war nur eine Sprache mehr in seinem Arsenal. Eigentlich müsste man nicht nur die literarischen Formen, sondern auch die Sprachen wechseln, von Plattdeutsch bis Altgriechisch, je nachdem, welchen Abschnitt aus seinem Leben man erzählt. Im Klang und im Satzbau der verschiedenen Sprachen erscheint auch er jeweils ein bisschen anders und bleibt doch in diesem Wandel immer er selbst.

Auch das gemahnt an Peer Gynt, der »nun also Ägypter – abwechslungsweise« sein kann, und zwar »Ägypter aufgrund meines Gynt'schen Ichs« (IV. Akt). Sein Selbst besteht als Vielfalt von Wünschen und Begabungen: ein Mann mit (zu vielen) Eigenschaften und geliehenen Identitäten, das »Gynt'sche Heer von Wünschen, Lüsten und Begehr«. Es ist ein Selbst, das sich nur durch Aufnahme von anderem konstituiert.

Die Fremde, das andere, fand Schliemann zuerst in den Sprachen. Der Nutzen im Geschäft bedeutete dabei nur einen Aspekt: Die Sprache brachte ihn in die Fremde, an neue Plätze, veränderte sein Leben und ihn selbst.

Die Fremde, der andere Ort, war leicht austauschbar. Für Schliemann kam es nicht auf diesen oder jenen Ort an. Er wechselte die Städte, die Länder, die Sprachen wie andere Leute ihre Hemden. Es war eine Leidenschaft, die sich aus einem unbewussten, unerklärten Drang speiste. Amsterdam, Sankt Petersburg, Paris, New York, Athen … Er hielt es sogar eine Weile in der alten Heimat aus, die ja von Athen her auch nur eine exotische Etappe mehr bedeutete. Aber er zweifelte nicht daran, dass er auch in Oberitalien, in Neapel, in Brasilien oder in Paris leben könnte. Die Sprache war ja nie ein Problem. Dieser Händler importierte sich selbst. Er lebte überall aus Überzeugung. Aber nur auf Zeit. Denn selbst in Athen, wo er endlich Frau, Kinder, Haus und einen großen Namen hatte, hielt er es auf Dauer nicht aus. Er musste reisen, immer wieder. Und so starb er auch unterwegs. Dieser Odysseus hatte kein Ithaka.

Aber er hatte eine Sprache, in der er eine seelische Heimat

konstruierte: das Altgriechische. Der Mecklenburger Schliemann war einer der Letzten, für den Homers Sprache noch eine lebendige Sprache war. Mythomanen leben im Abgelebten, Unbelebten, Symbolischen, das ist ihre Sphäre, eine Art Jenseits im Hier. Und aus diesem Impetus fand er auch zur Archäologie.

Seine Identität war aus chronologischen Schichten gebaut wie der Hügel von Hissarlik. Die kleine Burg des Selbst glich einem archäologischen Forschungsfeld. Ein Selbst aus lauter Fremdheiten, die den (jungfräulichen?, mütterlichen?) Urboden von Ankershagen überlagert hatten, die er sich, wie fehlerhaft und partiell auch immer, zu Eigen gemacht hatte. Obenauf zuletzt der Archäologe, der Autor, der berühmte Mann. Darunter der Reisende, der sich nicht um die reale Welt kümmerte, sondern seine eigene Erdkarte zu haben schien. Dann der Schreibende, der Bücher hinterlassen wollte, die ihren Wert nie verlieren würden. Darunter der Kaufmann und Investor in aller Welt. Eine Schicht tiefer der zähe Mensch in seinem Kontor, am Stehpult, der Briefe schrieb, Investitionen tätigte. Noch darunter der Lehrling und Laufbursche mit den unerlösten Träumen. Und zuunterst das trostlose Kind, traurig, gedemütigt, auffahrend, schmächtig, verprügelt, ausgeschimpft, das nie vergaß, wie das ganze Dorf sich zusammenrottete und den Vater in derben plattdeutschen Sprüchen verfluchte, wie der Name Schliemann als Schandname über die Straßen und Felder von Ankershagen schallte. Aber in welchem Namen würde Ankershagen weltberühmt werden, wenn nicht im mythischen Namen Schliemann, der so viele Geschichten zusammenfasste?

Die Mythomanie war das einzig Stete in seinem unsteten Leben. Er hatte alle schlechten Eigenschaften des Vaters, Jähzorn, Selbstsucht, Aufschneiderei, Unbeständigkeit, allerdings wohl nicht dessen Sinnlichkeit; dafür besaß er Disziplin, Härte gegen sich selbst, Ehrgeiz.

Sein Weg führte ihn in die Fremde, aber immer wieder neu, von jedem erreichten Punkt aus. Immer neue Traumziele nannte er, Orte, an denen er sich für immer niederlassen wollte, obwohl er eben dies nicht konnte: bleiben. Er hätte Vergil zitieren können: Auch mein Schicksal ist es, Land in der Ferne zu suchen. Exogamie der Seele, Magnetfeld des Herzens, das sich nur in der

Fremde verschwistern kann. In gewisser Weise erfüllte sein Leben den romantischen Begriff der unendlichen Fahrt. Selbst mit einer Polarexpedition hatte er sich zumindest gedanklich oder als möglicher Sponsor befasst.

Im Glanz des Namens Troia wurde seine Suche dingfest. Hier war Raum für das Reale und das Imaginäre, und hier konnte er Glanz und Ruhm erwerben, weltweite Anerkennung, Umgang mit bedeutenden Persönlichkeiten. Hier konnte er alle offenen und heimlichen Wünsche erfüllen. Deshalb musste es auch real sein, musste es wirklich das Troia Homers sein. Nur so erfüllte es den »großen Zweck meines Lebens«.

Aber weil er sein Ziel durch Zufall fand, musste er eine Notwendigkeit daraus machen und die konnte nur im Bezug zu seiner Kindheit liegen, als Leitmotiv seiner Lebensgeschichte. Es schien ihm nötig, sich psychologisch und lebensgeschichtlich zu rechtfertigen. Von der Motivation her stimmte es ja auch, wenn auch nicht vom Inhalt. Nicht Troia war sein Traum gewesen, aber im Traum von Troia kreuzten sich für ihn Vergangenheit und Zukunft, große Geschichte und eigene Geschichte, Mythos und Wahrheit, Aufdecken und Umdeuten. Zugleich konnte er seine Neigung zum Fabulieren ausleben.

Dem Inhalt nach war es eine nachträgliche Ausgestaltung, dass Heinrich Schliemann schon als Kind davon träumte, Troia zu finden und auszugraben. Mag sein, dass Troia oder Homer zu Hause Thema waren, mag sein, dass er Jerrers ›Weltgeschichte für Kinder‹ besessen hatte, obwohl auch das unwahrscheinlich ist, denn der Namenszug auf dem Exemplar in seinem Nachlass zeugt schon von kalligrafischer Schulung. Von Ausgrabung konnte der kleine Heinrich um 1829 noch gar nichts wissen, denn es gab noch keine systematische Archäologie. Die erfundene Erzählung besitzt gleichwohl einen psychologisch wahren Kern: Die Tätigkeit, die der Mann aus Ankershagen schließlich fand, Reisen, Ausgraben, Publizieren, war die Art von Leben, die seinem Charakter, seiner vielfältigen Persönlichkeit und insofern seinen tiefsten Wünschen entsprach.

Sein Antrieb war nicht Goldsuche, sondern der Wunsch, sein eigenes Leben zu vergolden, damit es ein schönes Märchen sein möge, eine Geschichte mit einem guten Ende (weshalb er immer schon vom Ende der Arbeiten in Troia sprach, als sie gerade erst interessant wurden), eine Geschichte, die seine eigene Vergangenheit vergoldete und darin dem Vater eine positive Rolle zuwies, nicht dem realen unleidlichen, lüsternen, liederlichen, verschwenderischen, streitbaren Alten, sondern dem »Vater von Heinrich Schliemann«.

Das ist Schliemanns romantisches Paradox zwischen Wahrheit und Sage, Aufklärung und Verklärung, Leistung und Legende.

Mit der Archäologie, wie er sie verstand, gab der Rastlose, Vielfältige, Unstete seinem Leben Kohärenz und Sinn, eine Einheit und Kontinuität, die es niemals besessen hatte. Darin liegt der tiefste Grund und die eigentliche seelische Leistung der Mythomanie: sie verleiht eine höhere Identität. Und sie zeigt, was Identität eigentlich ist: eine angeeignete Geschichte, die sich wie etwas Urvertrautes erzählen lässt, ein lebendes Gemälde, in dessen Zentrum das Ich des »Helden« steht.

Aber diese geliehene Identität ist prekär wie eine Maskerade. Sie ist in gewaltiger Anstrengung und permanenter Verstellung errungen worden. Und sie bedarf des Publikums, das sie akzeptiert und bestätigt. Der Mythomane ohne Akklamation ist nicht besser als der Idiot in seiner Zelle. Spötter und Kritiker kann er schon gar nicht gebrauchen. Selbstironie ist ihm meistens fremd. Dass er auch Gegenstand von Karikaturen und Satiren wurde, schmeckte Schliemann gar nicht, diese Form des Ruhms verstand er nicht.

Der Mythomane, der es bei purer Selbstinszenierung belässt, ist freilich bedenklich. Er wäre bloßer Dandy. Schliemann gehörte zu einer anderen Kategorie, zu den Mythomanen der Tat. Er leistete ja wirklich etwas, er machte ja tatsächlich Epoche, so sehr, dass seine persönlichen Antriebe und seine Art der Selbstdarstellung dagegen nur als Marotte, als Spleen erscheinen. Ihn als Mythomanen zu zeigen bedeutet keineswegs eine Herabsetzung, es ist der einzige Weg, ein Gesamtbild seiner Person und seines unwahrscheinlichen Lebens zu geben. Und nur so lassen sich auch die Grenzen seiner Ausübung der Archäologie erklären. Denn was ihn überhaupt zu dieser Disziplin und zu seinem eigentlichen Ort gebracht hatte, setzte ihm auch Grenzen, über die er nicht hinausgehen konnte.

Der Kampf um Anerkennung führte Heinrich Schliemann nach Troia und seinen Troianischen Krieg hat er gewonnen. Er war auch hierin ein Kriegsgewinnler. Von Troia her wird man immer auch an die Geschichte von Heinrich Schliemann denken, als hätte er sich heimlich unter die Gestalten von Homer geschmuggelt, als Vergangenheitssucher, der die Ewigkeit fand.

Und doch ist er über alle Versuche hinaus, ihn beschreibend, erzählend einzufangen. Man kommt ihm nicht wirklich nahe. Das Bild dafür ist sein Tod in Neapel. Heinrich Schliemann starb, wie es seinem Leben entsprach, allein, auf Reisen, in der Fremde, unterwegs nach Pompei, das realer Ort und Mythos zugleich war, ein Wunder der historischen Erinnerung, Keimzelle der modernen Archäologie, Zeugnis des in einer Katastrophe versteinerten Lebens, das Ausgräber und Besucher noch Jahrhunderte später in den Bann schlägt.

Fast wäre er dort verschollen, anonym gestorben, unerkannt beerdigt worden. Heinrich Schliemann wäre im Dunkel der Legende verschwunden, allerlei Geschichten hätten sich um sein Lebensende gerankt, man hätte Parallelen gezogen zu Winckelmanns Ermordung in Triest. Aber auch ohne diesen letzten Effekt war Schliemanns Leben ein grandioses und völlig kohärentes Gewebe aus Dichtung und Wahrheit, eine Fundgrube für Erzähler und ein Grabungsort für Analytiker. Nur er selbst ruhte endlich jenseits aller gelebten Widersprüche. Wer er eigentlich gewesen ist, dieser fremde Tote aus Neapel, bleibt immer noch herauszufinden. Zuletzt entgleitet er uns allen.

Bibliografisches Nachwort

Einige von Heinrich Schliemanns Werken sind ganz oder in Auszügen nachgedruckt worden, so auch sein erstes Buch über die Ausgrabungen in Troia, erweiterte und illustrierte Fassungen seiner Zeitungsartikel, in Tagebuchform:
Heinrich Schliemann, Bericht über die Ausgrabungen in Troia in den Jahren 1871 bis 1873. (Ursprünglich: Leipzig, 1874), neu: München, Zürich 1990. Mit einem Vorwort von Manfred Korfmann.
Heinrich Schliemann, Mykenae. Bericht über meine Forschungen und Entdeckungen in Mykenae und Tiryns. Reprint der Ausgabe von 1878. Mit einem Vorwort von Ernst Meyer. Darmstadt 1966.
Von den auszugsweisen Nachdrucken sei nur erwähnt:
Heinrich Schliemann auf den Spuren Homers. Hg. v. Wilfried Bölke. Stuttgart 2000. (Abschnitte aus Briefen und aus Büchern, chronologisch geordnet)

Das vorliegende Buch fasst Ergebnisse der Schliemann-Forschung der letzten Jahre zusammen und versucht sie durch eine textkritische Untersuchung von Schliemanns Lebenslegende zu ergänzen. Anreger und Vorreiter der neuen Schliemann-Forschung ist William M. Calder III, der seit 1972 mit mehreren Beiträgen auf die Ungereimtheiten in Schliemanns autobiografischen Texten hinwies.
William M. Calder III: Men in Their Books. Studies on the Modern History of Classical Sholarship. Hildesheim, Zürich, New York 1998.
Außerdem:
William M. Calder III und David A. Traill (Hg.): Myth, Scandal and History. Detroit 1986.
Eine erste Synthese zu einem neuen Schliemann-Bild findet sich bei:
David A. Traill: Schliemann of Troy. Treasure and Deceit. Das Buch erschien zuerst in Oxford 1995, bei Schliemanns einstigem Verlag John Murray; diese Ausgabe sowie eine amerikanische Taschenbuchausgabe sind aber schon vergriffen.
Der Historiker Justus Cobet hat sich immer wieder mit der Frage befasst, wie man das Leben Schliemanns erzählen kann und soll. Eine knappe und anregende Gesamtdarstellung findet sich in seinem Buch:
Justus Cobet: Heinrich Schliemann. Archäologe und Abenteurer. München 1997.
Der Horizont aller Fragen in Sachen Schliemann, Homer und Troia wird ausgeleuchtet in dem Sammelband:
Heinrich Schliemann nach hundert Jahren. Hg. von William M. Calder III und Justus Cobet. Frankfurt a. M. 1990.

Das erste wirkliche Porträt von Sophia Schliemann sowie eine fundierte, einfühlsame und erhellende Untersuchung von Schliemanns griechischer Ehe findet man bei:
Danae Coulmas: Schliemann und Sophia. Eine Liebesgeschichte. München, Zürich 2001.

Den neuesten Wissensstand der Archäologie auf der Basis der neuen Ausgrabungen seit 1988 unter Leitung des Tübinger Archäologen Manfred Korfmann zeigt der reich illustrierte Katalog zu der Ausstellung ›Troia. Traum und Wirklichkeit‹. Hg. u. a. vom Archäologischen Landesmuseum Baden-Württemberg. Stuttgart 2001. Allerdings zeigt sich hier noch eine leichte Verklärung der Per-

son Schliemanns und eine zu starke Tendenz zur realistischen Auffassung der homerischen Fragen. Dass hierbei vieles Hypothese bleiben muss, zeigt auch:
Joachim LATACZ: Troia und Homer. Der Weg zur Lösung eines alten Rätsels. München, Berlin 2001.
Eine knappe und gut illustrierte Zusammenfassung der neuen Grabungsgeschichte findet man in:
Manfred KORFMANN und Dietrich MANNSPERGER: Troia. Ein historischer Überblick und Rundgang. Stuttgart 1998.
Die neuen Deutungen des Korfmann-Teams finden natürlich auch Widerspruch, so in:
Dieter HERTEL: Troia. Archäologie, Geschichte, Mythos. München 2001.
Wem die Argumentation im neuen Deutungsstreit der Archäologen zu kompliziert wird, der findet jetzt eine übersichtliche und auch für Laien verständliche Darstellung bei:
Michael SIEBLER: Troia. Mythos und Wirklichkeit. Stuttgart 2001.

Ein großes intellektuelles Vergnügen bereitet immer noch eine rein textinterne Untersuchung der Epen unter Einbeziehung der modernen Erzählforschung:
Uvo HÖLSCHER: Die ›Odyssee‹. Epos zwischen Märchen und Roman. München 1988, Neuauflage 2000.
Zur Frage des Wirklichkeitsbezuges der homerischen Epen kann man sich anregen lassen von den Beschreibungen und Bildern in:
John V. LUCE: Die Landschaften Homers. Aus dem Englischen von Karin Schuler. Stuttgart 2000.

Zum Verbleib des »Priamos-Schatzes« nach 1945 lese man:
Armin JÄHNE: Geheimsache Troia. Der Streit um Schliemanns Gold. Leipzig 1998.
Die besten Abbildungen des Schatzes bietet der Katalog zur russischen Ausstellung von 1996, mit einer wichtigen Beilage zur deutschen Ausgabe:
Der Schatz aus Troia. Schliemann und der Mythos des Priamos-Goldes. Katalogbuch zur Ausstellung in Moskau 1996/97. Stuttgart, Zürich 1996.
Ausführlich auf die Geschichte des Schatzes nach 1945 geht auch ein im Rahmen einer detaillierten Darstellung von Schliemanns Leben, die aber nicht ganz frei ist von romanhaften Elementen:
Philipp VANDENBERG: Der Schatz des Priamos. Wie Heinrich Schliemann sein Troia erfand. Bergisch-Gladbach 1995.

Die Träume und Fantasien von Schliemann und eine psychoanalytische Deutung seiner Leidenschaft für die Archäologie gibt, auf der Basis umfangreicher Studien von Schliemann-Tagebüchern:
William G. NIEDERLAND: Analytische Studie über das Leben und Werk Heinrich Schliemanns. In: Psyche 18, 1965, 563–590. Neu in: Alexander Mitscherlich Hg., Psycho-Pathographien des Alltags. Frankfurt a. M. 1982.
Ders.: Heinrich Schliemann in tiefenpsychologischer Sicht. In: Carolinum 37, 1971, 34–41.
Ders.: Das Schöpferische im Lebenswerk von Heinrich Schliemann. In: Provokation und Toleranz. Festschrift für A. Mitscherlich. Frankfurt a. M. 1978.

Besonders in Amerika hat es immer wieder romanhafte Darstellungen der Geschichte Heinrich Schliemanns und seiner Frau Sophia gegeben, meist sehr unbekümmert um die Realitäten und literarisch nicht immer auf hohem Niveau. Bei den einen regt Schliemann eben die erotische Fantasie an, bei den anderen die theoretische.
Interessant ist das französische Theaterstück von Bruno Bayen: Schliemann. Episodes ignorés. Es entstand 1989 und wurde zur Grundlage für die Oper ›Schliemann‹ von Betsy Jolas, die 1995 in Lyon unter der Leitung von Kent Nagano uraufgeführt wurde.
Trotz aller Anfeindungen und Kritiken nach wie vor lesenswert ist das elegant geschriebene Buch von Emil LUDWIG, Schliemann. Geschichte eines Goldsuchers. Es erschien 1932, wurde nach dem Krieg noch einmal nachgedruckt, ist heute aber nur noch schwer zu finden. Die Goldsucher-These verfehlt Schliemann, spielt bei Ludwig aber keine große Rolle, bleibt rein äußerlich, schon ihm geht es viel mehr um dessen Mythomanie und Psychologie.

Die Briefe Schliemanns wurden in Auswahl erstmals publiziert im Jahr 1936. Der Herausgeber, Ernst MEYER, passte sich in seinen Kommentaren der Denkweise und der Sprache der Nationalsozialisten an, unterließ auch antisemitische Seitenhiebe auf Emil Ludwig nicht. 1953 und 1956 edierte Meyer eine zweibändige Auswahl der Briefe, aus der die völkischen Töne zwar entfernt wurden, in der er sich nachträglich aber noch beim einstigen Propagandaministerium bedankte, das ihn 1938 bei Studien in Athen unterstützt hatte. In der deutschen Besatzungszeit trat Meyer in Athen in deutscher Uniform auf; er hat damals Teile aus Schliemanns Nachlass entwendet, die seit 1945 als verloren gelten. Inzwischen ist längst evident, dass Meyer einige wichtige Briefe (wie den aus Amsterdam 1842) nur in entstellter Form abgedruckt und auch sonst einiges an Schliemanns Nachlass manipuliert hat, um ein bestimmtes Schliemann-Bild zu retten. Meyer (1888–1968) war gewiss ein exzellenter Kenner der Schriften Schliemanns und seine Ausgabe der Briefe ist noch unverzichtbar, gleichwohl bleibt bei all dem ein übler Beigeschmack.
Über den Umfang und den Zustand des Schliemann-Nachlasses berichtet:
D. F. EASTON: The Schliemann Papers. In: The Annual of the British School at Athens 77, 1982, 93–110.

Eine anschauliche und gut dokumentierte Schilderung von Schliemanns Beziehung zu seiner Heimat Mecklenburg, insbesondere über seine Familiengeschichte findet man bei:
Wilfried BÖLKE: Heinrich Schliemann. Ein berühmter Mecklenburger. Schwerin 1996. Der Verfasser hat auch an anderer Stelle entscheidend zur Aufklärung der Vorgänge um Schliemanns Vater beigetragen, so in:
Wilfried Bölke: Heinrich Schliemann und Ankershagen. Heimat, Kindheit und Elternhaus. Mitteilungen aus dem Heinrich-Schliemann-Museum in Ankershagen. Heft 2, 1988.
Die verschiedenen Ausgaben der Mitteilungen aus dem Heinrich-Schliemann-Museum in Ankershagen seit 1988 bieten wertvolle Materialien zur Biografie, insbesondere das Heft 5 von 1997 mit Beiträgen von Justus Cobet, William Calder III, Wilfried Bölke, Joachim Mai u. v. a.
Interessante Details zu Schliemanns Schullaufbahn enthält:
CAROLINUM. Historisch-literarische Zeitschrift. Göttingen 1971, Nr. 60/61.
Aufsätze zu einzelnen Schliemann-Themen finden sich in der archäologischen Zeitschrift STUDIA TROICA, die die neuen Ausgrabungen in Troia unter Leitung von Manfred Korfmann Jahr um Jahr dokumentiert. Verwiesen sei vor allem auf folgende Abhandlungen:
Martin EMELE: Heinrich Schliemanns Kenntnisstand zu Troia VI im Jahre 1890. (Bd. 3, 1993).
Marcelle ROBINSON: Frank Calvert and the Discovery of Troia (Bd. 5, 1995).
Egert PÖHLMANN: Homer, Mykene und Troia (Bd. 2, 1992).
Manfred KORFMANN: Die Forschungsplanung von Heinrich Schliemann in Hissarlik-Troia und die Rolle Wilhelm Dörpfelds (Bd. 3, 1993).

Weitere Titel:
Christian ANDREE (Hg.): Über Griechenland und Troia, alte und junge Gelehrte, Ehefrauen und Kinder. Briefe von Rudolf Virchow und Heinrich Schliemann. Köln, Wien 1991.
Domenico BASSI: Il carteggio di Giuseppe Fiorelli. Gli scavi di Troia. Lettere di Enrico Schliemann. Napoli 1926.
Rüdiger BERNHARD: Henrik Ibsen und die Deutschen. Berlin 1989.
Trevor BRYCE: The Kingdom of the Hittites. Oxford 1998.
J. M. COOK: The Troad. An Archeological and Topographical Study. Oxford 1973.
Hartmut DÖHL: Heinrich Schliemann – Mythos und Ärgernis. München und Luzern 1981.
Detlev FEHLING: Die ursprüngliche Geschichte vom Fall Troias. Interpretationen zur Troia-Geschichte. Innsbruck 1991.
Andrea GORYS: Wörterbuch Archäologie. München 1997.
Mark LEHRER und David TURNER: The Making of an Homeric Archaeologist: Schliemann's Diary of 1868. In: The Annual of the British School at Athens 84, 1989, 221–268.

Eli LILLY: Schliemann in Indianapolis. Indianapolis 1961.
Franz Georg MAIER: Von Winckelmann zu Schliemann. Archäologie als Eroberungswissenschaft des 19. Jahrhunderts. Opladen 1992.
Aufzeichnungen und Erinnerungen aus dem Leben des Botschafters Joseph Maria von RADOWITZ. Hg. v. Hajo Holborn. 2 Bde., Leipzig 1925.
Gerd E. RIEGER: Henrik Ibsen. Reinbek 1981.
Israel ROSENFIELD: La mégalomanie de Freud. Paris 2000.
Sir Rutherford ALCOCK: The Capital of the Tycoon. A Narrative of a Three Years' Residence in Japan. 2 Bde., London 1863.
Wolfgang SCHINDLER: Mythos und Wirklichkeit in der Antike. Berlin 1988.
Ders.: Heinrich Schliemann. Leben und Werk im Spiegel der neueren biografischen Forschungen. In: Philologus Bd. 120, 1976, 271–289.
Matthias SEILFELDER: Indigo. Ludwigshafen 1982.
Shirley H. WEBER (Hg.): Schliemann's First Visit to America. Cambridge/Mass. 1942.
Joachim WOHLLEBEN: Die Sonne Homers. Zehn Kapitel deutscher Homer-Begeisterung von Winckelmann bis Schliemann. Göttingen 1990.
Christiane ZINTZEN: Von Pompeji nach Troia. Archäologie, Literatur und Öffentlichkeit im 19. Jahrhundert. Wien 1998.

Hinweis:
Die Orthografie in Zitaten aus Schliemanns Briefen und zeitgenössischen Quellen wurde modernisiert, die häufigen Abkürzungen, die gleichwohl zu seinem kaufmännischen Stil gehören, wurden aufgelöst. Passagen aus englisch, italienisch oder französisch geschriebenen Briefen wurden von mir, M. F., übersetzt. Aus Russland datierte Briefe nennen immer das Datum vor der Kalenderreform. Die Schreibweise der griechischen Namen übernehme ich aus dem Buch von Danae Coulmas.

»Der Anblick fremder Existenzen
setzt unser ganz geheimes Ich in Bewegung.«
Hugo von Hofmannsthal

Für Anregungen, Hinweise und Unterstützung bedanke ich mich bei:

Betsy Jolas, Paris
Sergio Lambiase, Neapel
Helga Franke, Kloster Mariensee
Mila Ganeva, Chicago
Michael Kaljushny, Berlin/Sankt Petersburg
Isam Izumi, Tokio
Giusi de Luca, Palermo
Adelheid Scholten, Berlin
Monique van der Pal, Amsterdam
Hans Christoph Buch, Berlin
Claudia Schmölders, Berlin
Jens Daehner, Berlin
Frauke Jung-Lindemann, Berlin
Elke Lugert, Berlin
Beatrice Heiber, München
Viviane E. Flügge, Berlin